大夏书系 · 名家谈教育

上有灵魂的课

成尚荣

/

著

华东师范大学出版社

全国百佳图书出版单位

· 上海 ·

图书在版编目（CIP）数据

上有灵魂的课／成尚荣著 . —上海：华东师范大学出版社，2021
ISBN 978-7-5760-1290-3

Ⅰ.①上 ... Ⅱ.①成 ... Ⅲ.①课堂教学—教学研究 Ⅳ.①G424. 21

中国版本图书馆 CIP 数据核字（2021）第 030031 号

大夏书系·名家谈教育

上有灵魂的课

著　　者　成尚荣
策划编辑　李永梅
责任编辑　韩贝多
责任校对　杨　坤
封面设计　奇文云海·设计顾问

出版发行　华东师范大学出版社
社　　址　上海市中山北路 3663 号　邮编　200062
网　　址　www. ecnupress. com. cn
电　　话　021-60821666　行政传真　021-62572105
客服电话　021-62865537
邮购电话　021-62869887　地址　上海市中山北路 3663 号华东师范大学校内先锋路口
网　　店　http：//hdsdcbs. tmall. com

印 刷 者　北京季蜂印刷有限公司
开　　本　700×1000　16 开
插　　页　1
印　　张　20. 5
字　　数　314 千字
版　　次　2021 年 4 月第一版
印　　次　2024 年12月第七次
印　　数　20 101 - 21 100
书　　号　ISBN 978-7-5760-1290-3
定　　价　59. 80 元

出 版 人　王　焰

（如发现本版图书有印订质量问题，请寄回本社市场部调换或电话 021-62865537 联系）

自序
道德优美、学术纯粹：灵魂的卓越

一、我是个晚熟的人

其实，我是个晚熟的人，真的。

我说自己晚熟，要比莫言的《晚熟的人》早好多年。说自己晚熟，绝对没有什么自豪感，当然，也绝对没有什么愧疚感。人生是多彩的，没有一种绝对好的生活方式和样态，也没有一种绝对不好的方式和样态。好不好，全在自己心灵的感受，心灵原本就是自由自在的，像是蓝天下田野里的百花，自然、本色就最好，刻意就别扭，就不真实。人生下来就背上了枷锁，其实，枷锁往往是人自己背上的。

晚熟意味着滞后，与年龄的成熟度不相适应，反映的是认知或心理的不够成熟，是心智发育得较晚。因而，有时显得并不合年龄特点，有时显得不合事宜，不合身份。我大概就是这一类。首先表现在我上小学一年级，比同班同学大两岁，但从来没有人把我当哥哥，成长度还像一年级的小朋友，天真，甚至比弟弟妹妹还稚嫩。其次表现在做事不沉稳，匆匆忙忙，急促得很。记得教自然科学的吴京旺老师叫我把几件实验用品送到实验室去，到了门口，不知怎的，呼啦一下，全掉在地上，有的还破了——吴老师心中一定有个想法：年龄大点的孩子未必能把事办好。再次表现为在众多人事关系中，我不会识别，不会协调，也不太会表达。还记得上中学时，有些人看不惯我，大概还有点嫉妒，总是不让我入团，将我排除在组织的大门之外，有时还当众对我不友好，可我全然蒙在鼓里，总认为是他们对我严格。我稀里糊涂，没有任何识别能力，没有任何警觉，也没有什么勇气。也许，过于善良让人晚熟。当了小学教师后，和孩子们在一起疯玩，像是兄弟，像是伙伴，没有什么长大的感觉，认为教师就应该这样，和学生没有什么不一样。也许，和儿童生活在一起，爱孩子，往往让人容易晚熟。最忆的是到了省教育厅工作，专注于业务，忘了人事关系，不愿进别人的"圈子"。一天，老厅长对我直截了当地说："你啊，不成熟。"他是爱护我，提醒我。也许，过于投入专业、不开窍容易让人单纯，容易让人晚熟。总之，我是比较晚熟的，而自己全无知觉。

二、不灭的童心，让我"不成熟"

我并不认为自己不成熟是个缺点，不认为不成熟有什么不好。从某个角度说，让自己单纯点，让自己"幼稚"点并非坏事。现在回想起来，我的晚熟，我的不成熟，主要是自己的心里一直住着一个儿童，有一颗童心，活泼泼的，有时会一下子蹦跳起来，不能自已。所以，熟悉的人常对我说：你像个孩子，天真，也可爱。是的，我很爱孩子，和他们一起讨论如何踢足球，如何守住球门，组织他们训练、比赛。有时，与他们悄悄地去夜行军，清晨才回来；有时躺在草地上，闲聊。往往在这样的时刻，我自己变成了孩子。孩子也很爱我，把我当作知心伙伴，有时从家带几块糖给我，与我分享；有时会在放学后，待在某个地方，等我开完会，一起回家；有时我也会非常冲动，发脾气，事后会向他们道歉……

我本质上是一个孩子，与儿童们相伴相随，一直没有离开过儿童，没有离开过真实的自己。当我进入省教科所工作后，我更是把儿童研究当作我的主攻方向，读儿童哲学、儿童美学、儿童心理学，读儿童文学作品，包括儿童故事、儿童诗歌。在读书时，我常常想起"文革"期间自己当小学教师时创作大量作品的情景：小歌舞、小说唱、小话剧、相声、三句半……在街头巷尾、工厂、农村、部队到处演出，不亦乐乎。这颗种子一直深埋在心中，直到成为所谓的"教科研工作者"，终于再次苏醒、萌发，并由感性逐步走向理性，构建了属于自己的原创性的主张：儿童立场。

永远的童心让我"不成熟"，童心本身就是不成熟的，本身就意味着无限的可能性，童心就是创造之心。这样的不成熟我是喜欢的，也是不离不弃一直要坚守的。

当然，蒙台梭利的"作为教师的儿童"，以及李吉林的"长大的儿童"，也让我领悟到另一层深意：作为教师，作为教育科研工作者，既要坚守童心，又要超越童心，做一个"长不大的儿童"意蕴固然好，但"长不大"终究担不起培养新时代好儿童的重任。我的信念是既在童心中，又在童心外。在童心中，可以不成熟，可以晚熟；而在童心外，超越童心让我有另一种不成熟的成熟——也许这正是真正意义上的晚熟。这样的晚熟对儿童发展有好处，就应坚持。

三、重要的不在于早熟还是晚熟，而在于做一个有灵魂的人

如前文所述，晚熟与心智的成熟度有关。心智发展有个过程，总是在生活、学习中逐步发展起来、完善起来，所以，不必为心智的不成熟而担忧。况且心智成熟不成熟没有一个绝对的标准，有时让心智稍稍不成熟，倒可以为未来留下一块未开垦的处女地，让晚熟获得一种"后发优势"。

问题的讨论还不能止于此。心智必定与心灵紧密相连，早熟还是晚熟并不重要，重要的是一定要从心智发展走向心灵塑造，做一个有灵魂的人。早熟，未必有美丽的灵魂，而晚熟也未必不美丽。灵魂的美丽不美丽，似乎与早熟、晚熟没有必然的联系。

人的心灵首先要干净，灵魂才会美丽。最近有两件事触动着我。一件事是李吉林老师的去世。李老师是我的同事，2019年的那个酷热的夏日因病离我们而去。学校为她塑像，让她的灵魂在她挚爱的校园里安顿，永远和儿童在一起，让"长大的儿童"永远有灿烂的笑容。雕塑家钱绍武为了把准李老师塑像之魂，工作室四周摆满了李老师在不同情境中的照片，为的是从不同的视角观察，捕捉她最为经典的微笑表情。有一天，钱先生对李老师的女儿说：你妈妈的眼睛是很干净的。简简单单的一句话，在花了多少个日日夜夜后才塑造出来。一位雕塑家用他敏锐的目光捕捉了一位教育家的心灵：眼睛是干净的，心灵是纯净的。心灵纯净不纯净往往从他的窗户——眼睛里看出来，心灵里的任何一点杂质，总会在眼睛里"露"出来。心灵里的一切，眼睛是掩饰不了的，更是隐藏不了的。晚熟的人呢，明亮的童心会让他的心灵美丽起来。我常会问自己：我的眼睛干净吗？常对自己说：做一个眼睛干净的人，做一个心灵纯净的人吧！

另一件事是关于于漪老师的。于漪老师说："理想就在岗位上，信仰就在行动中。老师是教育工作者，一定要站得高，看得远、想得深。老师的'立足点'

不能只在地上，如果只站在地上，视野是有限的。老师一定要有战略视野。"她还有句话让我们震撼："让有信仰的人讲信仰。"立足点、视野、理想、信仰，讲的是什么？她想说的是老师的心灵世界：教师的心灵应充溢着理想、信念，进而形成一种信仰，锻造有信仰的灵魂。灵魂超越了心智，引领着心智的发育，而灵魂应当用理想、信念、信仰来照耀。灵魂向着高尚而生长，生命为崇高而歌唱，精神为祖国而澎湃，这才是光明的、美好的、伟大的，这才是真正的成熟。离开有信仰的灵魂，早熟可能缺失方向感和价值愿景，而晚熟有灵魂的指引，才会去奋斗、奉献、创造。"让有信仰的人讲信仰"才是判断一个人根本的价值尺度。

四、道德优美、学术纯粹：让灵魂安顿下来

我是南通人。南通人忘不了张謇先生。张謇，清末状元，爱国实业家、教育家，为南通经济发展、社会进步作出了巨大贡献，为这座誉为中国近代第一城的南通全面打下了基础，最近又让南通在长三角一体化的发展中走在了前头。1914 年，张謇为他创办的商科专业学校的银行班题了八个大字：道德优美、学术纯粹。他的意思非常明确：从事经济、金融工作的人，应当塑造自己的品格——优美的道德操守，同时还得有纯粹的专业学识和能力。这是张謇办班办学的宗旨。实际上，他从道德与学术两个维度勾勒了人格的完整与完美，概括了一个人优秀的两端。我想，何止是对从事经济、金融的人，对老师呢？对研究者呢？对学者呢？都应有这样的追求：道德优美、学术纯粹。

道德优美、学术纯粹，是人格的良好结构，二者产生积极的互动。道德，学术之师也，学术，道德之资也，二者互相依存、互相渗透、互相支撑、互相促进，在对话中共同发展、提升。二者的结合、统一也是一种境界，办学、做教育、做学问，就应当走向道德优美、学术纯粹的境界。

道德优美，首先，要有道德，既有私德又有公德，还具有社会美德；其次，要有崇高的理想追求，有坚定的信念和信仰；再次，以道德的方式展开教育和研究，要有机融入价值教育和道德教育。学术纯粹，首先，要有学术、有专业、有本领，有不断进取的追求；其次，去功利，更去浮躁、浮浅和浮华，目的就在学术研究与追求之中；再次，学术为充盈自己的心灵、为社会进步服务，成

为社会发展之重器。总之，道德优美、学术纯粹，点亮了一盏心灯，塑造了一颗闪闪发光的心灵。做有灵魂的人，不是空洞的，更不是虚无的，道德优美、学术纯粹让灵魂更美好、更丰盈、更明亮。这样的人，不是简单用早熟、晚熟来评判的，这不是什么成熟的问题，甚至不是一个所谓成功的问题。道德优美、学术纯粹，让人的灵魂安顿下来，让灵魂在道德与学术上闪亮起来。我们应该为此而努力。

五、做有灵魂的人，要上有灵魂的课、办有灵魂的学校

人应当有美丽的灵魂，课也是有灵魂的。课的灵魂在教材中，也在教学中，最终一切都在教师的理解和把握之中。有灵魂的教师才能上出有灵魂的课，有灵魂的教师，才会真正称得上优秀、卓越，称得上是"学科专家"。

上有灵魂的课，践行的是学科育人的宗旨与理念。何为学科育人，如何学科育人，一切都在实践探索中，有灵魂的课是教师们创造出来的。把教师创造的课及其教学经验汇集在一起，梳理、概括、总结，学科育人的蓝图与路线图就绘制出来了。

课不是孤立的，教师生活在具体的学校里。学校也是有灵魂的。学校的灵魂就是学校的价值追求、教育的核心理念，而学校的核心价值与核心理念回应着党和国家的教育方针，在落实立德树人根本任务的过程中逐步确立。从某个角度看，学校的灵魂演化为一种文化生态，在文化的不断进步中才会培育出道德优美、学术纯粹的教师，也才能孕育出有灵魂的课，立德树人的学科实现方式才能逐步构建起来，立德树人的办学、教育范式也才能创造出来。所谓学校未来的逻辑与现实的节律，就在学校文化进步所凝的"魂"之中。

六、把整个心灵献给儿童，献给民族的未来

晚熟—心智—心灵—灵魂，串起了我对生命的认知链，其实这也是人生意义链、人生价值链。尽管，心智、心灵，尤其是心灵与灵魂还没有划出清晰的边界，但是，无所谓，就是学术上也很难区分得十分清楚；同时，这几者也不在一个维度和层次上，尤其是晚熟与其他概念，但也无所谓。

我的意思是，回忆以往，我有一点人生感悟。人生的意义是自己创造的，

人生的意义之根本在于塑造自己的灵魂，在于把整个心灵奉献出来。于我而言，整个心灵要献给儿童，献给民族的未来。

爱因斯坦常说："不管时代的潮流和社会风尚怎样，人总是可以凭着自己高尚的品质，穿越时代和社会，走自己正确的路。"而我们遇上了新时代、好社会，更要提升自己的品格，塑造自己的灵魂，做一个有灵魂的人，道德优美、学术纯粹，让"晚熟"发出更独特的光彩。

目 录

上有灵魂的课

未来的文明与美好，一定会发生在现在的课堂里。课是有灵魂的，上有灵魂的课是教学改革的初衷和永远的追求。有灵魂的卓越才是真正的卓越。

学校的未来逻辑与现实节律

教育是对未来的定义。规划、构建未来学校是所有学校发展的必然走向。从铸魂育人出发，学校才会有未来的逻辑和现实的节律。

傅厚岗随笔：心灵的记录

傅厚岗极富诗意，充溢着文化的气息，在这样的地方工作，又在这样的地方长期生活，感觉是不同的：我们是生活在历史中，生活在文化中，理想在高处，脚踩在山岗之上。

第一篇　课程与文化，让学生看见太阳

教师课程育人说到底是培育和发展核心素养，让学生在课程学习中进行充分意义的文化构建，在课堂里铸魂育人，去追赶太阳，发现真理。

课程育人：让学生看见太阳

著名的德国哲学家阿图尔·叔本华评述过太阳和众神的信使埃利斯之间的故事。

故事如下："正当地球的表面还只是平坦、整齐的花岗岩，生命的种子还不曾形成之时，一天早上，太阳升起了。众神的信使埃利斯接受了米诺委派的差事，一路飞来。埃利斯一边急匆匆地赶路，一边大声向太阳喊道：'你这么勤快是干吗？又没有眼睛要看你，也不需要照射、鸣响门农的柱子。'太阳回应说：'但我是太阳啊，我升起来只是因为我是太阳。别人看不看得见我，那是他们的事情。'"①

叔本华讲的是一个神话故事，用的是隐喻。这一喻义特别深刻与精彩的是太阳的回答。是啊，太阳的任务不是让别人看见它，它只是太阳，升起、照耀，履行天职，至于看不看得见，那是别人的事情。这里自然想到课程。在教育的宇宙里，课程好比太阳，它的任务是将自身呈现给教师与学生，教师、学生能不能看见它，有没有发现它，那是教师、学生的事，尤其是教师的事。

由此，我们应该确信，课程的任务，课程改革的任务，是教师带领学生对课程进行探究，从课程里发现什么，进而在课程的学习中成为人，即加速学生社会化的过程，在课程中站立起来。这一主动看见太阳的过程叫什么？叫课程育人。正因为此，我国课程改革的根本任务是：立德树人。立德树人是课程改革的根本任务，也是课程改革

---

① 叔本华的引言摘自《叔本华美学随笔》；门农是传说中的勇士，他死后，和大石像联系在一起。当太阳照到它时，它就发出竖琴的声音。

的根本方向，而且是课程改革的最高境界。立德树人，对教师课程育人提出了更高更明晰的要求。

课程育人，促使课程、教育发生重大的转向，从单纯的知识传授、简单的分数获得，以及升学率的比拼中摆脱出来，转向真正的育人。也就是说，课程、教学的一切，核心是培育人，不能止于知识的获得、分数的增加、升学率的提高，而主要看学生有没有真正得到发展。其实，这一转向是回归，因为这样的任务、核心原本就是课程的本义与宗旨。同时，在这一讨论中，还隐藏着另外的意思：课程育人离不开知识的学习，问题在于从知识的深处还发现什么、获得什么。犹如美国课程论教授布拉夫曼在《课程文化》中所比拟的："如果教师只是为一名儿童翻转1000块石头，那他的任务还没有完成。他还要使儿童从石头中看到更多的东西，让这些石头激起儿童对这个世界的历史的兴趣，激起儿童对水、大气、土壤和岩石的进化过程的兴趣，并引导儿童窥探这些东西背后的更深层的意义。"[①]

那么，教师课程育人，究竟用什么育人？怎么育人？

其一，课程育人，应是价值育人。谈论价值必定讨论理想，在理想的照耀下，价值才从事实中生长起来。课程价值，就是要在学生心灵里深植起民族魂、中国根，为培养担当民族复兴大任的时代新人打下基础。培育、践行社会主义核心价值观不是一句口号，这一切都在课程、教学过程之中。

其二，课程育人，应是道德育人。习总书记指出，"国无德不兴，人无德不立"。中华民族优秀文化的本色与底色就是伦理道德，用孟子的话来说，若无恻隐之心、羞恶之心、辞让之心、是非之心，非人也，就无所谓仁义理智。课程首先是道德课程。

其三，课程育人，应是综合育人。人本是一个整体，世界也是一个整体，完整的课程，带领我们走向真实复杂的情境，走向世界，拥抱自然和社会，才能培养完整的儿童。同时，综合需要跨界学习。跨界学习，拓开胸怀与眼界，有利于培养学生的创新思维和实践能力。

因此，教师课程育人说到底是培育和发展核心素养，让学生在课程学习中进行充分意义的文化构建，在课堂里铸魂育人，去追赶太阳，发现真理。

---

① 帕梅拉·博洛廷·约瑟夫，等．课程文化[M]．余强，译．杭州：浙江教育出版社，2008：1，96．

基础教育课程改革的中国方案

改革开放 40 多年，给我们送来了不少的概念。这些概念中，有的早就存在，如今披着时代的光彩再一次来到我们沸腾的改革开放生活中。其实，每一个概念都隐藏着重要的价值，当它们在改革开放的热潮中复活或诞生的时候，就给我们以重要的价值引领，并可能引发一场重要的改革。

比如，课程。40 多年前，它总隐退在教学后面，如今，它精彩亮相，而且发出了时代呼唤：教育改革与发展要将课程改革推到前面去，以课程改革推动基础教育改革。而且，跑道，这一课程的隐喻，让我们在改革中，把学生与教师，把中国基础教育引向了未来。世纪之交的第八次课程改革，其价值立意之高远、整体设计之科学、体系建构之完整、力度之大、影响之深刻，而且随着时代不断发展，其生成性、创造性、可持续发展性，是历史上历次课改无法相比的。今天，我们回顾这段历史，从历史所赋予的意义中，总结、提炼规律，欣喜地发现，这一世纪之交的课程改革，是向世界提供了一份中国方案。这份中国方案不仅改变着中国的基础教育，而且发出了中国声音，引起了国际教育的高度关注，让我们站在一个高平台上，与世界对话。这份中国方案，不仅影响当下，也会影响课改的未来，其持续性显而易见。

第八次基础教育课程改革将会在中国教育史上写下光辉的一页。

一、中国方案的目标设定与价值照耀

1. 基础教育课程改革的时代背景

新中国成立以来，我国先后进行了七次基础教育课程改革，每次改革都取得了明显成就。比较全面的改革是 20 世纪 80 年代后期至 90 年代初期，即

第八次课改。这次课改，形成了我国基础教育课程体系，在许多方面都取得了重要进展。这次改革有着重要的时代背景。

一是推进素质教育的背景。新世纪前后，全国各地全面推进素质教育，作为全面贯彻党的教育方针、深化教育的根本任务。但是，从总体上看，素质教育的成效还不够明显，尚未取得突破性进展，甚至还存在素质教育喊得"震天动地"，应试教育抓得"扎扎实实"的现象。时任国务院副总理的李岚清指出，实施素质教育要抓住核心问题和关键环节，而课程改革被鲜明地提到促进素质教育取得突破性进展的关键位置上，在《关于基础教育改革与发展的决定》中，明确提出"加快构建符合素质教育要求的新的基础教育课程体系"。

二是实施义务教育的背景。上世纪 90 年代，我国义务教育进入了新阶段，尤其是在《中华人民共和国义务教育法》颁行后，全国绝大多数地区基本上实现了义务教育的标准，于是，加强学校内涵建设，提高教育质量成了必然的要求，并将这一工作列入了各级党委和政府部门的工作议程。与此同时，通过课程、教学改革提高教育质量的要求越来越迫切。况且，课程、教学改革，提高质量也是"义务教育法"的规定，是义务教育的应有之义。不失时机地进行课程改革，提高教育质量，对于全面实施义务教育有着重要意义。正是在这样的背景下，课程改革成了高质量实施义务教育、深化教育改革的必然逻辑和重要举措。

三是国际背景。世纪之交，知识经济加速到来，国际竞争日趋激烈。基础教育改革在世界范围内受到前所未有的重视，许多国家尤其是一些发达国家，无论是反思本国教育的弊端，还是对教育发展提出新的目标和要求，往往都从基础教育课程改革入手，通过改革基础教育课程，调整人才培养目标，改变人才培养模式，提高人才培养质量。面对这样的国际形势，努力培养具有社会责任感、创新精神和实践能力的时代新人，进行课程改革是势在必行的。

2. 基础教育课程改革的目标

2001 年 6 月 8 日，教育部颁发了《基础教育课程改革纲要（试行）》（以下简称《纲要》）。《纲要》中明确了基础教育课程改革的目标："以邓小平同志关于'教育要面向现代化，面向世界，面向未来'和'三个代表'的重要思想为指导，全面贯彻党的教育方针，全面推进素质教育。"接着，依据时代要求，从七个方面对目标作了规定："培养具有爱国主义、集体主义精神，热爱社会主义，继承和发扬中华民族的优秀传统和革命传统；具有社会主义民主法制意识，遵守国家法律和社会公德；逐步形成正确的世界观、人生观、价值观；具有社会责任感，努力为人民服务；具有初步的创新精神、实践能力和人文素养以及环境意识；具有适应终身学习的基础知识、基本技能和方法；具有健壮的体魄和良好的心理素质，养成健康的审美情趣和生活方式，成为有理想、有道德、有文化、有纪律的一代新人。"

在回顾课改目标的时候，笔者引用《纲要》这段话是为了证明，世纪之交的我国基础教育课程改革，理念先进，目标鲜明，具有强烈的时代感，这一目标至今都在持续引领、指导课程改革，2001年铺设的跑道一直延伸到新时代。可见，这次课改既基于义务教育、素质教育现状的深刻反思，又对中华传统文化有深切的回望，从中汲取精华，同时瞭望世界，把握教改、课改的国际走向，有大视野，形成了大格局，是世纪之交的大手笔，显现了宏阔之美。其目标中最后"一代新人"的表述，与十九大提出的培养时代新人相呼应，为培养时代新人打下基础，且培养担当民族复兴大任的时代新人又将课程改革提升到新高度。

3. 基础教育课程改革的价值照耀

课改以来，两句话一直在我们心中回荡，撞击着我们的心灵："为了中华民族的复兴，为了每位学生的发展。"两个"为了"正是课改的根本目的与核心价值旨归。这一根本宗旨与核心价值像阳光一样照耀着课程改革，成为课程改革的基本遵循，内涵、意义相当丰厚。其一，课程改革为了每位学生的发展。课程改革从本质上讲具有工具价值，而其目的在于学生发展；学生发展是课改的旨归，假若离开学生，课改就毫无价值、意义；课改不是为少数学生，而是为"每一个"，为"每一个"才是真正的素质教育；不是只为学生当下，而是既要着力现在，又要着眼未来，促进每一个学生可持续发展、终身发展。其二，课程改革说到底是为了中华民族的复兴。课程改革是实施素质教育的核心问题和关键环节，素质教育旨在提高学生素质，而有什么样素质的学生，就会有什么样的民族、有什么样的未来，课程改革好比为民族复兴大厦铸造优质的砖和瓦。这样，课程改革与民族复兴紧紧联系在一起，其价值立意之高远、之宏大，显而易见，毋庸置疑。其三，课程改革是在价值认知基础上的价值取向，形成价值定位，进而形成课改者的价值共识，并为此而不懈追求。两个"为了"正是基础教育课程改革中国方案的价值宣言，价值宣言照亮了中国方案，中国方案表达了民族自信和愿景追求。

二、中国方案的整体设计与主要行动

课程改革的中国方案，是在深入调查研究、进行国际比较、系统思考、整体设计、反复论证的基础上所建构的我国基础教育课程体系，其标志就是《纲要》。这一体系具有许多特点，表现为对课程改革规范性、科学性、时代性和实践性的引导。这一体系勾勒了中国基础教育课程改革的蓝图，明晰了改革的路线和操作方法，而在所有的领域和环节，又有鲜明的价值引领。《纲要》虽为"试行"，却还是科学的、成熟的，实践证明，是有效的、成功的。

其一，课程目标的系统性、整体性对课程改革的引导。目标是一种价值定位，也是一种价值引导。《纲要》从目标取向、课程结构、课程内容、课程实施、课程评价和课程管理六个维度作了整体设计，目标的完整性、系统性、逻辑性都很强，而且具有明确的导向性。首先，这是一种科学性引导，引导课程改革设计与实施必须规范。众所周知，这六个维度的目标实际上是课程的六个元素，元素是课程的规定性，具备课程元素，具备课程规定性，才有真正意义上的课程，否则也就没有真正意义上的课改。其次，是对课改思维方式的引导。课程改革是一项极为复杂的系统工程，各领域、各环节一定要相互关联、前后衔接、有序推进，六大具体目标体现了这一要求。其实六大目标的深处是思维方式，是严密的逻辑思维，课改引导我们改变思维方式，提升思维品质。再次，是对课改内涵实质的引导。六大目标都用"改变"来统领，课改的内涵实质是改变。"改变"，既具有强烈的针对性，又具有方向性，而且显现了改革的力度，既指明了改革的切入点，又是对突破口、生长点寻找与创造的引导。当然，最终是改变自己。

其二，课程结构的合理布局，对学生发展素质结构和突破方向的引导。长期以往，我们对课程结构关注是很不够的。课程结构在课程改革中处于关键部位，课程结构影响着学生的素质结构，关注、改变课程结构，就是对学生的合理素质结构的引导。此外，我国对小学、初中、高中的课程结构以及农村的课改也缺少系统思考和整体安排。这些问题在《纲要》中都明晰了。一是义务教育的课程要重视整体设置。二是小学阶段以综合课程为主，初中阶段课程分科与综合相结合，高中则以分科课程为主；农村中学课程要为当地社会经济发展服务，等等。三是课程结构在注重整体性的同时，还凸显基础性、综合性和选择性。四是由课程的三级管理，引申出国家课程、地方课程、校本课程。《纲要》对课程结构进行了制度设计，使得我国基础教育课程结构价值鲜明、主线清晰、结构合理、系统完整、突破方向明确。在地方，尤其是学校，课程改革往往关注课程内容与课程实施，关注实施的途径、方法和技术。《纲要》从理论和实践结合上，拓开了我们的视野和思路，增强了教师的结构意识和宏观意识。同时，反观当下学校课程结构，有偏离《纲要》的精神与要求的现象，有的学校使课程结构过于复杂以至造成混乱，为了特色而忘了科学、合理的规定性，显得"花哨"。再次回到《纲要》上去是非常必要的，《纲要》一直在引导着课改。

其三，课堂教学对教与学方式改变的引导。《纲要》提出了转变学生学习方式的任务，促进学生在教师指导下主动地、富有个性地学习，并将这一目标要求作为本次课程改革的一个重点。后来的实践证明，学习方式的变革成了我国课改的一个鲜明特点。首先，是对变革学习方式的意义认知得准确深刻。学习方式的转变，其意义已超越了本身，学习方式的转变意味着思维方式的转变，意味着个人与世界关系的转变，意味着存在方式的改变。整天处于被动应付、机械训练、死记硬背、简单重复的学生，肯定不具有创新精神和创新能力，不能够用自己的眼睛去观察，用自己的头脑去辨别，用自己的语言去表达。其次，在完整把握学习方式的同时，更倡导新的学习方式，即自主学习、合作学习、探究学习。课改对自主学习的特征概括为：参与有意义学习目标的提出，自己制定学习进度；发展学习策略，在解决问题中学习；有内在动力的支持，从学习中获得积极的情感体验；能自我监控，并作出相应的调整。合作学习是针对学习组织形式而言；探究学习，即在特定情境中，通过主题，发现问题、研究问题、解决问题。但是，学习方式的变革并没有排斥，更没有否定接受式学习，而是让接受学习具有积极意义，并注重形成混合性的学习方式。再次，用变革学习方式来确立新的教学观。《纲要》引导教师将以学为核心作为教学的重点，实现真正意义上的教学，从根本上改变教学现状，让"学"走在"教"的前头，让课堂成为"学"的课堂。

《纲要》对课程改革、教学改革、课程管理，以及教师队伍建设都有鲜明的引导，是全方位的系统改革。值得注意的是，课程改革的引导与深入是有行动支撑的，即引导是行动化的。一是义务教育、普通高中阶段课程设置方案的设计；二是课程标准的研制；三是教材的多元开发与管理；四是校本课程、综合实践活动的开发；五是地方课程的设置与开发；六是课程评价体系的建构；七是考试制度、方法的改革与完善；八是课程管理体制、机制的建立；九是教师队伍的培训与提高；十是国家级基础教育教学成果奖的评选。一系列的行动让课程蓝图可施工、可检测，也正是这一系列的行动既推动了课程改革，也撬动了基础教育的整体改革。中国方案是世纪之交的中国基础教育的一支交响曲，回荡着"为了中华民族复兴、为了每位学生发展"的主旋律。

三、中国方案的中国品格与风格

基础教育课程改革的中国方案，深植于中华传统文化的土壤，又映射着世纪之光，党的十八大以后颁发了《关于全面深化课程改革，落实立德树人根本任务的意见》（以下简称《意见》）。十九大以后，中共中央、国务院办公厅关于教育体制机制改革的意见，尤其是十九大报告，为基础教育课程改革进一步指明了深化的方向、确立了着眼点，把基础教育课程改革置于优先发展教育事业、建设教育强国的伟大方略之下，将落实立德树人根本任务、发展素质教育，让每个孩子享有公平而有质量的教育，作为课程改革、教育发展的根本目标。基础教育课程改革的中国方案进入了伟大的新时代，中国特色更为彰显，中国品格与风格更为鲜明。

1. 中国方案之中国魂：以社会主义核心价值观为统领，以立德树人为根本任务，培养担当民族复兴大任的时代新人

社会主义核心价值观是社会主义核心价值体系的内核，是社会主义核心

价值体系的高度凝练和集中表达，培育和践行社会主义核心价值观是推进中国特色社会主义伟大事业、实现中华民族伟大复兴中国梦的战略任务，当然也应是课程改革的战略任务。为此，教育部对基础教育课程改革作了重要部署。首先，依据社会主义核心价值观，修订课程标准，补充、完善现有教材，要将社会主义核心价值观渗透在教材中，让社会主义核心价值观在教材中闪光，道德与法治教材更需努力成为社会主义核心价值观教育的图谱。其次，要将立德树人作为课程改革的根本任务，着力解决好三个问题：培养什么样的人，怎样培养人，为谁培养人。同时要坚持系统设计，整体规划育人各个环节的改革，整合利用各种资源，统筹协调各方力量，实现全科育人、全程育人、全员育人，将立德树人的根本任务落到实处。再次，将培养担当民族复兴大任的时代新人作为践行社会主义核心价值观的着眼点，这一着眼点进一步提升了课程改革目标的价值立意，从更深更高的层面，把课程改革与中华民族复兴的中国梦自然而紧密地联系在一起。最后，在坚持教材多元开发原则的同时，对德育、语文、历史三科教材实现统编，体现并落实国家意志和国家的基本要求，把教材作为国家发展的战略工程和奠基工程，使教材建设进入新阶段。社会主义核心价值观是社会主义现代化建设的最大公约数，是课程改革之魂，课程改革就是为学生扣好人生第一粒扣子，铸造学生的中国魂。理论与实践一再宣告，课程是价值的载体，一如赫尔巴特所说，不相信没有教学的教育，同样不相信没有教育的教学。所有教学实质上是价值教育，中国方案为教育价值与价值教育提供了经验。

2. 中国方案之中国根：深植中华民族文化土壤，弘扬中华优秀文化，培植民族精神与品格

毋庸置疑，文化是具有民族特性的，在全球化的今天，民族文化、地域文化是全球化的题中应有之义，况且文化是不能全球化的。中华文化源远流长、灿烂辉煌。在5000多年文明发展中孕育的中华优秀传统文化，积淀着中华民族最深沉的精神追求，代表着中华民族独特的精神标识，是中华民族生生不息、发展壮大的丰厚滋养，是中国特色社会主义植根的文化沃土，是当代中国发展的突出优势。基础教育改革，从改革之始，《纲要》在培养目标里就明确规定，要"继承和发扬中华民族的优秀传统和革命传统"，在落实立德树人根本任务的《意见》中，进一步突显"大力弘扬中华优秀传统文化"，课程、教材、教学要"充分体现民族特点，培养学生树立远大理想和崇高追求"。课改中，老师们努力通过对中华文化的弘扬，在课程、教材、教学中扎下民族之根，培植学生的文化品格，让他们挺起民族脊梁，成为有理想、有本领、有担当的一代新人。其实，每个国家的课程改革都是立足于民族文化、建基于国情之上的，缺魂少根的课程几乎是不存在的。可贵的是，在市场经济高速发展、国际竞争日益加剧、倡导文化多元化的今天，中国基础教育课程改革走出了自己的路，探索了民族文化植入课程、教材、教学之中的规律和一整套做法，彰显了民族自尊、自信，又面向世界和未来，成为中国方案的一大特色。

3. 中国方案之理论创新：学生发展核心素养的中国表达，以及课程的三级管理

根据文献研究，研制学生发展核心素养，并采用不同的模式落实在课程、教材、教学中，是课程改革的国际趋势，中国基础教育课程改革，敏锐地把握这一走向。立德树人的《意见》在着力推进关键领域和主要环节改革中，将"研究制定学生发展核心素养体系和学业质量标准"作为首要领域和环节，"根据学生的成长规律和社会对人才的需求，把对学生德智体美全面发展总体要求和社会主义核心价值观的有关内容具体化、细化"，并以核心素养作为课程标准修订的主要依据和亮点。在研制和实施的过程中，显现了具有中国特色的理论创新。

创新之一：核心素养的中国表达。将中国学生发展核心素养界定为：正确的价值观念、必备品格和关键能力。不少国家、地区和国际组织将核心素养界定为关键能力，关键能力固然影响着学生当下与未来的发展，但学生的发展离不开价值观和道德的引导，正确的价值观念和必备品格把握着关键能力的方向，中华传统文化的底色与本色就是伦理道德。中国的这一表达，让我们重新认识和发现核心素养。同时，在中国学生发展核心素养体系发布后，又研制学科核心素养。学科核心素养是基于学科特质的学科表达，从核心知识、学科思维方式、关键的学科能力中所综合形成的学科观念和学科文化。学科核心素

养内在地孕育着跨学科素养，通过教师的教与学生的学，共同努力，把蕴藏在学科之中的核心素养开发出来，并影响学生、发展学生。因此，学科核心素养说到底还是属于人的，是为人服务的，突破了学科无核心素养的理论禁区。无疑，这在理论上是一种创新。

创新之二：课程管理的中国体制。课程改革确立了一个重要的理念，即课改需要赋权增能，要把课程管理的权限与地方和学校分享。《纲要》提出："改变课程管理过于集中的状况，实行国家、地方、学校三级课程管理，增强课程对地方、学校及学生的适应性。"这一课程管理体制具有重大的突破，极大地调动了地方、学校课程改革的主动性、积极性和创造性。《纲要》还规定：省级教育行政部门，要根据国家课程管理政策和本地实际情况"规划地方课程"，学校在执行国家课程和地方课程的同时，开发和实施校本课程。权限清晰，责任明确，三种形态课程形成一个整体，相互依存，相互支撑，相互促进，具有理论创新的意义，闪烁着中国特色。

创新之三：确立了学科核心素养。《纲要》提出了课程的三维目标：知识与技能、过程与方法、情感态度与价值观。这是对课程功能、目标的凝练与概括，准确、完整、深刻，既具有极为鲜明的方向性，又为教师教学指明了路径，具有很强的可操作性。它是在教学的田野上，从课程教学理论的土壤里，汲取中国文化的滋养，自然长出来的。教师们对三维功能、目标尤感亲切，在实践中运用创造了经验。尽管三维目标不是教学的最终目标，需要整合，正是在三维目标的基础上，我们提出了学科核心素养，体现了理论与实践的创新。走向核心素养，它已扎根在教师们的心中，成为教师们所能认可、实践的理论。

基础教育课程改革的中国方案，沐浴着新时代的阳光，不断完善、不断深化，将会发出更强大的中国课改的声音。

课程改革的文化自信

　　基础教育课程改革的中国方案，表达的是一种文化自信。基础教育课程改革当有文化自信。

　　基础教育课程改革自信，说到底是文化自信。这不难理解，因为课程是文化的一种形态，本身就是文化；课程是文化的载体，承担着传承文化、弘扬文化的大任。换一个角度看，课程是植根于民族文化土壤之中的，尤其是中国基础教育课程的母体是中华优秀传统文化，基础教育课程在中华民族文化大河的河床里孕育、发展、壮大，随着大河之水，吸引外来文化，汇合成一股洪流，流向世界，流向未来。只有在中华文化的照耀下，基础教育课程才会焕发民族文化的光彩与时代的色彩，也才能以它特有的姿态映照中华民族文化，因而，中华民族文化才会永远充满青春的活力。

　　今天，之所以提出基础教育课程改革的自信问题，是因为一个宏大的背景。习近平总书记强调："坚定文化自信，是事关国运兴衰、事关文化安全、事关民族精神独立的大问题。""大问题"这个提法是对文化自信问题在中国特色社会主义建设者所处地位的重大判断。面对这一"大问题"，还有不少人存在一些困惑：谁的自信？自信什么？怎么才能自信起来？有学生说："我参观故宫看到的是琳琅满目的珍藏国宝，无非是展品；参观长城，巍峨雄伟，气势逼人，无非是旅游景点；参观国家图书馆，诸子百家，各种类书汗牛充栋，无非是藏书，放在书店就是文化商品，在课堂就是课本。凡此种种与文化自信有什么关系？"[1]

　　是啊，别说大学生，中小学生更会有这样的困惑。于是，我们不禁要叩

---

[1] 陈先达. 文化自信的本质与当代意义 [N]. 光明日报，2018-01-08(15).

问：当他们每天手捧课本学习的时候，究竟在学什么？与课本相遇，就是与文化相遇，就是与中华民族文化亲近。但是，在相遇、亲近时，课程文化里生长起什么价值？当然有知识，有历史，有科学，也会有工具，它们都是一种价值形态，都蕴含着价值。不过，止于此，还远远不够，如何生长起精神价值，生长起中国智慧、中国理念、中国力量，尤其是生长起中国的文化自信，更为重要。基础教育课程要迈过工具价值走向精神价值，建立并增强文化自信，这才是深度的课程改革，才称得起课程文化。这方面，我们还做得很不够。这既说明文化自觉还有待于提升，也说明文化自信当进一步构建；只有增强文化自信，才能真正实现文化自觉起来。

基础教育课程改革自信，还面临着另一个问题：中国的基础教育课程改革，有理论基础作支撑吗？有人总有这样的疑虑：课改支撑理论在哪里？有，不过那都是国外的，是西方的。这实在是种误解。中华优秀文化传统宝库中，有那么多教育的瑰宝：教育理论、教育思想、教育改革经验；有教无类、因材施教、学而不厌、诲人不倦、乐学、切问、近思、笃行、知行合一、温故而知新、择善从之……这些理论、思想至今都不落后，它们既是过去时，也是现在时，又是未来时；既是中国的，也是世界的。我们已将它们融入中国基础教育课改之中。我们应当有这样的理论自信：中国基础教育课程改革有自己的理论。当然，我们做得还很不够，要研究、要做的事还很多。自信起来吧，坚定地走中国的课改之路，走中国特色文化之路，为世界课程提供"中国方案"，用中国智慧为人类教育作出一份贡献。

中国基础教育课改，走进新时代，当更自信。

坚守国家课程的主导性

我们应是成熟的课改者。

成熟者是在反思和改进中成长起来的。如果说，课改之初，我们更多的是激情下的改革，那么在课改深化的今天，要将激情与理性进一步统一起来，努力用更多的理性来支撑；如果说，课改之初，我们更注重课程的开发，那么在课改深化的今天，应将持续开发与深度实施进一步统一起来，更关注课程的高质量实施。这就是在深切反思后我们获得的认识。

反思，让一个深沉的问题突显出来：在坚持课程结构完整性，推动地方课程、校本课程建设的同时，如何坚守国家课程的主导性，进而高水平地实施国家课程，进一步提高教学质量，让每个孩子享有公平而有质量的教育。这是当前课改深化中一个极为重要的命题。

一、坚守并彰显国家课程主导性的讨论视角以及意义价值

坚守并彰显国家课程的主导性，其原因是多方面的，意义是深刻的，内涵也很丰富。概括起来，其意义在于既具有重要的现实意义，又具有深远的战略意义，绝不是止于一时、囿于一事的思考；既是实践后的深入反思，又是基于理性的追索，绝不是随意的灵机一动；其主旨是通过对国家课程主导性的坚守与深化，推动基础教育课程改革的深化，进一步培育、践行社会主义核心价值观，将立德树人的根本任务落实在课程、教学中。据此，我们还可以从不同的角度来具体讨论和深入思考。

其一，坚守国家课程的主导性，是对我国基础教育课程结构中各类课程关系的再认识、再明晰。基础教育的课程结构我们已很熟悉，从开发主体的维

度，已分为国家课程、地方课程与校本课程。其实，这一结果的划分具有课程管理的意义，即让地方和学校拥有了一定的课程管理的权限。事实证明，这一赋权政策，极大地调动了地方、学校的积极性，充分调动了地方、学校的创造性。从理论上看，三类课程在课程结构中有各自的性质、地位和功能，它们从不同的角度共同为学生的学习和发展服务。值得注意的是，坚守三类课程各自的独特性，绝不能不关注、更不能否定它们之间的关联性，独特性不能被错误地理解为孤立的存在。三类课程是相互渗透、相互影响、相互支撑、相互促进的，其中，国家课程应处于主导地位。我们可以有以下的论述。从总体上看，国家课程作为基础性课程，以强调基础在人一生发展中的不可替代的作用；而地方课程、校本课程则作为拓展性课程，以追求学校课程的特色化。从学习要求的规定上看，国家课程都是必修课程，而其他两类课程则是以选修为主。必修的价值、意义是不言而喻的，任何时候都不能降低。从课时的分配上看，国家课程一般占总课时的80%以上，其他两类课时占比在20%以内，当然，课时的多少并不是确定课程主导性的根本性因素，但一定是必不可少的重要因素。总之，国家课程在学校课程中占主导地位，确认它的主导性是必然的，而且事实已作出了回答。

以往只强调三类课程的相对独立性、独特性和平等性，现在看来，这样的认识并不完整和准确，是有失偏颇的，必须深刻反思，再认识、再提升，加以修正。

强调国家课程的主导性，也让我们对地方课程、校本课程的地位与功能再认识、再明晰。地方课程、校本课程的价值意义不可小视，强调国家课程的主导性，绝不意味对地方课程、校本课程的轻视，更不是忽略，而是在坚持这两类课程独特价值和重要地位的同时，让它们作为国家课程的拓展、延伸。这样的逻辑是顺理成章的。若此，学校课程的结构会更科学、更合理、更完善。这样的课程结构是一个互相关联的结构，是一个有主导性的合力结构，这一结构具有巨大的张力。相反，如果把地方课程、学校课程的独特性和地位放得过大，一定会造成对国家课程主导性的遮蔽，甚或是削弱，这显然是不当的，是错误的。

其二，这是对国家课程在践行社会主义核心价值观中主导作用的再确定、再提升。践行社会主义核心价值观、落实立德树人的根本任务，必须落实在所有课程中，但国家课程应当在其中承担起主力的作用，以主导课程、教学的价值方向，这并不难理解。国家课程是国家意志的集中体现，尤其是思想政治（道德与法治）、语文、历史三门课程，具有更鲜明的价值导向，关涉民族团结、国家主权、国家利益、社会主义道路、中国共产党的领导等政治认同问题，关涉中华优秀传统文化、革命传统文化的弘扬，以及社会主义先进文化的认同与创造问题，更关涉意识形态的话语权的把握问题。坚守其主导性是无需作更多解释的，这应当成为我们的信念，成为我们的自觉行动。同时，国家课程是国家对中小学生核心素养发展要求的基本规定，而核心素养是社会主义核心价值观在学生发展中的具体体现和落实。能否达到这些基本规定要求，能否实现课程标准的要求，不仅影响学生的当下发展，更影响着学生的未来发展。少年强，则国强。学生的素养将会影响中华民族的未来，影响伟大中国梦的实现。党的十九大提出，践行社会主义核心价值观，有个重要的着眼点，那就是培养担当民族复兴大任的时代新人，这样的时代新人有理想、有能力、有担当，对此，国家课程承担着重大责任，它将成为一种定向盘，成为课程的指南针，为社会主义核心价值观着眼点的端正和实现，奠定了基础。当然，这一切如前所述，不是降低地方课程、校本课程应担当的使命和责任，而是让所有课程紧紧围绕践行社会主义核心价值观的主要载体，让国家意志得以充分体现，让国家对学生的基本要求得以有效落实。这一认识的再确认、再提升当前显得尤为重要。

其三，这是对教育根本目的和课程发展的世界趋势的再观察、再回应。课程理念、目的，以及课程结构、形态不是孤立的存在，其背后实际上是对教育目的的追问，是教育目的支撑着课程理念；其深处实际上是对理论的追索，是教育理论支撑着课程结构中各种关系的协调。强调国家课程的主导性，教育家们已有不少深刻论述，尤其是杜威。杜威在著作中专门有一节论述"国家的教育和社会的教育"。他的观点极为鲜明："教育实际的这种变革必然带来理论上的变革。个人主义的理论退到隐蔽地位。国家不仅提供公共教育的工具，而且提供公共教育的目的。"他紧接着说，教育一定要"维持国家主权……服从国家的最高利益，所以，社会效率也含有要求个人服从国家利益的意义。"他还进一步提出，"在民主主义的社会中，为民主主义社会设置的教育有一个基本的问题，是由于国家主义的目的和更广阔的社会目的的冲突而提出的。"①
当然，他也主张两种目的、要求要结合起来。显然，突出国家主权，维护国
家利益，服从国家主权和利益是教育的一个"基本问题"，是一个基本的理论
问题，也是个基本的实践问题，更是一个基本的政治方向问题。因为是基本问
题，所以它具有超越性和共同性。而国家课程正是国家主权、国家利益的集中
反映和体现，这就不难理解坚守国家课程主导性的道理了。

根据这一理论，基于国家利益要求，又基于学生发展规律和特点，美国
于 1983 年的教学改革中提出了核心课程概念，强调"所有中学生在最后 4 年
中，都要学好'五门基础学科'，才算是一个合格的中学生"。他们还认为，
这些"新五基"，"是构成现代课程的核心"。②从资料上看，所谓核心课程与
我国所提出的国家课程是相一致的，可见，国家课程是必修的基础课程，是核
心课程，应是现代课程的核心。核心必然起着主导性的作用。从这个角度看，
坚守并彰显国家课程的主导性，发挥其核心作用，发展学生核心素养，是对世
界课程改革走向的一种积极回应，而且也会影响世界课程改革的走向。

坚守并彰显国家课程的主导性还有一个重要的视角——现实针对性，下
文将会论及。

二、坚守并彰显国家课程主导性的几个关键问题

坚守并彰显国家课程主导性的认识很重要，但更重要的还在于实践，即
如何在课程改革的实践中，让国家课程的主导性得以坚守和彰显，得到具体落
实，又在落实中有新的发展。要做的事很多，我们可以做些梳理，从以下几个
维度去思考，在几个关键问题上去探索。

第一，在课程开发的维度上，当下应纠正两个不良的倾向，坚定地回到
国家课程的主导性上来。

一是在课程综合中国家课程被淡化的现象。无疑，课程综合对于发展学
生的综合素养，对于培养学生创新精神与实践能力有着重要、独特的价值，因

---

① 杜威.民主主义与教育[M].王承绪，译.北京：人民教育出版社，1990：105-107.

② 张焕庭.教育辞典[M].南京：江苏教育出版社，1989：679.

而综合性已成为课程改革的共同趋势。我国的基础教育课程改革，一直十分重视课程结构的综合性，在提出中国学生发展核心素养以后，课程综合的命题又提升到一个新的高度。同时，诺贝尔奖评选的走向，仍要坚持学科间的综合，且不论居里夫人既获得诺贝尔物理学奖，又获得诺贝尔化学奖。看近年的评选，这一走向更为明显，其中包括文学奖评选中的学科边界被再次打破，包括"数学家告诉物理学家"的新闻等，重视并加强课程综合是不容置疑的。现在的问题是，有的学校将国家课程任意整合，以至整合成"全课程"。这样的整合，失却了课程的主干，把国家课程整弱了，整"没"了，结果是国家意志、国家基本要求被淡化了，动摇了学生发展的基础。这样的综合，无形中造成了对国家课程尊严性、完整性、权威性的忽略和破坏。如何整合，在多大范围内整合，整合到什么程度，亟待研究，进而确定一些原则。我以为，就国家课程的综合而言，"学科+"的方式是较为合适的。

二是课程开发与实施失衡的现象。校本课程的提出与开发，是我国课程改革的一个重大进步。它改变了课程结构单一的现状，满足了学生个性发展的需求，学校的特色也得到彰显和发展，学生的生活更加丰富多彩，学校也显得更加活泼、有生气，这些都是被实践证明了的。也许是认识上的误区，也许是过度的功利的驱使，当下不少学校把课程改革的重点放到校本课程的开发上，甚至成了课改的重点，成为一些学校的兴奋点，形成一股热潮。其中出现一些值得反思的问题，比如强调校本课程是特色课程，彰显特色就得在校本课程开发上下足功夫，让人觉得国家课程是无特色可言的，校本课程的宗旨就是追求学校特色，显然这是有问题的。再比如，追求校本课程的数量，似乎越多越好，而课程的规范性与品质受到了冲击。最为重要的是，校本课程开发成了重点和兴奋点，而把国家课程实施丢在一边，尽管日复一日、年复一年地上课、考试，但在国家课程的实施上下了多少研究、打磨的功夫，就是一个大问号了，这样势必影响了国家课程的高质量实施。这种重点的无端偏移，也造成了课程结构的失衡，而结构的失衡必定影响学生的素质结构，影响学生的未来发展。

第二，在践行社会主义核心价值观的维度上，国家课程要发挥主导作用。培育、践行社会主义核心价值观是所有课程的共同任务，国家课程的主导性首先要充分体现在培育、践行社会主义核心价值观上，落实在立德树人的根本任务的实现上。为此，要确立两个核心理念，并由此牵引两个重要行动：一是学科育人，二是活动育人。学科与综合实践活动是国家课程的两个重要组成部分、两种重要形态，国家课程的主导性要通过两种形态的课程去落实。不管是哪种形态，宗旨都是育人，只是育人的途径与方式不同。而育人的依据与目标是学生发展核心素养，用社会主义核心价值观照亮学生发展核心素养，用核心素养去引领学科育人与活动育人。学科育人与活动育人既有许多共同的地方，又有一些差异和特点。学科育人，要着力研制学科核心素养，将学科的核心知识、关键能力、思维方式等整合起来，形成学科观念和文化，影响学生，塑造学生。其中，"核心素养是目标，真实情境是活动载体，领域知识是必要基础，学习方式变革是实现途径"。① 活动育人，要着力在综合实践活动的设计与开展中，特别注重价值体认、责任担当、问题解决、创意优化，通过考察探究、社会服务、设计制作、职业体验等方式来推进实现。学科育人重在学科素养、学科方式，而活动育人重在跨学科学习和实践活动。国家课程的主导性，最终聚焦于育人模式的探索和建构，这样的主导性将会引领地方课程和校本课程的开发与实施。

第三，在使用教材教的维度上，着力用好三科统编教材。教材建设与管理是国家的战略工程、奠基工程，教材的质量也代表着国家的教育水平、课程品质，教材的质量、品格影响着学生的发展水平和品格；三科教材统编是党中央的重大决策部署，是党中央把握意识形态话语权在教材中的重要体现。统编教材已在使用，学校、老师们反映都很好，在践行社会主义核心价值观、培育学生必备品格和关键能力等方面显现了优势，三科教材的权威性也开始确立起来了，这是国家课程主导性的重要体现。当前，我们要以更加积极的态度，用好统编教材。一是要进一步提高对统编意义的认识，要从统编扩展到统筹力量和各种资源形成育人合力的认识上来，发挥统编教材的更大的主导、引领作用。二是认真研读教材，加强比较研究，发现并凸显统编教材的特点和优势。三是精心设计教学，尤其要设计学习活动，把握"教学点"，让学科核心素养落实在教学中。四是在实践中反思，在反思中改进，确保高水平地用好三科教材，推动国家课程的高质量实施。

---

① 杨向东. 如何基于核心素养设计教学案例 [N]. 中国教育报, 2018-05-30(05).

统编教材使用中育人价值的实现与"学科专家"培养

一、使用教材既是教材建设的一个重要环节，更是教材编写的目的，尤要着力提升对统编教材意义、价值的认识

思想政治、语文、历史三科统编教材已开始使用。教材使用是一种教学活动，使用过程是课程实施过程和教学过程，具体表现为教师的教与学生的学的方式，而教学行为是理念的外显，是理念的折射和体现，有什么样的理念往往就有什么样的教学。使用好统编教材，需要能力、技术、方法等，更为重要、起主导作用的还是理念，是对统编教材意义、价值的深刻认知。认识水平提高了，使用教材才会更自觉，更有创造性。

我们应从以下几个方面去提升对统编教材的使用认识。

其一，教材建设是国家的一项战略工程。其主要内涵为：一是教材是国家意志的集中体现，寄托着国家对学生当下与未来发展方向、发展远景的期待，是国家对学生发展核心素养基本要求的规定。二是教材的水平与质量在很大程度上体现了国家的教育程度和文化水准，也影响着今后发展的方向、水平与质量。三是从价值属性上看，教材无疑是教学的载体，具有十分重要的工具价值。但它不是一般的工程，它折射出的是精神价值、思想价值，体现出的是国家对人才培养、发展的要求。教材的这种特殊的价值属性与价值形态，就决定了加强教材建设与管理是国家的事权。就我国而言，教材是培养社会主义事业建设者与接班人的特殊载体。总之，教材建设是一项伟大工程，具有战略性和基础性。因而使用教材、开展教学是神圣的事情。

其二，三科统编教材是党中央的重大决策和部署。思想政治、语文、历

史在继承、弘扬中华优秀传统文化、革命传统文化、社会主义先进文化，在加强国家主权教育、法治教育，在培塑学生基本的道德品格、健全学生的人格，在增强民族认同、国家认同、社会主义认同、中国共产党认同、文化认同等方面，承担着更为重要的任务。可以说，三科统编教材犹如培育、践行社会主义核心价值观的图谱。道德与法治，课程名称本身就是社会主义核心价值观的直接体现，担负着德法兼修、以德治国、以法治国的战略决策教育的重任；语文，要通过精选人文主题与典范文章，培植学生的中国灵魂，让他们挺起民族的脊梁；历史，在历史史实的学习、掌握中形成正确的历史认识，对中国共产党在民主革命时期、社会主义建设时期的核心领导作用有更深刻的认识，等等。三科统编教材所体现的这种鲜明的意识形态，要求教材更要集中体现国家意志，把握意识形态的话语权。因此，其统编的意义是十分深刻的，其重要意义必须在教材使用中不断统一，并进一步提升。

其三，教材使用是教材建设必不可少的一个环节，对于提高教学质量具有实质性意义。教材建设是个过程，使用是其中最后一个环节。教材编写的目的就是为了使用。除此之外，使用还有更深层的意义和价值。一是"使用"是教材的实践化过程，让教材在课堂"立"起来，只有真正"立"起来的教材才是好教材，才能真正达到教材建设的目标、要求。二是"使用"是对教材的检验。编写的指导思想、核心理念、基本原则，内容的选择、组织，呈现方式的设计与安排等，都会在使用中一一被师生所检验，作出准确评判，并对教材的完善提出改进意见或建议。教材建设少不了这一环节。三是教材使用可以牵引教学改革。抑或说，教材使用的实质就是以此展开教学改革；抑或说，教学改革必定涉及教材的研究和创造性处理；抑或说，教材使用与教学改革是双向互动的，而教学改革落实并体现了教材的价值与水准。

值得注意的是，统编教材的使用还有特殊的意义。统编究竟意味着什么？笔者以为，除了统一编写，统编还意味要在使用中统一认识，统一要求，聚焦国家意志，落实国家要求，让教材中所蕴含的社会主义核心价值观得以彰显，得以内化，得以实现；意味要在使用中统筹力量，统筹资源，群策群力，协同创新，形成育人合力；还意味要在使用中鼓励教师从实际情况出发，发挥各自的优势、特长，多样化实施，体现教学的个性。"统"又绝不是一个模式、一种方式，而是个性化的，风格是多样的。从"统编"说起，这样的对"统"的理解并非牵强附会，相反，应是"统编"的应有之义。而这一切都体现在使用中，都要通过使用去落实。这才是"统编"的完整意义。

综上所述，教材使用蕴含着如此丰富的意义和价值，我们不能只从传统的、一般的意义上去看待，不能轻慢，更不能忽略。我们正是要在完整、深层次的认知中，提升使用教材的自觉性和责任感，提升使用统编教材的使命感。

二、用教材牵引教学改革，探索并逐步建构学科育人、教学育人的模式，将立德树人的根本任务落实在学科教学中

立德树人是整个教育改革的根本任务。这一根本任务要落实在教育的各个领域、各个环节中，当然也要落实在学科教学中。学科教学既是立德树人的重要载体，也是立德树人的主要途径；立德树人是学科教学的根本任务，也是学科教学改革的方向和境界。落实立德树人的根本任务，教材起着十分重要的作用。一是牵引，即依据课程方案、课程标准编写教材，通过使用带动、推进教学改革，让教学改革指向立德树人；二是转化，即要在使用中将教材蕴含的育人理念、任务、要求等元素开发出来，并逐渐内化为学生的素养；三是在教师的引导下，将教材作为讨论、探究、体验的平台，使用教材的过程就是领悟、把握立德树人要义的过程，就是学生在立德树人中成长的过程。使用教材、进行教学改革总是与育人自然而紧密地联系在一起。赫尔巴特关于教学与教育关系的判断正是对教学与育人关系的另一种表达：不相信没有教学的教育，同样不相信没有教育的教学。任何教学都是一种教育，一种价值教育，教学失却教育、失却价值教育都不是真正的教学。因此，使用教材的深层含义、深刻关切和核心追求应当是，在使用中，通过教学改革探索并逐步建构学科育人、教学育人模式，以有效落实立德树人的根本任务。

立德树人的根本任务，培养的是社会主义事业的建设者与接班人，即十九大报告指出的，"培养担当民族复兴大任的时代新人"，有理想、有本领、有担当。其实，这一目的和着眼点已存"活"在教材中，教材的使用就是让它们显现出来，并活跃在课堂教学中，进而活跃于学生的内心。但是，一个不争的事实是，长期以来，这一价值传递的内在链条被切断了，育人的根本任务被

知识传授、成绩为上、分数追求所遮蔽，被忽略，甚至被压榨和驱赶，教材被异化了，教学也被异化了。这一现象不改变，教材总是与学生发展相"隔"的，教学也总是与教材的旨意相悖的。因此，教材使用牵引教学，学科教学改革一定要使教学发生重大转向，转向人，转向人的发展，转向学生核心素养的培育与发展。这次高中课程标准的修订，这一转向特别鲜明、坚定。如思想政治课程标准修订特别强调："在课程的实施中，既要避免'压缩饼干'式的学科化倾向，又要避免'过于知识化'倾向，而应立足于政治认同的塑造、科学精神的培养、法治意识的培育、公共参与能力的提升，否则难于发挥思想政治教育'主渠道'的功能。"[①] 义务教育阶段的道德与法治教材以及语文、历史也充分地体现了这一点。

学科育人、教学育人，或曰学科教学育人，说的都是同一个意思，不过，当下强调学科育人更为重要。那么，在教材使用中如何探索、建构学科育人模式呢？如何让立德树人的根本任务落实在学科教学中呢？笔者提出三个核心命题：塑造学科之魂、开启学科之眼、把握学科之法。

塑造学科之魂。学科之魂，指的是学科的核心价值、学科教学的旨归，它是学生学习学科课程的指南。学科之魂将会塑造学生的理想人格，既包括每个学生的人格，也包括学生的集体人格。学科之魂应当转化为学生之魂。学科之魂，凝结在学生发展核心素养上，凝练为学科核心素养。仍以普通高中课程标准修订为例，这次修订的重要探索是，"把党的教育方针中关于学生德智体美劳全面发展的总体要求具体化、细化为学生发展核心素养；各学科结合学生实际和学科特点，进一步凝练提出反映学生发展核心素养要求和学科本质的学科核心素养，作为确定课程目标、遴选教学内容、设计教学活动的主要依据"。[②] 学生发展核心素养主要是正确的价值观念、必备品格、关键能力等三个重要维度，而学科核心素养是学生发展核心素养的学科化和具体化。

学科之魂与中华民族之魂天然联系在一起，学科之魂折射的是民族复兴

① 《基础教育课程》编辑部．打造素养导向的活动型学科课程——访普通高中思想政治课程标准修订组负责人韩震、朱明光 [J]．基础教育课程，2018(Z1)：46-50.

② 同上：6-10.

的伟大中国梦，是民族复兴的核心价值照亮了学科之魂。学科教学必须把社会主义核心价值观的培育与践行贯穿于教学的全过程。统编的道德与法治教材对这一要求体现得很充分，而且处理了一些关系，为教学提供了基本思路。一是价值渗透与价值开发的关系。价值需要渗透，但道德与法治教材本身就是社会主义核心价值观教育图谱，就不仅是渗透问题，更重要的是开发问题，不开发，内蕴的价值就不能显现，也就不能渗透在学生的认知和行动中。二是价值澄清与价值引领的关系。价值需要澄清，这是价值认知所必需的，但只澄清，而不帮助学生进行价值选择，进而引领学生行动则更不行，澄清是为了引领，要从澄清走向引领。三是生活与德育的关系。价值教育、道德教育要给予学生的生活经验与发展需求，应当在生活的情境中进行。必须指出的是，不能只有生活而无德育，德育生活化要防止德育被生活"化"掉了。四是隐性与显性呈现的关系。价值教育、道德教育，在教材中常常是处在隐形状态，面对这样的状态，教师可以引导学生去发现和探究。但教材也需要有显性的呈现，显性呈现让价值更加鲜明，更便于学生吸收，隐性与显性呈现方式应当结合起来。教材编写中的这些关系，也应当体现在教学中，让学科之魂得以彰显，更有张力，更具魅力。这是学科育人的魂灵之所在。

开启学科之眼。这是一个隐喻，不过这一隐喻的意思非常清楚也十分生动，更像是个"明喻"。是的，每一学科都有一双眼睛，它以学科的视角观察世界、探索世界、发现世界，而且帮助我们打开通向世界的一扇又一扇大门。学科之眼的实质是学科的思维方式，其基于学科特质，具有独特性。主要内涵为：一是观察。杜威说得好，"观察即是探索，是为了发现先前隐藏着的、未知的事物，以达到实际的或理论的目的而进行的探究"，观察让人"头脑灵敏，'警戒'地注视、追求和探查"。① 每一门学科总是以它的眼睛向外探寻，在探寻中探究，在探究中达到未知的彼岸。二是想象。想象是伟大的潜水者，想象补充、开阔了观察；要完全了解世界、理解世界、创造世界，必须依靠想象。学科之眼的想象力，定会克服教学中"从事实到事实"的狭隘与平庸。三是发现。无论是观察还是想象，都是为了发现，发现是开启学科之眼的目的之一，

---

① 邱磊. 杜威教育箴言 [M]. 上海：华东师范大学出版社，2015：184.

发现本身就是学习，有了发现才会有发展，才会有创造与创新。四是选择。观察、想象、发现，让学生获得了许多许多，丰富了学生的心智，但还应从中进行梳理、鉴赏，加以判断而予以选择，进而在教师的帮助下努力去概括、提炼，以至定义，形成观念。总之，开启学科之眼锻炼了学生眼力，包括观察力、想象力、发现力，还有鉴赏力、判断力等，让学生开阔了视野，扩大了视界，形成新的视角，因而形成了学科学习的格局，这是育人的格局。

讨论还需聚焦于学科。学科之眼内涵中的各种眼力，都是基于学科的，应具有学科的特质，一如数学专家所言，学生要会用数学的眼光观察世界。拓开来说，亦即用学科的眼光观察世界，用学科的思维方式思考世界，用学科的语言表达世界。值得关注的是，学科之眼，眼界宜宽不宜窄，宜远不宜短，宜深不宜浅，更非"俗眼""近视眼"。开启学科之眼，一定关涉学生的思维方式与品质，关涉对世界的认识与把握，关涉意志品格与胸襟，也关涉关键能力，毋庸置疑，这就是育人，就是学科育人。所有学科育人了，育人的任务就落实了，时代新人的培养也就在其中了。因此，学科之眼，当然还可以理解为学科育人的着眼点，是育人这一最高立意的点睛之笔。

把握学科之法。学科教学不仅培植核心价值观念、塑造学生灵魂，也不仅给了学生一双观察、发现世界的眼睛，还给了学生一个聪明的脑袋和一双勤劳的手，教给学生发现问题、提出问题、分析问题、解决问题的方法，我们不妨将其称为学科之法。学科之法应和着有理想、有本领、有担当的时代新人的要求。有本领，即有能力、有办法，会操作、会实践、会创造。学科育人的内涵自然包括用学科之法育人。

学科之法包含的方面很多，我以为其中一个十分重要的方面是研究问题、解决问题的思路。而研究问题、解决问题的思路已呈现在教材中，不过它往往处在沉默状态，教师要通过教学让它发出"声"来，并鲜明地呈现在学生面前，进而去认识它、发现它、把握它，这是个潜移默化、长期积累的过程。以道德与法治教材为例。道德与法治教材形成了一些相对稳定的板块结构：教材之始，创设一个生活情境，或是让学生回忆过去发生的事件或现象，或是设计一个新情境，引导学生"运用你的经验"，对情境中的问题有个初步的认知和判断；然后引导学生进行"探究与分析"，紧接着以"课文"的形式予以价值引导；在此基础上，又以"阅读感悟"的方式，在"课文"的再次引领下，将探究、分享引向深入，引发新的讨论与思考；最后又以"拓展空间"板块，开阔学生视野，以此及彼，引向实践，实行知行合一的原则。这是教材设计的思路，其实质是培养学生研究、解决问题的思路，是研究、解决问题的方法。显然，教学中不应是简单地把这些板块内容过一下，走一下程序，而是要把这些板块转化为学生学习的思路和方法，久而久之，学生逻辑思维能力、理性精神得到培养和提升，方法也得到培养。值得注意的是，教材中的"探究与分享"不是只安排一次，而是两次、三次，有的还需要更多一些，其意图是明显的，即学生在道德与法治的挑战性学习中，在价值困惑中不断去探究、讨论、交流、辨别、践行等。这正是需要学生把握道德与法治的学习方法，是研究和解决问题的方法。

不同的学科有不同的学科之法，学科之法具有学科特质，显现出学科之法的学科差异。高中语文教材，特别重视以学习任务群推动学习方法的改变，尤其针对互联网环境下，阅读容易走向实用主义甚至功利主义，发生浅尝辄止、断章取义地截取片段信息的现象，课程标准与教材提出或设计了以下阅读方法：以自主阅读、撰写笔记、交流讨论为主，教师的主要任务是提出专题学习目标、组织学习活动、引导学生深入思考等。阅读的策略正是语文学科学习方法的提炼。而历史教材也将会以专题学习的方式，引导学生学习运用史料实证、历史解释等方法。在学习、运用这些方法的同时，学生逐步确立起唯物史观，增强了时空观念，培养了家国情怀。

学科之魂、学科之眼、学科之法，让教材的主题、主线更为鲜明，并在教学中有机融合在一起，相互支撑，形成了学科育人的合力，立德树人的任务在学科教学中便得以落实。

三、统编教材在使用中，要深入研究，准确把握好"教学点"，将"教学点"作为教材的"建设点"，提升教师的学科育人能力

在如何使用教材这一命题的深处实际是教育观和教材观问题。对此，杜威有非常独到而明确的观点。在讨论教材的性质时，他将教材分为"教师的教材与学生的教材"。[①] 所谓"教师的教材"是指"成人的材料是学生的材料的

---

① 杜威. 民主主义与教育 [M]. 王承绪，译. 北京：人民教育出版社，1990：199-201.

可能性，而不是学生的材料的现状……不牢记由于教师和学生的不同观念所产生的教材的区别，乃是在使用课本和许多其他先前存在的知识的表现形式时所造成的大多数错误的根源"。[①] 所谓"学生的教材"是让学生成为"掌握材料的人"，而能这么从学生的经验出发，让"教师的教材"转化为"学生的教材"的教师，"相对地说，就是这门学科的专家"。[②] 杜威的教材观启发我们一定要在使用教材时，将教材转化为"学生的教材"，成为掌握教材的人，这就是我们常常说的两个重要观点：不是教教材而是用教材教，让教材成为"学材"。由这两个观点带来一个新的教师发展观：教师在使用教材中成为"学科专家"，让学生成为学科育人专家。

于是，使用教材，教师面临着一个挑战，即两个转化，一是将"教师的教材"转化为"学生的教材"，二是将教材的可能性变成学生发展的现实性。这既是对使命的挑战，也是对智慧的挑战。这是一个复杂的过程，不过，我以为其中有一个基本的问题，即从教材中发现学生学习、发展的可能性——教学点。将可能性视为教学点，意在对教学功能、价值的定位；将教学点视为可能性，意在可能性的实现与生长。教学点是教材使用中的一个关键，亦应是教师研究教材、设计教学的一个重要任务和策略。

可能性不仅与学生经验相联系，更与学生发展相联接，因此要将可能性聚焦教学目标，同时根据学生发展的可能性适当调整教学目标，使教学目标也具有生长性。寻找教学点，就是要根据教学目标，从学生发展出发，发现教材的可能性，确定教学点。而可能性、教学点往往表现为教材的重点、难点，还表现为学生的兴趣点或困惑点，当然我们也应将容易疏忽的又蕴藏价值的"点"作为教学点。教学点具有生成性，具有探究、体验的张力。不过，值得注意的是，若此，不加梳理，便会处处都是教学点，分散了教学重点，淡化了核心价值，偏离了教学目标。如何让教学点成为一个结构，有目的有计划地去选择与开发，是当下教材使用的一个亟待研究的问题。现以统编的道德与法治教材为例，作些分析，形成思考、设计教学的几个维度，提一些建议供读者参考。

---

① 杜威. 民主主义与教育 [M]. 王承绪，译. 北京：人民教育出版社，1990：199-201.

② 同上.

维度之一：课程名与单元、课题名。义务阶段德育课程原为品德与生活、品德与社会、思想品德，现改为道德与法治。这一课程名称的改变有着重要的战略、理论思考和强烈的针对性。一是战略意义。党的十九大报告指出，要加强思想道德建设，实行以德治国，让"人民有信仰，国家有力量，民族有希望"；同时要以法治国，"全面依法治国是国家治理的一场深刻革命，必须坚持厉行法治"，建设法治中国。德法兼治，关乎国家的治理与发展的战略，道德与法治正是这一战略思想、治理方针在课程中的落实。二是理论思考。法国哲学家孟德斯鸠说，法律是最基本的道德，而道德则是最高法律；我们要坚持用法律支撑道德，用道德滋养法律；学者们认为，没有法律支撑的道德教育，缺少力度，而缺失道德滋养的法治教育缺少温度与境界。道德与法治，为义务教育思想政治课程搭建了骨架，完整地诠释并体现了中小学的德育。三是现实针对性。在学习教育中，学生的法治意识比较单薄，能力也很弱，大至科学立法、严格执法、公正司法、全民守法，小至个人的法律保护意识、能力都亟待加强。道德与法治，让学生德法兼修，在他们心里播下道德与法治的种子，为成为时代新人打下基础。这一重要的教学点，引导我们在教学中有目的地又随机地加强两者的互相渗透和互相促进，让课程价值完整地持续地在教学过程中得到体现与落实。

单元名、课文名也是一个教学点，因为题目正是教材的眼睛。单元和课文名称有各种表达方式，但应有一个原则：有鲜明的价值取向，绝不是价值中立。比如二年级下册四个单元"让我试试看""我们好好玩""绿色小卫士""我会努力的"，价值取向都是鲜明的。即使有的年级的课文取名为《我们小点声》，也是指向学生文明习惯的。单元名、课文名不只是一个教学点，应贯穿单元或课文教学的全过程，作为价值逻辑主线，成为教学链条。

维度之二：课程的性质与视角。义务教育阶段，尤其是小学，道德与法治，包含了历史、地理教学的内容。五年级上册、下册分别有历史、地理的知识教学，比其他年级显得更为集中。比如五年级下册的"百年追梦、复兴中华"单元，从鸦片战争、圆明园的诉说、甲午风云、推翻帝制、民族觉醒、辛亥革命直至中国共产党诞生，以及在中国共产党领导下的万里长征、抗日战争、解放战争等，几乎覆盖了近代中国革命史。这些历史史实必须了解，历史知识必须掌握，否则淡忘了来龙去脉，就会丢失了历史之根。但这些内容是安排在道德与法治课程里的，势必要转变教学的视角，既要基于这些知识，又要超越，从中提炼出道德与法治的核心价值，而不是讲历史、背历史事件的时间和内容。其实，编者在编写这部分教材时，就是将教育的核心价值置于12个字："不甘屈辱、百年追梦、复兴中华"，以此培养学生的家国情怀，热爱并拥护中国共产党。地理部分的教学内容处理同样如此，应将教学点放在热爱祖国山河、认识国土的神圣、加强国家主权教育上，而不是背诵、记忆地理知识。因此，教师在教学时，应注意从课程性质与任务出发，作必要的比较，转变教学视角，确定教学目标，准确而深入地开发这些教学点。

维度之三：有关教学内容的反复循环。无论道德教育，还是法治教育，都不是一蹴而就的，相同的主题、同一领域的内容，在不同年级、不同学段适当重复是必要的，但一定要在重复中注意差异，在循环中注意提升，教学点就在差异中、提升处。比如，规则教育。规则教育将道德与法治教育融合在一起，既是道德教育，又是法治教育，从二年级开始就安排了这一主题。二年级重在体验规则的重要性，大家应当有个约定；四年级重在班规的制定和执行，还延伸到网络世界中的规则；六年级和八年级在法治专册里，从规则到法治，重在让学生明晰法律是国家的规则，八年级还从正义、公平的角度深化对规则的认识；九年级则扩展到社会规则，明晰规则与自由的关系，并讨论规则的改进问题。不同年级、不同年度，内容、要求是逐步提升的。此外，中华优秀传统文化教育、关于"家"的讨论也有这样的布局。这就要求教师从整体上把握教材，让同一主题体系化，前后保持一致，再从差异处找到提升点，作为深化的教学点。

维度之四：一些具体问题的把握。随着时代发展，在习近平新时代中国特色社会主义思想指引之下，一些具体问题的内涵、价值正在发生变化，这些变化也正是教学点，必须认真开发。比如，合作与竞争。竞争是客观存在的事实，但是"建构人类命运共同体"的理念、思想，更追求合作精神，合作高于竞争，合作重于竞争，合作先于竞争，应当确立这样的发展理念：今天学会了合作，明天就拥有了竞争力。比如，学生的公共参与。学生要学会过公共生活，坚持公共利益，但必须要让学生明确，最根本的、最高的公共利益应是确立并维护国家利益，应在参与社会生活中，增强民主意识和社会责任感。比如，加强集体主义教育。在强调每一个人都是独特的、唯一的，要发展个性做最好的自己的同时，一定要避免和克服个人中心、个人主义的扩张，要融入集体，学会与他人合作，与"不同"相处，发扬集体主义精神。再比如，教材与教学中城乡兼顾问题。统编教材努力开发农村资源，克服教材的城市化倾向，对此，教学中还要进一步增强"三农"思想的内容。因此在关于城镇化的教学时，要体现城乡的双向互动，完整把握城镇化的意义。

还有其他维度。总之，确立教学点，用好教学点，正是统编教材的建设点、发展点，也是教师成为"学科专家"，提升学科育人能力的发展点。

爱国主义教育让青少年挺起民族的脊梁

阅读《新时代爱国主义教育实施纲要》（以下简称《纲要》），心潮起伏，一个个温暖而有力量的词语，在我的内心跳跃，一股股暖流在我的血脉里奔涌：民族心、民族魂、精神财富、精神动力、固本培元、凝心铸魂……爱国主义精神就在我们的生命里，爱国主义精神就是我们的灵魂，是我们的脊梁。深植在心灵里的文化基因永远存在，但是需要激活，让它们蓬勃起来，澎湃起来。《纲要》正是强大的激活剂，犹如一盏明灯，让爱国主义焕发出新时代的光彩。

爱国主义是中华民族永恒的旋律，爱国主义让每一个中国人为祖国而歌唱，为民族伟大复兴而奋斗，谱写新时代爱国主义壮丽诗篇，为明天写下最美的诗句。我们，我们的教育，我们的教师，我们的学生，还有我们的家长，不仅是主旋律的歌唱者，也是主旋律的谱写者，是壮丽诗篇的创作者。实施新时代的爱国主义教育，我们责无旁贷，重任在肩。《纲要》为我们指明了方向，规定了基本内容，聚焦了教育对象，丰富了实践载体，明确了重要举措。《纲要》是指南针，是一个完整的教育图谱，也是清晰的行进路线图。我们今后的任务，就是将其学习好，实施好，扎扎实实落实到位。

《纲要》非常明确地提出，新时代爱国主义教育要聚焦青少年。这一聚焦点不只是一个关于对象的指向与规定，而是重点之所在，重任之所在。毋庸置疑，今天的青少年是未来民族的栋梁，有什么样的青少年，就有什么样的民族；有什么样青少年的今天，就有什么样的民族未来。因此，聚焦点，是突破点，是生长点，是希望点。

一、聚焦青少年，首先要正确认识新时代的青少年，增强爱国主义教育的针对性

青少年正处在改革开放的时代。多元文化、多元价值观涌进中国，难免鱼龙混杂、泥沙俱下，青少年产生了一些价值困惑和焦虑，乃至价值冲突是正常的，犹如拔节孕穗期有杂草、害虫一样。但是，应该看到，当代青少年是积极向上的，他们热爱祖国，热爱社会主义，爱国主义的种子正在他们心里萌发，新时代的春风雨露滋养、哺育了他们，他们正在长成"好大一棵树"。我们应当爱护他们、肯定他们、赞美他们、鼓励他们。爱护、肯定、赞美、鼓励既是教育的政策与方法，也是教育的理念与原则，而且这本身就是最好的教育。同时，我们还应该充分认识到，青少年在成长中有着自己的方式，呈现一些共同的特点，有着一般的发展规律，对他们的肯定与鼓励正是基于他们内在需求生成的特点，是对青少年的尊重和爱护。可见，深入了解、准确把握这些特点，应是爱国主义教育遵循的基础。事实证明，聚焦青少年，要聚焦于青少年的发展特点，把握他们的心理状态，以此引导他们在情感、态度、价值观上的发展，爱国主义教育一定是有效的。

值得注意的是，对当代青少年发展特点研究是很不够的。表现之一，对青少年现实学习生活的关注过多，对心理世界、理想世界有所忽略。在一些学校，只关注知识、成绩、分数、升学率，把应试技能和结果摆到极为重要的地位，而忽略青少年的心理世界、理想世界以及虚拟世界里的生活。不完整的教育，造成生活世界的不完整，带来的结果是心理乃至人格的不健全，必然带来价值认知的偏差。所以，要全面贯彻党的教育方针，从发展素质教育入手，进一步端正办学宗旨与教育理念，促进学生的全面发展。表现之二，对青少年现实生活中的缺点、不足等问题关注过多，对他们新的生活方式、特点有所忽略。当代青少年正处在现代科学技术百年未有之大变局中，互联网、云计算、大数据、人工智能等风起云涌，正全方位改变人类的生产方式、生活方式和交往方式。青少年对现代科学技术有着特有的敏感性，有着特殊的喜好，也有着难以预料的天赋。他们以极大的热情拥抱新技术，熟练地使用新技术，并主动地将新技术迁移、运用到学习和生活中。这是青少年喜新、创新的特点，他们

是现代技术村落里的"原住民"，而不是闯入者。这是进步的表现。当然，其中也存在一些问题，比如沉迷其中，影响了正常的学习和生活；比如陷入网络陷阱产生了价值困惑，以至价值迷乱，正确的价值观念、理想信念受到冲击；比如人应是技术的主人，而不应是技术的奴仆，青少年如何处理好与技术的关系，等等。对这些特点及其产生的问题，缺少足够的关注和必要的教育，或是批评、斥责，或是忽略、放任；对如何利用现代科学技术进行爱国主义教育，我们重视不够，研究不深，缺少引导的艺术与智慧。表现之三，对生活中关于个人具体的事关注过多，对关涉国家利益的大事有所忽略。青少年成长，是既满足个人发展需求又满足社会发展的相统一的过程，以往存在对个人发展，尤其是个性发展关注不够的问题，但当下情况正发生变化，那就是有的学生过多关心自己，强调独特的我、唯一的我，以"个人为中心"的现象比较突出，所谓"精致的利己主义"有所抬头。与此同时，对国家大事，对国家利益，对民族复兴，对集体、他人关心不够，担当意识比较淡薄。如何引导青少年把"小我"融入"大我"，是爱国主义教育的一个重点。

从青少年的特点和实际出发，真正认识他们、发现他们，《纲要》的实施才会真正落实到青少年发展中，爱国主义教育才会有效。这是我们的必修课，是实施爱国主义教育的重要基本功。

二、聚焦青少年，要在准确把握新时代爱国主义教育总体要求的基础上突出重点，增强爱国主义教育的目标引领性

《纲要》对爱国主义教育的总体要求是十分鲜明的，并从指导思想、鲜明主题、坚持的重大原则、教育的着力点等方面作了规定和深刻的阐述，聚焦于青少年的爱国主义教育必须努力达到这些要求，全面实现《纲要》规定的目标。与此同时，我们又必须有所聚焦，抓住核心和关键，并以此为切入点，逐步全面展开，力求对青少年的爱国主义教育有所突破。

在反复学习、深入理解的基础上，我们以为，对青少年而言，新时代的爱国主义教育应聚焦于"着力培养爱国之情、砥砺强国之志、实践报国之行"。爱国情、强国志、报国行是习近平总书记在学校思想政治理论课教师座谈会上提出的要求，是中国文化深沉的精神追求，是中国价值的集中体现，也是中国

力量的源泉，无疑应成为青少年爱国主义教育的核心与关键，进而锻造当代中国青少年的精神特质和形象标识。爱国情的培养、强国志的砥砺、报国行的实践，具有方向的引领性和目标实现的突破性。

爱国情、强国志、报国行，是一个完整的结构，具有目标内在一致的逻辑性，在学理上是具有科学性的。爱国主义首先是一种最为丰厚、最为深沉的情感。这种情感是真挚、神圣的，是对高尚道德的召唤，有情感伴随的爱国主义教育充满温暖，成为学生的审美体验，充满愉悦感，升华为民族自尊心和自豪感，厚植爱国主义精神首先要厚植爱国主义情怀。情感不是虚无缥缈的，它有落脚的地方，落脚点之一就是"志"。"志"，志趣、志气、志向；"志"，中国文化的又一重要思想观点和成人成才的思想基础，无志无以成学，无志无以行稳致远。习近平总书记反复讲过"志"的问题，他为少先队题词："从小学习做人、从小学习立志、从小学习创造。"同样，"志"不是口头的，更不是空洞的，当"志"转化为"行"的时候，"志"才会"成志"。显然，强国志应当用报国行去落实和体现。爱国情重在情感维度；强国志重在价值维度；报国行则重在实践维度。三个维度，从不同的层面编织了一张爱国主义精神教育之网，形成一个充满思想张力的文化结构，强壮了原有的文化基因，从整体上培育了爱国主义精神。三个维度也是学生爱国主义精神的三个核心领域，环环相扣，逐步推向深入。

爱国情、强国志、报国行，有一个重要前提，那就是认知层面的认同。首先是身份认同。学生从小就要确立自己的身份：我是谁？统编小学语文教材中有篇课文《小英雄雨来》，里面重复雨来的两句话："我是中国人，我爱自己的祖国！"一年级语文就有这样的课文，一开始学习，就把"我是中国人"这颗种子播在孩子的心田。这颗种子和世代相传的文化基因融合在一起，产生温暖而自豪的文化认同，学生有了文化归属感。其次是中华传统文化认同。中国传统文化是中华民族的血脉，是中国最大的优势和软实力，中国传统文化让我们在激荡的世界风云之中怀着文化尊严，站稳自己的脚跟，明晰并坚定集体文化记忆，产生强大的文化力量。再次是社会主义认同。走中国特色的社会主义道路，是我们的理想、信念，道路自信、制度自信、理论自信、文化自信都在社会主义认同上闪闪发亮。认知的提升，是爱国主义教育的必要基础。

如何进行爱国情、强国志、报国行的教育，《纲要》又聚焦于三个关键词："培养"爱国情、"砥砺"强国志、"实践"报国行。爱国情重在培养、培植，让爱国心得到文化滋养，在浓郁的文化中受到熏陶，产生亲切而又深切的感悟；强国志重在砥砺、磨练，强国志是一个价值深度澄清和坚定选择的过程，会受到各种挑战与考验，砥砺的是志向，锻造的是民族风骨，挺起的是民族脊梁；报国行重在实践，把情与志"化"在行动中，用实践来表达和实现。这三个关键词突出了教育的策略、方法和重点。而这一切又汇聚为青少年的中国梦，着眼于培养担当民族复兴大任的时代新人。

三、聚焦青少年，要在建构丰富实践载体的同时，加强课程建设，充分发挥课堂教学主渠道的作用，让爱国主义教育落地生根

《纲要》就如何聚焦青少年，如何丰富实践载体，如何营造浓厚氛围，要求是明确的，形式是多样的，实施爱国主义教育的路径、方法都具有典型意义。青少年尚在学校里，学习是他们的主要任务，针对这一特点，青少年的爱国主义教育还应确定实施的核心载体和主阵地，以及一些关键环节。

1. 爱国主义教育的核心载体：课程

课程是面凹透镜，汇聚了人类的文明成果，是文化的聚集地和高地，从某种角度看，课程，尤其是人文课程，是社会主义核心价值观的图谱。无疑，课程承载着爱国主义教育的重任。为此，我们要特别关注以下几个方面，着力通过课程建设加强爱国主义教育。一是加强国家课程建设。国家课程是国家意志的集中体现，是国家为学生发展所作的基本规定。要充分体现国家课程的主体地位，充分发挥国家课程的主导作用。绝不能以"整合"的名义，影响、削弱国家课程的完整性；绝不能以"校本化实施"的名义，影响、削弱国家课程的权威性；绝不能以校本课程代替国家课程，影响、削弱国家课程的主体地位。要着力开发课程中爱国主义元素，让爱国主义精神在课程里看得见，并闪烁光芒。二是深入研究、努力使用好统编教材。国家统一编写语文、历史、思政课程教材，目的是通过教材，把握好意识形态的话语权，着力进行社会主义核心价值观的教育。统编教材与以往的教材相比有了重要改变，这些改变都是

爱国主义教育新的开发点，蕴含着丰富的爱国主义元素。利用这些开发点，爱国主义是看得见、摸得着的，爱国主义教育就自然在其中了。三是地方课程、校本课程开发要准确把握好"特色"的方向。地方课程、校本课程要凸显地方、学校的特色，但是要透射社会主义核心价值观，要映射爱国主义教育要求，不要以所谓的地方、学校特色遮蔽国家要求，而是要引导学生从乡土、学校出发，认识祖国。彰显中国价值、中国力量是地方课程、校本课程最根本的特色，让它们成为爱国主义教育的重要载体。

2. 爱国主义教育的主阵地：课堂教学

课堂教学是教育教学工作的主阵地，不仅仅因为它所占的课时比例和日复一日、年复一年的天长地久的特点所决定的，而是课堂教学承担着育人的重大价值，育人的宗旨与目的是通过课堂教学去实现的。主阵地之"主"，是育人的主要途径和方式。爱国主义是育人价值的核心，因此，课堂必然成为爱国主义教育的主阵地。爱国主义教育要让课堂教学发生重大转向：从以知识为导向走向以核心素养为导向，以核心素养为导向即是以人、以育人为导向。

其实，爱国主义教育不是刻意的，更不是贴标签式的，而是自然渗透在知识传授中，渗透在能力提升中，渗透在核心素养培养中。爱国情弥漫在课堂里，强国志隐含在教学的全过程，报国行就体现在学习活动中。《纲要》对如何上好思政课提出了具体要求，"拔节孕穗期"要将爱国主义教育的重要价值及其方式方法包含在里面。心中有了这根弦，爱国主义教育在思政课里会高高站立起来。

3. 关键领域：丰富多彩的实践活动

依我看，爱国主义是个动词，爱国主义教育更是个实践过程。以课程为主要载体，以课堂教学为主阵地，不是否定其他的实践活动。我们应当确立起这样的观念：不要把所有的活动都变成课程，让实践活动自由自在地存活在校园里；有时自由自在的活动，会收获意想不到的效果。但是，所有活动都要自觉加强爱国主义教育，让爱国主义教育在活动中更丰富、更生动、更多彩，效果会更好。在新时代爱国主义教育中，青少年定会更坚定地挺起民族的脊梁。

由道德与法治课程的简称谈道德

立德树人根本任务下的课程改革不断深化，品德与生活、品德与社会、思想品德进行了整合，课程改为道德与法治，便是课改深化的一个方面。

学校和教师有个习惯，即将课程名称简化，比如，将思想政治简称为"思政"，综合实践活动简称为"综实"，以往将劳动技术简称为"劳技"，等等。课程名称简化，便于记忆、便于交流，而且简称后并没有改变课程的初衷和主旨，不会发生歧义。那么，道德与法治当下被简称，也是无可非议的。大家普遍地将之称为"道法"。有一天，在厦门，一位校长告诉我，家长问他：你们学校还有什么"道法课"，是不是还有"魔法课"啊？看来，家长对"道法课"是不太理解的，是容易发生歧义的，这会影响课程的形象，也会影响家长的认同，影响课程价值的实现。因此，我们对课程简称应谨慎。

道德与法治怎么简称为妥呢？我建议简称为"德法课"。讨论的关键是如何理解"道德"，"道"与"德"本体究竟是哪个。这是个有关学理的问题。

我们从《辞海》中寻找答案。《辞海》是这么解释的："孔子主张'志于道，据于德'（《论语·述而》）。这里的'道'，指理想的人格与社会图景。'德'指立身根据和行为准则。《老子》中的'道'指事物运动变化的必须遵循的普遍规律或万物的本体。'德'与'得'意义相近，指具体事物从'道'中得到的特殊规律或特殊性质；对于'道'的认识修养有得于己，亦称为'德'。"北宋张载提出，"德，其体；道，用也。"这段话告诉我们，"道"是指普遍规律或万物本体，而"德"则是指特殊规律或特殊性质；在万物中，"道"为体，而在"道德"中，"德"为体；"德"是由"道"有得于己，即由个人的修养得到的。我们可以有这样的认识："道德"侧重于依循普遍规律，通过个人的修养，将"道"转化为"德"，这样，我们才真正"得"到，即获取了德。从这个意义看，"德"为"道德"的本意与本体，道德与法治简称为"德法"是合理的。

东南大学樊浩教授在《"德"——"道"理型与形而上学的中国形态》一文中，对《道德经》作了文献考证和研究。他从考古中发现的文献中得知，"1973年于马王堆出土的帛书《老子》给老学研究带来震撼，出土的甲乙两种版本都是《德经》在前，《道经》在后，并且不分章；郭店楚墓竹简《老子》的版本也是如此。它们是距今最早、最可信的真本"，"由此，《道德经》在文本上便事实地被正名为《德道经》"。① 樊教授认为，"从《道德经》到《德道经》，其意义绝不局限于文本正名或结构倒置，最具革命意义的是对于中国文化源头关于'道'——'德'关系的哲学反正"。他进一步表示，"一句话，《道德经》建构和表达了'德'——'道'合一形而上学类型或形而上学形态"。据此，我们进一步认为，道德与法治简称为"德法"在学理上是有根据的，是站得住脚的。

由道德与法治课程的简称争议，我们认为，简称不只是日常用语习惯的问题，也有学术研究、学理探讨的问题。这样的讨论，让我们对道德有了更准确更深刻的认知。我们应该记住《道德经》里的这句话："道之尊也，德之贵也"，让"德法"课永远散发中华文化的灿烂光芒。

---

① 樊浩."'德'——'道'理型与形而上学的中国形态 [J]. 北京大学学报: 哲学社会科学版, 2010（02）: 26-34.

文化育人的核心要义与主要途径

一、学校文化建设现状的反思

这么多年来，学校文化建设始终是教育改革的一个热词，放眼望去，校园里一片蓬勃的文化景象，呈现出美好的前景。感谢40多年的改革开放，让我们有了一次重要的文化觉醒。学校本是文化存在的形态，担当着文化传承的重任，学校是文化发展的重要基地。在伟大的新时代，文化建设又迎来了春天，文化在校园里再一次冒出新的绿芽，将会长成一棵树，长成一片树林。我们对学校文化建设充满信心与希望。

文化建设之所以生气勃勃、一派繁荣，是因为文化有一个特性，那就是反思，正是反思，文化才能不断进步和繁荣。反思也应是文化建设必备的品格。循着文化的这一特性，本着文化品格培育这一目的，有必要对当下学校文化建设的现状作一番反思。

毋庸置疑，学校文化建设的进展是显著的，成果也是丰富的，同时，学校文化建设中存在的问题也是突出的。对这些问题的产生与存在不必惊诧，因为，尽管我们对文化、对文化建设可以说已是熟知，但熟知并非真知。正是对问题进行反思，文化建设才能走向真知，才能抵于文化建设的真义，臻于文化建设的境界。

反思之一，在学校文化建设宗旨上的偏差：重在学校特色的追求与彰显，而忽略了文化育人的根本目的。学校特色的形成，有助于克服学校、教育的同质化，所以，特色建设成了所有学校的必然追求。而所谓特色说到底是文化特色，抑或说文化是学校特色形成的根本原因，通过文化建设，彰显文化的差异性、独特性应是学校特色形成的必由之路。但是，有个问题必须厘清：文化建设的根本目的不是形成特色，而是用文化育人。特色建设与文化育人并不矛盾，问题是，在理念上，更在实践中，不少学校只止于特色建设，而没有深层次的追问，即特色建设的根本目的仍在于育人，可以叫作特色育人。但是，学校特色建设中，一些学校只见特色项目、特色品牌，而往往不见人，没有学生的发展，育人的目的被所谓的特色遮蔽了。其实，此时的文化已经被边缘化了，文化建设的宗旨被偏离了，如果不加以纠正，还很有可能被异化。必须指出的是，这一现象比较普遍地存在着，我们尤要警惕，予以克服。

反思之二，在文化建设的核心上：重在形式的丰富、热闹，而忽略了文化建设的价值观教育这一核心问题。文化的核心是价值观，文化建设的核心应是价值观教育。有人说，"价值观"就是"观价值"，这一表述看起来似乎有点玩文字游戏的味道。其实不然，"价值观"是看待事物的根本态度、观点和标准，而"观价值"则是对事物进行观察，让事物透射出价值，然后进一步考察、判断与选择，离开事物，离开"观"，便无价值观可言。也许是认识上的误区，学校文化建设中的价值观教育还存在一些问题，表现在重形式，开发各种不同的活动、项目、工程，忙于汇报、展示，有时候汇报、展示又变成了表演，表面上热气腾腾、风生水起，可是并没"观价值"，没有深入到核心问题上去，造成了文化之"体"与文化之"魂"的分离和割裂，文化成了一种"面具"，丢了魂，少了根。黑格尔说，文化好比剥洋葱头，剥了一层皮就是剥了一层肉，皮即是肉，肉即是皮，体中有魂，魂附于体内。当下实践中存在的文化建设表面化问题，透露出来的是对文化认识和价值观教育肤浅化问题。

反思之三，在文化建设方式上：重"教"轻"化"，即常常用灌输的方式，而忽略了文化应有的方式。软实力的提出者约瑟夫·奈说："传统的经济手段和军事资源已经不足以解释当下的种种现象了。它们虽有助于理解强迫和收买是如何发挥作用的，却无法解释吸引和说服的威力所在。"[①] 文化是一种软实力，而软实力的方式重在"吸引"与"说服"。吸引人，说服人，恰是文化的

---

① 约瑟夫·奈. 软实力 [M]. 马娟娟，译. 北京：中信出版社，2013.

魅力，也是文化的威力。中华文化中也道出文化的方式是"品"，是浸润、濡化、探究、体验，是"悟"，是以身体之，以心悟之。这样的方式，看起来风轻云淡，却春风化雨、沁人心脾、滋养心灵，是有威力的。文化之窗在这样的方式中不知不觉被打开，更加宽阔、更加美好、更加深刻的文化景象呈现在面前。遗憾的是，当下一些学校的文化建设，无论是中华优秀传统文化的继承、革命传统文化的坚守，还是社会主义先进文化的发扬，往往用灌输、简单训练的方式，记忆、背诵，甚至书面考试，表面看上去轰轰烈烈，也扎扎实实，但因为偏离了文化应有的方式，而显得干瘪、单调、无味。用这样的方式推进文化建设怎么可能有效果？又怎么可能生长起文化智慧呢？

反思之四，在现代技术运用上：重技术的操作以及新技术的引进，而忽略运用技术的人的价值与作用。信息、媒体、技能，尤其是互联网＋、人工智能的到来是必然的，况且已经到来，而且进来的速度还要加快、力度还要加大。新技术本身就是文化存在的一种形态和工具，彰显着文化的威力，同时，运用新技术的能力是学生发展核心素养的重要元素。无疑，文化建设必须运用新技术，用新技术来支撑。但是，技术是人创造的，是为人服务的，人是新技术的主人，文化建设不能只见技术而不见人，要让技术退到后面去，让人站到前头去，否则，技术的进步，带来的却是人的"退化"，人的"退化"肯定是文化的退步、衰落。必须看到，也必须承认，当下的学校文化建设，还没有处理好技术与人的关系，这方面的问题是存在的。这一问题还表现为，课程改革、教学改革忽略理念，忽略形而上的道，过分注重形而下的器，有时还以接地气为理由，课程、教学改革成为一种技术化的过程，走进了纯技术、纯工具的胡同。这种情况如不加以防范和改进，将会发展为一种倾向，影响、阻碍学校文化的深度发展。

以上四个方面的问题是联系在一起的，其实质、核心是，学校文化建设还没有真正确立起文化育人的理念，更没有成为信念。反思告诉我们，一定要将文化育人作为文化建设的根本宗旨，让文化在育人上发挥应有的作用，坚守并彰显文化育人应有的价值与魅力。唯此，文化才会有真正的进步，立德树人的根本任务才能有效得以落实。

二、文化育人的核心要义

反思是为了明晰、改进和提升文化育人的内涵和核心要义。文化育人的内涵丰厚、深刻。文化是关于意义解释的科学，因此，不妨可以用简单的话语来概括文化育人的内涵：用文化的力量推动人的发展，用文化的方式滋养人的心灵，让人在文化的进步中培植文化精神，形成文化人格，最终让人成为文化的创造者、积极的生活者。也许这样阐述性的概括还不够全面、准确，不过，相信概括的基本方向与旨意是对的。从这样的认识出发，可以梳理出文化育人的核心要义，并以此厘清、把握文化育人的基本策略和路径。

1. 文化育人的根本目的与任务：学以成人

文化育人是文化实质的具体落实和生动体现，抑或说，文化育人命题源自文化的实质。文化的实质就是两个字：人化，文化即人化。其基本含义有三：以文化人；以人化文；让文化成为人的精神家园，让人诗意地栖居在大地上。无论哪层含义，文化都离不开人，离开人便无文化可言；人应当是文化的主语，当然也应是文化建设的主语。文化育人这一命题本身就决定了学校文化建设的根本目的和任务。从文化的实质出发，讨论文化育人的核心要义有以下视角：

一是从哲学的视角看。文化建设推动文化育人，其深层意蕴是学以成人。哲学是文化建设的高地，用一学者的话来描述，哲学是挂在国家文化客厅里的字画，凝练着文化育人的思想精髓和精神高度。从某种意义上说，哲学的使命与文化育人的主题在内在逻辑上是完全一致的。关于哲学的使命，不能不说到第二十四届世界哲学大会的主题。世界哲学大会成立118年后第一次在中国召开，并且用中华文化的思想精髓"学以成人"作为大会的主题。用北京大学高等人文研究院教授、哲学家杜维明的话来说，设立这一主题虽有一点"私心"，却具有"公共性"。[①] 所谓公共性，言其"学以成人"这一主题，世界各国哲学家们是基本认同并共同追求的。学以成人，关涉到对学习目的的认知与

---

① 杜维明. 为什么要"学做人"——关于第二十四届世界哲学大会主题的思考 [N]. 光明日报，2018-08-11(11).

把握。孔子早就指出，"古之学者为己，今之学者为人"。所谓"为己"，深蕴着对自己、对每一个人的核心关切，意思非常深刻。其中的"学以成人"之"成"，有两种解释："作动词解释时，强调通过修养成就人；作形容词解释时，'成人'即'完人'。两个方面，均需要通过'学'而成就"。[①] 不言而喻，"学"是知识习得过程，这是文化过程，也是文化的方式。如此，哲学、文化，通过"学"指向了人、指向了成人，文化育人便获得哲学的解释，进一步折射出文化的本质和学校文化建设的根本目的与任务。

二是从道德的视角看。学以成人完全可以演绎为立德树人这一根本任务。立德树人是中华优秀传统文化的又一思想精髓，是中华民族育人的初心，内涵也极为丰富。其一，中华优秀传统文化的本色与底色是道德。人之为人的根本在于有德，中国人的精神结构是"伦理—道德"结构。习总书记说"国无德不兴，人无德不立"，则是对"太上有立德"的进一步阐释。其二，中华优秀传统文化中不仅有"立德"的观念，而且还有"树人"的观念，并将"树人"作为文化的核心观念。"树"是学习的另一种阐释，"树人"是学以成人的形象化表达。其三，在中华文化里，"立德"与"树人"两个核心概念自然走到了一起，结合在一起，统一在一起，就有了"立德树人"的概念，形成了"立德树人"的思想精髓。这就是中华文化思想的深刻，中华民族初心的伟大。

三是从以上两个视角结合的角度看，在教育领域，便自然地形成了教育的根本任务是立德树人。立德树人是教育改革的根本任务。教育大会上，习总书记对此作了阐述："党的十八大以来，我们围绕培养什么人、怎样培养人、为谁培养人这一根本问题，全面加强党对教育工作的领导，坚持立德树人。"还提出，要用文化"传播知识、传播思想、传播真理，塑造灵魂、塑造生命、塑造新人"，培养担当民族复兴大任的时代新人。这既是课程改革的根本任务，也是整个教育改革的根本任务，理所当然是学校文化建设的根本任务。综上所述，文化育人源自文化的实质，又从这一实质演绎为学以成人、立德树人，于是文化育人成了学校文化建设的根本目的与根本任务。文化育人命题的提出与

① 王琎，张颖天，晋浩天. 以哲学的方式走向世界——第二十四届世界哲学大会侧记 [N]. 光明日报，2018-08-17(08).

讨论，直击当前学校文化建设的弊端，既具有针对性，又具有战略意义。

2. 文化育人的重大命题：培育和践行社会主义核心价值观

文化的核心是价值观，自然，培育和践行价值观教育是文化育人的核心命题和重大任务。"价值是理想中的事实"，讨论价值就是听从理想的召唤，在事实面前竖起理想的旗帜，文化育人就是引导学生去追求理想与真理。有一个不可回避的问题：随着改革开放的深入与力度加大，多元文化、多元价值观随之而来，难免泥沙俱下，鱼龙混杂，一些错误的价值观误导着学生。当前文化育人中的价值观教育应当着力培育与践行社会主义核心价值观，帮助学生扣好人生第一粒扣子。笔者作了一些归纳，一是增强民族认同、文化认同，加强中华传统文化、革命传统文化、社会主义先进文化教育，加强爱国主义、集体主义、社会主义教育；梳理正确的历史观、民族观、国家观、文化观。二是帮助学生处理好两个学做人的基本问题，"第一个问题是怎么处理好物质生活和精神生活，或者物质生命和精神生命这两者的关系，坚守'义以为上'的价值观"；"第二个基本问题是怎么处理个人与群体的关系"，将"个人很短暂的生命融入整个民族的历史发展长河中，在这个长河中不朽，这就是中国人的人生价值观"。① 三是提升幸福价值观，确信幸福是自己奋斗出来的，真正的幸福超越金钱；提升审美价值观，真正的美丽源自志向和思想，有理想、有本领、有担当才是真正的美丽，以此抵制"看脸时代"所带来的拼颜值等低俗审美观。

社会主义核心价值观已明晰地摆在我们面前，文化育人，就是要坚持用价值观育人，就是要在培育与践行社会主义核心价值观中育人。从某个角度看，文化育人就是要形成社会主义核心价值观教育图谱，落细、落小、落实，要让社会主义核心价值观照亮文化育人之路，让文化育人映射出社会主义核心价值观。

3. 文化、文化育人的方式与境界：在美育与德育的融合中，厚文养正，以美其身

文化育人有其固有的、特有的方式。文化方式是打开文化之门的一把钥

---

① 钱逊. 中华文化的核心价值之二：群 [N]. 学习时报，2016-01-21(A6).

匙，文化方式形成人的文化行为模式，文化行为模式一旦形成就难以改变，可以有这样的判断：文化育人的效果，以及文化育人的境界，在很大程度上与文化方式有关。

文化育人方式的讨论应该再一次回到中华文化传统中去。在中国文化传统中，德育与美育是相通、相融的。梁启超、王国维、朱光潜等学者对这方面都有不少精辟的论述。归纳起来有以下几点：教育，要以德育为中心；美育是德育的助手、津梁，而道德则是美育的基石；从伦理观来看，善就是一种美，从美学观来看，美就是一种善；德，让美有了方向，美，则是对道德的象征；孔子的育人之道"始于美，终于美"。德育与美育的融合，为文化育人铺展开了一条新的道路，获得一种新方式，那就是以美修德，以美其身，达至立德树人根本任务的实现，让学以成人、立德树人过程成为审美过程，让学生在文化的滋养下有审美的体验和愉悦的享受，因而过一种美好的生活。文化是一种生活，文化育人落实在学生美好的生活中，既达成目的，又走向崇高境界。

文化育人方式讨论回到中华文化传统，有个不可忽视的问题，即情感教育方式。李泽厚在美学研究中提出"情本体"的命题。他说，"所谓'本体'……而只是'本根''根本''最后实在'的意思。所谓'情本体'，是以'情'为人生的最终实在、根本"。[①] 他把情感提升到"最终实在、根本"的高度，足见，情感对于人的发展是多么重要。为什么？李泽厚从"道德"与"情感"的关系进行阐释，提出了一个重要概念："道始于情"。[②] 他的阐释是："中国讲的是理性融入感情，人之所以爱人……是一种理性化了的自然情感。"[③] 因而这是一种"情理结构"。[④] 他的核心观点还在于"情本体"是"中国传统作为乐感文化的核心"。[⑤] 论及这些，无非是说明一个问题，文化育人，学以成人，立德树人，培育和践行社会主义核心价值观，很庄重，具有神圣感，但在方式

① 李泽厚．人类学历史本体论 [M]．青岛：青岛出版社，2016：58.

② 同上：99.

③ 同上：101.

④ 同上：71.

⑤ 同上：58.

方法上要向儿童靠近，让儿童对文化育人感兴趣，很喜欢，乐意参与其中，文化触摸到儿童情感脉搏的跳动。在审美视野下，让情感伴随文化育人过程，这实质上是厚文养正、以美其身的过程，审美、情感很温暖，很生动，很有趣，但文化很厚重、方向很正确，在这样的过程中既有方式，更有境界。

三、文化育人的关键与主要途径

文化育人的关键，从不同的角度思考有不同的理解与把握，但是从实质看，文化育人的关键仍在于人，在于教师，因为文化的实质是人化。文化育人，说到底是人、是教师用文化去育人，创造文化去育人；进而可以认作，是教师带领学生在文化的继承与创造中育人；再进而，文化育人是学生自主地用文化培育自己，塑造自己。文化育人、学生的发展，离不开教师的文化引领，教与学的结合、统一，才是完整的教育、完整的育人过程。

教师作为文化育人的关键，究竟怎么发挥作用呢？最近著名作曲家谷建芬有段讲话特别好，对我启发特别大。13年前退休的她，从事了一辈子音乐创作的她，常听到周围不少人讲，现在的孩子都没歌唱了，有些歌还在污染孩子们的耳朵。她的心被刺痛了，决定将流行歌创作弃置一旁，全身心为孩子们写歌，只为孩子们能听着美好的歌声长大。写什么样的歌呢？什么样的歌才是美好的？她想到了"启蒙"二字，并且说，这样的启蒙必须源自文化本体。后来，她把目光投向那些千百年来久诵不衰、意蕴丰富的中华文化经典作品，为古诗词谱曲，她把这些歌曲称为"新学堂歌"。12年时间，共创作了50首。她说了这么一段话：在中国，要走的老人总要在最后一刻把儿女叫到跟前，嘱咐一些事。于我而言，这最后的事要讲给全中国的人听，我多希望大家多想想孩子的事，而别只在"六一"这一天。她说的这段话真让人感动。如今，"新学堂歌"在学校里唱响，这50多首"新学堂歌"，好似又一首《歌声与微笑》，又一次让我们看到了"采蘑菇的小姑娘"，还有那"烛光里的妈妈"。启蒙课是文化的，是美好的，文化育人体现在方方面面，尤其是艺术教育方面。有人称谷建芬是优秀传统文化的"摆渡者"。我十分赞同。

文化育人，于教师，就应该像谷建芬老师那样，做个文化的"摆渡者"。摆渡，就是用另一种方式传承；摆渡，就是要创造性转化，推动创新性发展。

传统文化向时代转化，让传统文化闪耀现代与未来的色彩；向儿童转化，用儿童喜欢的方式，让传统文化成为儿童人格的一部分；向实践转化，让传统文化落实在课程教学中、管理中。摆渡，是文化育人的途径、方式，为文化育人搭起一座桥梁；摆渡，是在文化土壤里生长起来的智慧。摆渡者，说到底是文化育人者，是文化育人的智者。

文化育人离不开课程育人、学科育人、教学育人、活动育人、管理育人，这些前文已有所论述。总之，文化育人不只是一种理念，也不只是一种要求，更不是一句口号，而是实实在在、老老实实的一种行动。从文化来源于农田的耕种来看，当文化育人落实在行动中，那便叫真正的文化。

地方课程的发展检视与时代再构建

一、我国地方课程发展历程的简要回顾

1. 我国地方课程发展的阶段

地方课程的设置与确立，是我国基础教育课程改革的一个重要进步。其发展有个过程，大概有四个阶段。

第一阶段，新中国成立后，是地方课程的"潜意识阶段"。改革从来都不是从零起步。新中国成立以来，"地方课程"实际上是存在的，主要以实践性、综合性的活动为基本形态，包括后来发展起来的学工、学农、学军等活动，也包括诸多的社会服务性活动。但是，这些活动并不具备课程要素，也不具备课程意义，算不上规范意义上的课程。况且，那时还没有建立起课程概念，谈不上课程意识。此时，笔者所指称的"地方课程"只是处在潜意识状态，地方只处在无课程概念下的自发状态。不过，这却反映了一个事实：大家隐隐约约地觉得课程不应只是那些在课堂里上课的"课"，而应更丰富。其中至少还反映了另一个事实：地方学校有开发具有地方、学校特色课程的需求，同时表现出一定的开发与实施能力，为后来地方课程的提出与发展打下了一定的基础。

第二阶段，改革开放至上个世纪90年代前半段，是地方课程的萌发阶段。80年代后期，教育部决定启动课程改革，曾被称为第七次课改。当时教育部从北京、上海、江苏、浙江及有关高校抽调了一些专家和教师，组建了一个小组，在全国各地展开调查，并去美国考察，研制了课程方案。其中有两大进展，一是正式提出了"课程"概念，研制的是"课程方案"，而不是"教学计划"，这是对长期以来的"以教学为中心"的超越。二是第一次提出了"国

家安排课程"和"地方安排课程"。尽管"……安排课程"还不够规范，意义上的课程概念也不够专业，但毕竟有了"地方安排课程"，并与"国家安排课程"并列，这在课程结构和课程管理上是一种突破，地方课程开始萌发了。需要说明的是，这一课程方案后来并没有公布，更没有实施，却引起过广泛的关注和深刻的思考。

第三阶段，上世纪90年代后半段直至2013年，课程正式设置、开发和实施阶段。90年代后半段，教育部又启动了新一轮课程改革，被称为第八次课改。在深入调研、充分论证后，2001年6月教育部印发了《基础教育课程改革纲要（试行）》（以下简称《纲要》），这是一个具有里程碑意义的文件。《纲要》明确提出了地方课程，并确定了其性质、地位、任务和课程权限："为保障和促进课程对不同地区、学校、学生的要求，实行国家、地方和学校三级课程管理"，地方课程真正纳入了国家基础教育课程体系。《纲要》还规定："省级教育行政部门依据国家课程管理政策和本地实际情况，制定本省（自治区、直辖市）实施国家课程的计划，规划地方课程。"《纲要》发布后，地方课程进入规划、开发和实施阶段，富有特色的地方课程不断涌现，丰富多彩、生动活泼的局面已逐步形成，并出现了一些典型和优秀的案例。

第四阶段，2014年至今，是地方课程的深化阶段。这一阶段，地方课程再次被重视，而且地位进一步提高，立意进一步提升。2014年，经国务院同意，教育部发布了《教育部关于全面深化课程改革落实立德树人根本任务的意见》。意见中提出了要求："各地要做好地方课程和学校课程管理和分类指导"，作为落实立德树人根本任务的重要措施；2019年，《中共中央国务院关于深化教育教学改革全面提高义务教育质量的意见》第16条规定："省级教育行政部门制定地方课程和校本课程开发与实施指南"，要将其纳入更高水平的育人体系中去。

以上地方课程的发展脉络，让我们触摸到课程改革的脉搏，感受到地方课程开发的不易，也掂量出地方课程的价值使命，我们当珍惜，当坚持，当深化。

2. 当下地方课程规划、开发、实施以及管理中存在的问题检视

任何改革都不是一蹴而就的，有的过程还很长，地方课程的建设同样如此。在看到地方课程进步、进展的同时，我们也发现存在一些问题，有的问题还比较突出。笔者也试着作些梳理和概括。

问题一：从课程地位看，地方课程在基础教育课程体系中是个薄弱环节。如前文所述，地方课程是基础教育课程体系中重要的有机组成部分，在坚持以国家课程为主体为主导的同时，地方课程、校本课程应成为国家课程的补充、拓展，要与国家课程一起形成育人的合力，共同承担起培养时代新人的重任，它们在育人价值上是同等重要的。但是当下的现状是，校本课程被高度重视，几乎成为不少学校课改的兴奋点与重点，这种热度过高的现状必须冷静反思。与校本课程相比较，地方课程被重视的程度远远不够，显得偏"冷"。一冷一热，反差过大。这种状况亟待改变，校本课程的热度应该适当降下来，地方课程的热度应该适当升上去，降下来、升上去的根本依据是从育人的需要和课程政策出发，重在品质提升。地方课程只有真正纳入更高水平的育人体系，才能回到应有的位置，得到应有的重视。

问题二：从导向上看，地方课程刻意追求地方特色，在价值取向上还不够准确。毫无疑问，地方课程就是要凸显地方特色，加强课程的地方适应性。但是，何为地方特色，地方特色何为，我们还缺少文化意识和宏观视野。所谓文化意识，是指有些地方课程的宗旨是为特色而特色，没有进入文化范畴，它没把握住文化的核心——价值观问题。如何从事物、从现象提升到价值层面、彰显文化意义，还显得薄弱。所谓宏观视野，应该将地方课程纳入整个课程体系中，有宏大的背景和更高的立意。地方课程的地方性，不是孤立的，绝不是独立于国家利益、国家意志之外的，更不是与国家利益、国家意志相悖的，相反，应当通过地方特色透射出国家利益、国家意志，用国家利益、国家意志、社会主义核心价值观照亮地方特色。地方课程的文化意识、宏观视野都要紧紧指向育人，围绕育人来设计。彰显地方特色当然重要，但这不是目的，通过地方特色为人才培养服务才是真正的目的。这一价值导向必须坚持。

问题三：从课程定位上看，对地方课程的两种属性还没有从整体上把握好。地方课程有两种属性，一是属于管理范畴的，即地方课程是指地方的课程管理权限，包括制定、实施国家课程计划和规划地方课程。这一属性要求地方加强课程管理。二是属于课程形态的，即与国家课程、校本课程一样，是一种课程形态，与它们共同构成基础教育课程框架，形成完整的课程结构。但在实践中，不少地方只注重课程形态，而忽略课程管理。这种认识与把握上的偏差，造成了地方课程的不完整性，导致了实施中的偏颇，有些地方的课程管理比较薄弱，课程形态上的问题反映的仍是课程管理上的问题。地方课程秩序需要进一步治理。

问题四：从课程规范性上看，有些地方课程缺失必要的课程要素，还不具备课程的意义，课程品质亟待提升。课程有其规定性，必须具备课程目标、课程内容、课程实施、课程评价、课程资源、课程管理等要素。此外，地方课程的规范性还表现在开发前应形成课程纲要、课程指南或课程方案，否则课程开发缺失了依托，严格地说，缺失了这些还不能称之为课程。遗憾的是，当下所见的地方课程，其课程规范性是不够的，而规范性与专业性、科学性联系在一起，专业品质、科学规律促进了规范性的增强。所以地方课程的规范性不只是一个开发、实施的技术问题，实质是专业品质和科学规律遵循的问题。

从以上问题，我们不难得出这样的结论：从总体上看，地方课程与课改深化的要求，尤其是与纳入更高水平的育人体系、落实立德树人的根本任务，还有较大距离。问题的指出与批评，不是让地方课程淡化，更不是让其淡出，相反，应当根据中央的要求，规范管理，加强研究，改进实践，改变薄弱的状况，让它强壮起来，成为基础教育课程体系中强有力的环节，为建设更高水平的育人体系作出积极有效的探索。

二、加强地方课程建设应对其"地方性"有深度的讨论，以求更准确地把握

上文所述地方课程存在的问题，原因是多方面的，不过，透过这些问题，可以进行聚焦性分析。四个问题集中反映的是一个根本问题：地方课程的定位。地方课程定位离不开对"地方课程"中的"地方"的进一步认知和把握。这不是望文生义，而是由其内在属性决定的。"地方"已不只是一个地域的概念，而是一个文化的概念。这里涉及著名的文化人类学家克利福德·吉尔兹所提出来的一个概念"地方性知识"①。不过，我们与吉尔兹有所不同的地方在

---

① 克利福德·吉尔兹. 地方性知识——阐释人类学论文集 [M]. 王海龙，张家瑄，译. 北京：中央编译出版社，2000：导读（一）.

于"地方性知识"的深层意义不只是"求异",而是我们更重视"寻找个别的方式去重建新的知识结构"。① 因此，换个视角讨论，我们认为"地方性知识"应是"地方课程"所支撑的理论之一。不过，"地方性知识"理论应进行时代转换，这一理论要放在中国新时代的背景下去解释。由此，我们可以有以下几点认识。

其一，"地方性"是永远的存在。对此可以有以下视角的讨论。一是从全球化的角度讨论。经济全球化，是世界百年未有之大变局的"变局"之一。中国的态度极为鲜明、坚定：拥护，继续推动经济全球化的进程。需要关注的是，全球化内在包含着本土化，即本土化是全球化的题中应有之义，缺失本土化就不会有真正的全球化；反过来说，本土化不能脱离全球化，应该促进全球化。二是从文化多样性的角度讨论。多元文化的激荡，也是世界百年未有之大变局的"变局"。文化是多样的，文化生态才是健康的。地方课程正是以课程的形态去映射文化的多样，用文化多样性去体现、丰富、阐释文化的核心价值观，文化的多样性必定带来地方课程的丰富与多彩。中华民族文化下的地方课程文化是有根、有魂的。三是从地理学的角度讨论。黑格尔说过这样一句话：在人类历史的演进中，有个重要的基础，那就是地理。一方水土养一方人，即是对这一理论判断的生动演绎。地方课程的本义就是要立足本土，为地方优秀人才的成长打好基础，为地方经济、科技、社会发展服务，并为国家输送更优秀的人才。带着地方文化印记的人才，永远有乡愁、乡情，走向全国以至世界的时候，那地方文化印记转换成民族文化记忆，那乡愁乡情转换化为爱国情、强国志、报国行。四是从构建人类命运共同体的角度讨论。人类命运共同体是由不同地区、国家、民族在共同的愿景支持下构成的。共同体成员在共同体内进行文化交流、文明互鉴，促进世界和谐、人类进步。因此，人类命运共同体不只是理念，它很实在，不空洞，更不虚空。由于地方的支撑，人类命运共同体才会丰实而灿烂。人类命运共同体给"地方"带来了生命的蓬勃。

以上四个视角的讨论，结论是鲜明的："地方性"永远存在，任何时代都

---

① 克利福德·吉尔兹. 地方性知识——阐释人类学论文集 [M]. 王海龙，张家瑄，译. 北京：中央编译出版社，2000：导读（一）.

不能忽略，更不能丢失。也正因为此，地方课程永远存在。我们的任务是加强管理和建设，把地方课程建设好。这应成为一种文化信念。

其二，新时代，对"地方性"必须有新的认知和把握。新时代应当对"地方性"问题有进一步讨论。我以为，新的认知，要把握好以下几个要点。

一是"地方性"不能离开"国家性""民族性"。"地方性"不是孤立的，它是国家组成的一个部分。地方、地域绝不是一座孤岛，而是紧紧地连接着广袤的祖国大地，离开祖国的怀抱，它必将孤立无援，孤岛必将荒芜。"地方"的脉管与"民族"的脉管紧密相连，当"地方"的脉管里流淌着民族文化的血液的时候，才是永不衰竭的；因为有源源不断的血液在奔涌，"地方"的脉管才会永远有生命的涌动、创造的旺盛、鲜花的盛开。"国家性""民族性"是"地方性"的宏大的背景、强大的支撑、永远的保障。离开"国家性""民族性"谈"地方性"，"地方性"必定孤立狭隘，而且是危险的。

二是由此涉及一个原则：中央与地方的关系应是"多元一体"。这一原则的表述，深层的意义在于，首先是"一体"，然后才是"多元"，是"一体"前提下的"多元"，"多元"要服从"一体"；坚持"多元一体"，"多元"才会有方向感，才会有安全感，也才会在国家核心价值观引领下，进行各种价值澄清，并在各方面得到保障。毋庸置疑，"国家性""民族性"是一体，而地方性是"多元"，"地方性"应服从"国家性""民族性"。因此，地方课程同样要遵守并坚守这一原则。

三是涉及另一个原则：和而不同，求同存异。吉尔兹的"地方性知识"的寻求是和后现代意识共生的。他认为"后现代的特征之一就是'地方性'——求异，不管它的结果是异种趋同，还是异种见异，异中求异"①。后现代意识潮流有它的合理性，但它有致命的缺陷与弊端，只求异而不求同，去中心，去核心，显然是错误的、荒谬的。中华文化中"和而不同""求同存异"的精髓思想正是矫正、治疗吉尔兹这一偏见的良方。

其三，在进一步明晰"地方性"后，应该正确处理好地方课程的几个

---

① 克利福德·吉尔兹. 地方性知识——阐释人类学论文集 [M]. 王海龙，张家宣，译. 北京：中央编译出版社，2000：14.

关系。从"地方性"的以上几个要义出发，应当回到地方课程上来。回过头来看，地方课程建设要正确处理几个方面的关系。关系之一：地方课程与国家课程。在课程体系中，地方课程具有相对独立性，倘若缺失相对独立性就无所谓地方课程，抑或说地方课程既无特色更无价值。这但这里有个重要的前提，即必须坚持国家课程的主体地位，发挥国家课程的主导性，尊重国家课程的权威性，地方课程是国家课程的拓展与补充。关系之二：地方课程的价值追求与社会主义核心价值观的培育、践行。地方课程应当有自己的价值追求，这种价值追求是基于地方需求的，但所有的地方需求都要服从于社会主义核心价值观，都要用社会主义核心价值观照亮地方课程的价值观，地方课程要通过地方课程资源去体现、映射、落实社会主义核心价值观。关系之三：地方课程所表达、弘扬的地方文化与中华传统文化。地方文化是历史的客观存在，是长期积淀而形成的，是地方风貌的整体表现。由于地方文化的存在，文化才是多姿多彩的。敕勒川的文化，是阴山下，风吹草低见牛羊；滕王阁的文化，是唱晚的渔舟，不灭的渔火，还有落霞与孤鹜齐飞，秋水共长天一色……正是地方文化的存在才让中华民族多姿多彩。但是，地方文化是中华文化的一部分，它应进入中华文化的系统，在中华文化的框架中，寻找到自己的坐标。无论是敕勒川、滕王阁的，还是其他的地域文化，都具有共同的文化标识与符号：用我们的血肉筑成我们新的长城，让黄河长江母亲河永远流淌奔向大海，让唐诗宋词元曲明清小说闪烁独特的光彩，让汉字铸造中华民族的风骨。地方课程还要弘扬革命传统文化、社会主义先进文化。我们应当有这样的认识并进一步形成这样的文化信念：用灿烂的中华文化创造灿烂的中华文明，铸造我们的灵魂。当地方课程所表现的地方文化汇入中华民族文化的大江大河时，才会有强大的生命、蓬勃的生机、不竭的创造动力。

在坚定以上文化理念和文化信念之后，我们还要确立地域文化的开放性。"地方文化""地方性"不是一个封闭的系统，而是要打开边界，面向世界。地方文化，包括地方性知识，要扎根中国大地，深植于中华传统文化之中，还要进行创造性转换，促进创新性发展。这"两创"也包括向世界的开放与转换，尊重、吸纳其他国家的先进文化，让人类一切文明成果都为地方课程、为基础教育课程改革服务。站在地方文化、中华文化平台上向世界的文化瞭望，地方课程建设、基础教育课程改革才会有更开阔的视野、更宏大的格局，走上更高的境界。

三、立德树人根本任务下地方课程的时代再构建

回顾发展过程、梳理存在问题、深入讨论"地方性"、厘清一些关系，目的是将地方课程建设得更好。笔者以为，当下地方课程建设应当是一个再建构的过程。所谓再建构，是要再回到《纲要》上去，回到中央和教育部的有关文件上去，更重要的是要回到党的十九大和全国教育大会的精神、要求上去。再建构是以新时代的历史方位来进行深度思考的，是个再提升、再深化的过程。

地方课程必须坚持以立德树人为根本，这是再构建的着眼点。

立德树人是教育改革发展的根本任务，当然也是地方课程再构建的根本任务。习近平总书记在教育大会上指出："立德树人要融入思想品德教育、文化知识教育、社会实践教育各环节，贯穿各领域……要围绕这个目标来设计，教师要围绕这个目标来教，学生要围绕这个目标来学。"我们应当自觉地将地方课程作为落实立德树人根本任务的重要领域和关键环节，甚至应当将地方课程作为优先事项来对待。

为此，要在"基于"和"超越"上下功夫。要基于地域又要超越地域，将地方课程真正纳入更高水平的育人体系。基于地域才能立足实际，从问题出发，增强针对性、指导性；超越地域，是要打开地域边界，在更大的时空中，建构起育人体系，将地方课程作为育人体系中不可或缺的部分。育人体系包括理念、目标、内容、评价，包括学科体系、教学体系、教材体系、管理体系，地方课程要从这些方面去考虑，在育人的体系格局中明确自己的地位、功能和任务，不应在"地方""地域"中兜圈子，而应在更高水平的育人体系上下功夫。

要基于特色又要超越特色，将地方课程的宗旨定位在铸魂育人上。如前所述，地方课程必须有特色，而且必须彰显特色，但是追求特色绝不是地方课程的核心价值追求，核心价值在于用特色来育人，即特色是为育人服务的，特色是人创造的。在服务人与人创造特色的过程中，人得到培育、得到发展。从深层次上看，铸魂育人是地方课程的宗旨，是具有本质意义的最为根本的特色。对特色的超越，是对特色的价值定位，即要透过特色发现特色背后、深处

的东西。铸魂育人是地方课程之宗旨、之魂灵。

要基于地方资源，又要超越地方资源，用更丰富的资源滋养地方课程。充分开发、利用地方资源是地方课程的一大特色和优势。当下，我们对地方资源的开发、利用存在两大缺陷：一是停留在地方资源的表层，还没有开发出地方资源所蕴藏着的价值，只是关注是什么，而很少关注为什么，没有得到深层次的开发，因而造成资源与价值的断裂、内容与形式的脱节。二是停留在地方资源本身，还没有将地方资源延展到更广阔的空间，让地方资源与"地方"以外的资源对接、融合，格局小了。基于更大空间资源的开发、利用，可以让地方课程有更开阔的视野、更高的立意，更具普遍意义。

所有的基于、超越，都要端正、明晰四个根本问题。一是地方课程的宗旨。地方课程的宗旨与目标具有层次性。二是注重适应性，即满足地方、学校对课程的需要性，让不同地区、不同基础的学生都能学好课程，都能基本达到国家的课程标准。三是满足地方人才培养的需求性，即从地方经济建设、科技发展、社会进步出发，根据需要，为培养优秀人才打好基础。四是铸魂育人，这是地方课程最高的宗旨、最根本的目的。为地方培养人才，重要的不是知识，而是态度、情感、价值观，是铸造人格，塑造灵魂，最终是培养担当民族复兴大任的时代新人。舍此，即使知识再丰富，能力再强，也不会热爱家乡、服务家乡、建设家乡，当然也不可能有爱国情、强国志、报国行。

需要端正、明晰的问题还有：寻找地方课程落实立德树人根本任务的切入口、实现的途径与方式。立德树人是所有课程、教学的共同任务，但不同的课程、教学应当有不同的切入口，寻找独特的实现途径和方式，这就要求找准地方课程的特质、优势和特点。笔者认为，在地方课程资源的开发、利用上，我们更具亲近性，课程中的人、事、物就在我们身边，即使历史已久远了，但仍然是发生在熟悉的土地上，可见、可亲、可触摸。亲近，为学生喜欢学习地方课程打开了一个口子，地方课程的知识与价值观，容易进入学生的心灵。在内容上，地方课程更具综合性。内容的综合性引导学生到更开阔的地带，综合运用各相关知识，进行跨界学习，有利于激发学生的创新激情和欲望，培养学生的创新与实践能力。这些核心素养正是立德树人根本任务所要求具备的。在实施方式上，地方课程具有活动性、实践性。活动、实践为学生的探究、体验，以及合作、互助提供了真实、丰富的情境，在生活中学习，培养了学生知行合一的品质。可见，地方课程落实立德树人具有特点和优势，在今后的开发、实施中可以逐步建构起育人的范式。

在明晰地方课程再建构着眼点的前提下，首先在地方课程的综合性上着力。地方课程更强调综合性，这是因为地方性知识、地方文化本身是综合的。此外，国家有关部门本着学生的全方位学习和"从娃娃抓起"的理念，提出了很多专题性教育的内容和要求，这些内容与要求，虽然已努力地有机地融进了国家学科课程中，但覆盖得不够，加之有的专题教育融入也比较困难，这就要求通过其他途径来落实，地方课程就是其中一个方面。再者，课程综合对于促进学生综合素质的提高有着重要的作用。所以强调地方课程的综合性是必然的。地方课程的综合性如何加强统筹，如何设计，如何落实，需要深入研究。这一着力点，让地方课程更具使命感和智慧。其次在地方课程的规范性上着力。地方课程必须具有课程意义，就必须在落实课程要素、开发程序、选择内容、设计呈现方式等方面加以研究，形成课程纲要，或开发指南，或实施方案，以克服盲目性、随意性，以及碎片化现象，克服地方课程实施的学科化、课堂教学化等倾向，增强专业性、科学性和规范性，地方课程才能有目标、有计划、有步骤地开发好、实施好。再次在地方课程现代技术的支撑上着力。现代技术进入教育教学已成事实，也是必然的趋势。地方课程要在内容、技术手段上，体现现代技术的特点和要求，让互联网＋、人工智能、大数据等进入地方课程，改进教与学的方式，为学生打开通向未来的门窗，同时让在这方面有爱好有特长的学生学得更多更好，得到更长足的发展。最后在地方课程的管理上着力。地方课程具有管理属性，是国家给地方赋权的一种方式。省级教育行政管理部门要切实地担起责任，加强统筹，形成合力，规范管理，保证地方课程改革的有序进行。现代化治理体系和治理能力，也应体现落实在地方课程的管理上。

我们已迈开了课程改革的新步伐，立德树人根本任务的旗帜已高高竖起，发展素质教育在召唤我们，以德为先，五育并举，课程改革方向更明确。地方课程纳入更高水平的育人体系，必定有新的进展。

价值体认：劳动教育的核心

一、劳动教育是个完整概念展开的过程，其核心应是劳动的价值体认

劳动教育已明确地成为党和国家教育方针的重要组成部分，其重要性、紧迫性，其现实意义、战略意义是不言而喻、毋庸置疑的。劳动教育正在全面展开，得到空前的重视和加强，用风生水起、如火如荼来描述一点都不为过，这一态势令人欣喜。在肯定、赞赏的同时，另一个问题在我们心头浮现：劳动教育怎样深度推进，又怎样持续发展？其关键在哪里呢？我们需要这样的追问和思考。

劳动教育是一个完整的概念，亦是由这一完整概念展开的过程，在此基础上，我们应该建立起劳动教育的完整框架。这一框架无非有不同层面及其不同的要求。在认知层面，要懂得劳动的重要意义，懂得劳动创造幸福、劳动创造世界、劳动最光荣；在情感层面，要热爱劳动、尊重劳动、尊重劳动人民、珍惜劳动成果、以劳动为乐；在能力层面，要学会有关劳动的技能，比较熟练地使用工具，具有劳动的本领；在行为层面，劳动应成为学生的行为习惯，逐渐成为一种行为模式。显然，劳动教育应在各个层面同时展开，不可偏颇，并注重互相融通，整体推进，逐步深入，才能臻于劳动教育的目标，与德智体美各育协同，落实立德树人的根本任务。

值得注意的是，劳动教育这一整体框架应该有个核心，抑或说，应当明晰一个轴心，即从不同层面的深处去寻找、把握劳动教育的本质。核心也好，轴心也罢，都应坚定地指向一个基本的、共同的问题：劳动的价值观。"人在生活的各个方面都有价值观念，不是这样的价值观念，就是那样的价值观念，

总会有一种价值观念为人所把握，总会有价值观念为他解释生活的意义。"① 确实如此，人们几乎所有的欢乐与痛苦、希望与失望、低俗与高尚、先进与落后都与价值观有着十分密切的关系；有什么样的价值观，就会产生什么样的人生意义、形成什么样的人生格局，最终成为一个什么样的人。价值观犹如人生的指南针，它当然也应当是劳动教育框架的轴心。

由此，我们认为劳动教育的核心应当是价值体认，即让学生在劳动教育的各个层面体验、探究劳动的价值，并使之内化为价值观。承前文所述，有什么样的价值体认，就会有什么样的劳动教育，也就会有什么样的劳动状况；价值体认，影响并决定着劳动的意义，影响并决定着学生劳动的自觉水平，也必定影响并决定着劳动教育的境界。把劳动教育的核心置于价值体认，既是一种坚守，也是一种超越，既坚守劳动知识教育、技能练习、习惯养成，又是对劳动教育各个层面的升华与超越，是情感、态度、价值观的升华，是对劳动偏狭于某一方面或止于表层的超越。

苏霍姆林斯基指出，劳动教育的最终目的并非仅仅培养劳动者。他说，"人生育人，而劳动则把人造成真正的人"，"每天劳动不止，让心灵如天天耕地的犁耙光洁如镜"，通过普通而平凡的劳动"登上人类尊严的最高阶梯"。② 苏霍姆林斯基正是紧紧围绕价值体认进行劳动教育，用价值体认将劳动教育的各个层面融合起来，促使劳动教育走向深处，走向审美境界，让劳动成为学生终身发展最宝贵的财富。

二、劳动教育价值体认的主要维度与基本价值观念

价值，存在于人们的生活中。人在生活的各个方面都有价值观念，不是这样的价值观念，就是那样的价值观念，总会有一种价值观念为他解释生活的意义，总会有一种价值观念引导着人们的生活。价值，存在于人们的思想观念中，影响着人们的思想、情感、态度，影响着人们对事物的评价，也影响着对行为的选择。价值存在于人们的行为事实中，事实透射着价值，价值观又提

---

① 兰久福. 社会转型时期的价值观念 [M]. 北京：北京师范大学出版社，1999：161.

② 孙孔懿. 苏霍姆林斯基教育学说 [M]. 北京：人民教育出版社，2018：268-271.

升行为事实，让其闪耀着理想的光彩。无疑，价值也存在于劳动教育的方方面面，价值观引导着劳动教育各个方面意义的提升。因此，劳动教育的价值体认在不同的维度中存在着，我们应当明晰劳动教育价值体认的几个重要维度。

价值问题，价值观培育与践行问题，属于哲学范畴，需要理性思考。价值体认不仅是一种价值观教育的方式，也是一种哲学理解的方式。只有对价值体认，包括对价值体认维度进行哲学解读，才能有更深层次的体认，才能保持思想、理念的张力，并渐渐地沉淀为学生的价值观，行为的指南针才锻造而成。

价值体认一：劳动与人性——劳动是自由自觉的活动。马克思主义的核心是对人的本性进行研究，并由此研究社会。马克思在《资本论》中对劳动作了具体的规定和论述：劳动是人的自我实现，是他的体力和智力的表现；在劳动这一真正的活动过程中，人使自己得到了发展，成为人自身；劳动不仅是达到目的即产品的手段，而且是目的本身，是人的本质能力的一种有意义的表现，因而劳动是一种享受。

人的本性就是自由自在的活动，这种自由自在的活动便是劳动。这一价值的揭示直抵人的本性。意思很明确，设若缺失了劳动，便缺失了人存在的实质，反之，人的本质是在劳动中得以体现并发展的；学生要有自由自在的存在感，必须通过劳动，在劳动中获得。我们可以作这样的判断：人不劳动不立，这与人无德不立，是并行不悖的。因此劳动教育的首要问题是，要让学生从小就知道，参加劳动是人自身发展的内在需求而非外加的要求，是自觉的而非强加的，是主动的而非被动的；只有自觉、自主地参加劳动，才可以成为真正的人。

价值体认二：劳动与幸福——劳动是幸福之井。幸福是人类共同的追求；有学者甚至认为，幸福是教育的核心目的。究竟什么是幸福，幸福是从哪里来的，人们往往不是很清楚。歌德在《浮士德》中借用浮士德的口吻对人们说，既不是财产和权利，也不是感情的满足，能实现人对人生意义的期望：在这一切中……只有在生产性的活动中，人才能使人生有意义。他说的"生产性的活动"指的就是劳动，他说的"有意义"，指的就是人生的幸福。苏霍姆林斯基则是将幸福与劳动统一在一起，"尽管每个人都渴望幸福，但远非所有的人都愿意用劳动去掘深幸福之井，并从中发现新的幸福源泉"。不仅如此，他还将劳动教育比作培养手执"金钥匙"的"真正的人"。① 这些诗意的表达极富哲理性。

当下，学生生活在价值多元的社会中，对幸福很容易片面性认为是对金钱的占有、财富的获得和生活的消费、娱乐、享受等，由此产生了物质条件的攀比心理，幸福价值观发生扭曲，误以为幸福是天上掉下来的，满足自己的物质需求是父母义不容辞的责任，享受是应有的权利。殊不知，幸福是奋斗出来的，只有经过辛勤的体力劳动，到农田里干一些活，到机器旁边操作操作，在艰苦的生活中体验体验，在工地上搬搬砖、流流汗，哪怕脱一层皮，哪怕流几滴血。正是在劳动的流汗中，才会有真正的愉悦体验和幸福感悟，才会真正懂得幸福就在劳动中。这样的价值体认尤为重要，特别宝贵。

价值体认三：劳动与创造——劳动开发人创造的潜力。劳动被视为人的本性，视为创造的过程，这不只是马克思所特有的思想，不少思想家也有同样的观点。比如，马尔库赛在读了黑格尔的《精神现象学》后说，关于事物所固有的潜力的观念，"关于潜力在其中显现自己的辩证过程的观念，以及关于这个过程就是这些潜力的能动运动的过程"。② 潜力的能动运动是指潜力的开发，让潜能成为显能，这是释放潜能、解放智慧的过程。毋庸置疑，劳动推动了创造，劳动本身就是创造，创造了工具，创造了生活，创造了世界，停止了劳动，也就停止了创造。劳动不止，创造不止。

日常生活中，教育学生热爱劳动，培养劳动的应知应会，这些都是必需的，重要的，但又是不够的。应知应会中，应当包含劳动创造的内涵，成为应知应会中应有之义、重要之义，并且要从应知应会走向创造。创造是劳动的高级形态，这种高级形态不能只限于高学段的学生，即使是小学一年级及幼儿园的小朋友，从小也应懂得，我们要通过劳动来创造。到了信息化时代，互联网＋对劳动提出了新的要求，这是一种新的挑战。尤其是人工智能时代的到来，有的学生误以为无需劳动了，无需创造了，一切听从人工智能摆布，人成了人工智能的附庸甚至奴仆。恰恰相反，人更应懂得技术是人创造的，人与人工智能相

---

① 孙孔懿. 苏霍姆林斯基教育学说 [M]. 北京：人民教育出版社，2018.

② 陈学明，毛勒堂. 美好生活的核心是劳动的幸福 [J]. 上海师范大学学报：哲学社会科学版，2018（08）：12-17.

比较，人最大的优势在于有无限的想象力，人应是人工智能时代的劳动者，通过劳动去创造更先进的人工智能，创造完美的未来。

价值体认四：劳动与道德——爱劳动是有道德的表现，在劳动中提升道德。林肯曾这么评说能力与道德：能力，让你登上高山，而让你永驻山巅之上的，则是道德。有道德的人热爱劳动，会劳动，尊重劳动人民，珍惜劳动成果，这些是道德的内涵之义，是有道德的表现。而道德则提升对劳动价值、意义的认知，同时提升劳动者的劳动境界，而且道德也将成为劳动素养持续发展的动力。我们常说，劳动可以改造人，正是这个道理。总之，劳动与道德是相互渗透、相互支撑、相互促进、相辅相成的。我们认为劳动价值体认是一种道德价值的提升，劳动价值体认成为道德价值体认的一个必不可少的高度。

反观当下道德教育长期存在的针对性、主动性、实效性不强的问题，虽然原因是复杂、多方面的，但从劳动角度切入不难发现，劳动教育的缺失是其中一个难以回避的问题。比如劳动情感的淡漠、劳动观念的淡薄、劳动技能的淡化、劳动习惯的淡出，往往折射出道德认知、道德情感、道德能力、道德行为模式等方面的问题。历史告诉我们，实践也一次又一次证明，劳动锻造着人的道德品格，刚毅、坚强、朴实、勤俭、吃苦耐劳等，这些难能可贵的精神与品质，无不与劳动有关，可以认作是劳动馈赠给学生珍贵的礼物。在加强道德教育的今天，应当让劳动教育价值与道德价值相互辉映，让劳动教育成为学生道德水平提升的重要途径。

当然还有其他价值体认的维度，比如，劳动与审美、劳动与益智等，可以再作讨论。

以上关于劳动的价值体认，在教育大会上，习近平总书记作了精辟的概括："要在学生中弘扬劳动精神，教育引导学生崇尚劳动、尊重劳动、懂得劳动最光荣，劳动最崇高、劳动最伟大、劳动最美的道理，长大后能够辛勤劳动、诚实劳动、创造性劳动。"我们应当让这些价值体认真正落到劳动教育的实处。

劳动教育价值体认有多样的途径，也有多种方法，学校也在实践中开拓了各种渠道，创造了有效的方法，积累了不少的经验。当我们进一步明晰了价值体认这一劳动教育的核心后，相信在认真梳理、反思总结的基础上，我们可以做得更深入。

体育、艺术教育价值的再审视

艺术教育不只是教育的一个领域、一个学科，而且是教育的基础和崇高形式，"通过艺术"可以改造教育、优化教育，艺术教育应当渗透所有学科，所有学科教育都应"艺术化"，即充溢情感、漫溢想象、富于创造，各科教育都在艺术的伴随下走进学生的心灵，走进知识的世界和智慧的天地。艺术是这样，那么，体育呢？我想，体育也同样如此。

至今为止，我在一些地区和学校，还不时听到这样的话：体育、音乐、美术是"小三门"，是学校里的"副科"。校长这么认为，语文、数学、英语等学科的老师这么认为，连少数体育、音乐、美术教师也这么认为，尽管他们内心并不认同。在不少场合和一些文章里，我都批判过这一观点，但效果并不好，我很苦恼。

其实，无论是实践，还是理论，体音美的"副科论"都是站不住脚的。在课程世界里，所有课程都是平等的，不分主次，没有轻重，也不存在谁服从谁，谁补充谁，是考试的还是考查的，是直接关系升学还是供升学参考的。借用弗里德曼著作《世界是平的》的书名来说，课程世界也是平的。这道理当然是对的，但为什么还是有人这么"执着"地说，体音美是"副科"呢？除了"说顺嘴了"、习惯了以外，应试的体制是根源。但是要知道，真正改变应试体制，需要一个相当长的过程，我们不能消极地等待——学生德智体美全面发展是等不得的。在深入进行考试制度、方法改革的同时，我们还应寻找讨论、解决问题的另外视角。

最近一份材料和一本书对我触动很大。

一份材料是关于潘光旦的。潘先生是我国著名的社会学家、优生学家、民族学家，还是教育家、翻译家。他于1913年考取"留美预备学校"——清华学堂，学习中他有志气、图上进。后来他回忆：清华学堂对于"学生的体育活动，几乎从开办之日起就用强迫的方式进行。学校规定下午四时至五时为强迫运动时间。到时，图书馆与全部课堂、自修室、寝室都给锁上，只有体育场与体育馆敞开着"。更有硬性规定：学生要取得"留美"资格，还必须在以下项目达标，即"跑得够快、跳得够高、游得够远……"，而且这一条章程执行得非常严格。这便是"无体育便无清华"。不言而喻，这样做，清华学堂培养的不是"只会啃书本、足不出户、手无缚鸡之力"的书呆子，而是体格健壮、头脑聪明的学生。

这份材料让我们多了一种欣喜，也多了一份惭愧，当然也增强了我们的信心。百年前，清华学府就把体育摆到了极高的地位，它们不是"小科"，是人人、天天必上的"大科""强科"。历史证明，清华学子并未因为每天都有体育活动，而荒了学业，降了成绩。潘先生的回忆告诉我们，改变落后面貌，不一定要等到体制改革了，而是事在人为，用"强迫"的方式。"强迫"，"逼"出了新制度，"逼"出了新天地，也"逼"出了课程世界的公平。如今，我们为什么没有这样的勇气和胆魄？为什么对"副科"不受重视的现象熟视无睹、司空见惯？

一本专著是《通过艺术的教育》。作者是英国著名的艺术教育家、诗人、教育与艺术批评家赫伯·里德爵士。值得注意的是，他不仅谈艺术教育，更重要的是谈"通过艺术的教育"。艺术教育，显然是艺术本身的教育，而"通过艺术的教育"，是指所有的教育。里德认为：艺术应为教育的基础；所谓教育"可以界说为表现模式的培养，即教儿童和成人怎样造成声音、心像、动作、工具与器皿"，"一个能把这些东西做好的人就是一个受过良好教育的人"。这是因为，教育是个历程，"它们都是与艺术有关的历程"。最后，他的结论是，"艺术应为教育任何自然而崇高的形式"，"教育的目的就是创造艺术家——善于各种表现式样的人"。

应当承认，这是一派学术观点，也难免有所偏颇，但依我看来，里德开辟了一个新视角，从深处、本质处解读了艺术与教育的关系，艺术教育不只是教育的一个领域、一个学科，而且是教育的基础和崇高形式，"通过艺术"可以改造教育、优化教育，艺术教育应当渗透所有学科，所有学科教育都应"艺术化"，即充溢情感、漫溢想象、富于创造，各科教育都在艺术的伴随下走进学生的心灵，走进知识的世界和智慧的天地。艺术是这样，那么，体育呢？我想，体育也同样如此。

这不过分，这些都不过分。是的，到了应该给体育、音乐、美术正名的时候了，让"副科"最终消亡，让它们堂而皇之、理直气壮地走到课程的中心、教育的中心来。

走向规范与品质的研学旅行课程

关于课程建设，教育家杜威曾提出了一些重要的问题："我们对课程的研究意味着什么呢？它代表了什么？什么确定了它在学校工作中的地位？什么给它提供了结果……"之后，他又作了深刻的思考："没有人要求普通的学校教师提出这样的问题，但是，那些在理论上关心教育本质的人，或者那些在实践中必须处理课程组织的人——设计课程的人——是忽略不起这些问题的。"显然，任何课程都需要设计，研学旅行课程也应加强设计，这是学校课程设计的主体——教师不应忽略的。

一、规范、品质：研学旅行课程设计不可忽略的意义

研学旅行课程要不要设计，可能认识不尽一致。一些校长、教师认为研学旅行课程是"特殊"的课程，具有极大的开放性和灵活性，不必那么严谨、规范，不必那么严格要求。其实，这是一种误解。误解必定带来行动上的不自觉，我们绝不能忽略对研学旅行课程设计意义、价值的深入讨论，因此可以从以下视角去作些思考：

其一，加强研学旅行课程设计是由课程内在需求决定的。课程不是随意的存在，课程总有自身的规定性，尤其是要具备课程应有的元素——课程目标、课程内容、课程实施、课程评价等，倘若缺失这些就称不上真正意义上的课程。而这些必备的元素要加以选择、进行组合，以形成一个相互匹配的课程系统，就要进行科学的设计。经过设计的课程才具有规范性，在此基础上才能形成有品质的课程，规范、有品质的课程才能有效地育人。

其二，加强研学旅行课程设计是反思研学旅行课程现状之后的结果。当

下，研学旅行课程存在的问题已比较清晰，而且达成了共识，那就是有两种倾向值得关注：一是有"旅"而无"学"更无"研"，二是有"学"也有"研"而无"旅"。无论是哪种倾向，反映的都是课程无组织、无系统，随意甚至有点盲目，这和无设计不无关系。所谓研学旅行课程设计，就是要在"旅""学""研"上做好衔接，做好安排，而且要清晰地体现在课程目标、课程内容等方面。显然，课程设计的加强，对于改变研学旅行课程现状、提升其规范水平和品质具有重要的意义。

以上视角，从学理与现实两个方面阐述了加强研学旅行课程设计的重要意义。如果要做一个概括，那就是这一切都将会落到学生发展上，因为课程是为学生发展服务的，研学旅行课程的规范化、科学化，课程品质的提升，一定会更有效地促进学生学习方式的深度变革，开阔他们的视野，丰富他们的体验，培养他们的社会责任感、创新精神和实践能力，发展核心素养，实现综合实践活动育人的价值和目的。课程设计，说到底是为学生发展而作的设计，这实在是一个不可忽略的大问题。

二、课程定位：研学旅行课程设计的前提

在课程结构中，除了课程的共同规定性，各类课程都有各自的定位，即有自己的个性。定位准确了，才会有自己的地位。课程定位主要包括课程的性质、特点、原则和任务。这是课程设计的前提，即设计是根据课程的性质、特点、原则和任务来进行的。忽略课程定位，设计得再全面、再具体、再精致都毫无意义。进一步说，偏离课程定位的设计，会使课程发生错位，异化课程的性质，丢失课程应有的功能。反过来看，依循课程定位的设计会让课程的性质、特点、任务更聚焦、更鲜明。所以，这一前提不仅不能忽略，而且要特别重视。

1. 研学旅行课程的性质

研学旅行课程是课程世界中的一个新伙伴，大家对这位新伙伴还不太了解，所以，有时候大家对新伙伴的性质难免有点糊涂。其实，新有新的优势，新有新的"面貌"，只要和新伙伴多相处，并加以探讨，还是能把握它的性质的。

其一，研学旅行课程是综合实践活动课程。教育部颁行的《中小学综合实践活动课程指导纲要（试行）》中明确规定："综合实践活动是国家义务教育和普通高中课程方案规定的必修课程，与学科课程并列设置，是基础教育课程体系的重要组成部分。该课程由地方统筹管理和指导，具体内容以学校开发为主。"研学旅行课程是综合实践活动课程的一个组成部分、一种形态，根据上述规定，我们可以明确其课程定位是国家课程。它是必修课程，每个学生都应学习，尽管有些内容可以选修，但这门课程是必修性质的；国家设置、地方统筹、学校开发，任务分工十分明确；研学旅行课程虽不能涵盖综合实践活动的全部，但其综合实践活动课程的性质是不变的。因此，教育部等11个部门印发了《关于推进中小学生研学旅行的意见》（以下简称《意见》），以体现国家的要求。

其二，研学旅行课程是校内外教育相互衔接的活动课程。《意见》规定得很清楚："中小学生研学旅行是由教育部门和学校有计划地组织安排，通过集体旅行、集中食宿方式开展的研究性学习和旅行体验相结合的校外教育活动，是学校教育和校外教育衔接的创新形式。"这门课程是在校外实施，是校内外教育的结合与衔接，校外性、衔接性是它的重要特征。这是宽泛意义上的课程，但它本质上是课程。

以上两点是研学旅行课程的根本属性，是课程的性质，其他一些性质或是由此生发出来的，或是对其内涵的具体解读。比如，说它是一门生活课程、经验课程、情境课程、探究性课程、体验性课程等，是自然教育、闲暇教育、实践教育等，这些都有道理，但都是对课程基本性质的具体阐发，都要服从基本性质。这些阐发让我们对课程性质的了解、把握更清晰更丰富。

2. 研学旅行课程的特点

课程性质里总隐含着课程特点，讨论、明晰课程特点应在准确理解课程性质的基础上，把它们开发出来、显现出来。同时，课程特点的彰显可以帮助我们进一步理解、把握课程性质，让课程性质鲜明起来、"站立"起来。另外，课程特点又易于和课程开发实施原则混同起来，课程特点固然与课程开发实施原则紧密关联，但还是有差异的。所以，梳理、思考了课程性质、课程特点、开发实施原则三者的关系后，笔者以为研学旅行课程的性质有以下几个基本特点。

特点一：学习内容的开放性、综合性。研学旅行课程在广阔的空间里展开，是蓝天下、田野上的学习。空间的开放带来内容的丰富，视野的宏阔。研学旅行课程内容有很强的综合性，这很好理解。因为研学旅行课程的内容与生活联系紧密，几乎是生活即课程，而生活原本就是整体的、综合的，因而研学旅行课程内容呈现出最大限度的综合是理所当然的。这样的综合又体现在以下几点：一是超越学科，打开了学科的边界，走向开放，走向综合，融多种学科于一体，形成了新的学习主题。二是超越知识，将知识与生活融合在一起，探究知识发生的方式，发现新的知识，将知识转化为能力，转化为智慧。三是超越既有的设计，生成新的综合性的主题、内容。在开放的时空里，学习综合性的内容，有利于培养学生新的视角和大的视野，有利于培养学生的创新意识、精神和能力。需要说明的是，研学旅行课程以综合学习为主，并不排斥学科的存在，综合学习中有学科意识存在并非不好，相反，可以在综合视野中加深学科理解。

特点二：学习方式的实践性、多样性。研学旅行课程极大地改变了课堂教学模式，改变了学生的学习方式。一是实践性更强，学生多以活动、动手操作的方式进行，教、学、做合一，做中学、学中做成为重要的学习方式。二是探究性更强，改变了听讲、背诵的学习方式，探究新的知识，探究新的现象，探究自然和社会。比如，学生看到的不只是一块石头，而是石头的过去、现在与未来，以及石头下面的东西，在搬动石头过程中探究一切与石头有关的奥秘。三是合作性更强，学生们你帮我、我帮你，共同讨论、合作研究，其间学会沟通、学会倾听、学会理解、学会表达，今天学会了合作，明天就拥有了竞争力。四是学习方式的多样性更强，生活是丰富多彩的，学习的方式也应是多姿多彩的，单一的学习方式往往不能奏效，也无法生存。同一个主题或同一个问题总是需要多种学习方式共同参与，混合式的学习方式对于学生学会学习、学会创造日显重要。尤要注意的是，学习方式的背后其实是复杂性思维方式。因此，研学旅行课程应把"研"，把思维品质、方式的培养，尤其是把复杂性思维的发展作为重点。

特点三：学习情境的真实性、丰富性。自然、社会是一个宏大的情境、真实的情境，研学旅行正是在生活中进行的，生活成了课程、学习发生的源泉。丢弃了生活的真实、真诚和本真，也就没有真正的课程、学习和整个教育。研学旅行课程是与生活融合在一起的，其学习情境是真实的，也是丰富的。同时，学生的核心素养是在真实的教育情境里培育、发展起来的，坚守学习情境的真实性，发展学习情境的丰富性，突显研学旅行课程的这一特征，可以促进学生核心素养的发展。与此同时，另外两个问题很可能产生：一是在复杂的真实情境里，一定有各种情况、问题发生，其中一些错误的价值观也会影响学生，因此，如何引导学生进行价值澄清和选择非常重要。二是从教育的角度去看，即使在真实的情境中，也应根据课程目标和理念加以改造和优化，学生发展需要优化了的情境。

3. 研学旅行课程开发、实施的原则

课程性质、特征需要课程开发、实施的原则去支撑和落实，而原则可以通过课程性质和特点来转化。这样，课程性质、课程特点、课程原则建构了一个完整的课程理念系统，成为课程设计的前提和重要基础。

《意见》对研学旅行课程的实施原则作了明确规定，即教育性原则、实践性原则、安全性原则、公益性原则。这四条很重要。不过，原则具有领域性，即在不同领域，或不同范畴、不同维度，原则应是有差异的。比如课程设置的原则、开发的原则、实施的原则。按此划分，以上四条还可以更清晰；若把原则整合起来表述，这四条还可以更完整。我以为，其中应有一条具有综合性的，即适应设置、开发、实施的原则，那就是主体性原则。所谓主体性，就是杜威所说的"处理课程组织的人——设计课程的人"。教师就是这样的人。另外，学生既是课程的学习者、接受者，也应是课程建设的参与者，还应是课程的创生者，无论从哪个方面、哪个角度看，学生都应作为主体介入，缺失主体参与、创生，课程是建构不起来的，也是无价值的。研学旅行课程，其主体性更深，也更重要，否则，研学旅行课程又回到简单灌输训练、被动接受的状态去，学生虽身在"旅行"，却心不在"研学"——这可能是造成"旅行"和"研学"相脱节、相排斥的主要原因。确认、确立并彰显主体性原则，应当引起高度重视。

三、目标、内容、管理——研学旅行课程设计的主要内容

止于性质、特点、原则，不落实到目标、内容、管理的课程设计，课程还是处于理念状态，只是在空中漂浮。研学旅行课程要落地，要有具体呈现。

其一，课程目标的设计。《意见》从感受、认同和学习等维度，设计了课程学习目标，这些设计不乏道理，也很具体。换个角度看，还要进行凝练和提升，使目标聚焦于育人这一总目标上，具体可表述为"综合实践育人"。国家课程中的学科教学追求的是学科育人，无疑，综合实践活动应是综合实践育人。综合育人、实践育人、活动育人是对学科育人的超越，同时，二者又相互支撑、相互补充、相互促进，形成育人的合力。十九大提出，要培养能担当民族复兴大任的新人，这一着眼点更高，应成为研学旅行课程的核心目标，设计时要突出这一核心目标的价值立意。在核心目标引领下，可设计具体目标，为培养时代新人奠定基础。

其二，课程内容的设计。研学旅行课程带领学生走进大社会，走进大自然，触角伸向生活的各个领域甚至各个角落。但课程绝不能无所不包，而是应当有所选择，选择的依据就是课程目标，还有学生发展的需求和特点。依据目标，内容有明确的主旨；根据学生，内容才有适宜性。两者的结合，内容才是合适的，又是具有挑战性的。亦如怀特海所说："教育要让学生通过树木而见到森林。"所有的教育都应是这样，研学旅行课程尤要这样。所以，设计，实在不可忽视。笔者以为以专题和项目的方式来呈现研学旅行课程比较适宜，而对于专题和项目的选择，《中小学综合实践活动课程指导纲要（试行）》附录中有不少主题可以参考。

其三，课程管理的设计。课程需要管理，管理需要制度，制度需要设计。改革的实践告诉我们，制度的核心应是解放人，释放人的创造能量。研学旅行课程具有特殊性，主要在校外进行，严格管理是必需的，与此同时还必须坚守解放人的理念，将教师、学生和家长，乃至社会各方力量的积极性调动起来，形成协同创新的共同体，这应是课程设计的最大成功。

第二篇　上有灵魂的课

未来的文明与美好，一定会发生在现在的课堂里。课是有灵魂的，上有灵魂的课是教学改革的初衷和永远的追求。有灵魂的卓越才是真正的卓越。

上有灵魂的课

　　基础教育课程改革正在深入，教学改革与发展也面临着新的要求和挑战。值得注意的是，诸多要求和挑战中，有一个命题越来越凸显，也越来越急迫，那就是学科教学的根本宗旨应回到"育人"上去，把立德树人的根本任务落实在学科教学中。这一命题可以概括为：学科育人、教学育人。假若，在学科育人、教学育人上我们有新的认识和突破，那么，教学改革将会走向更高境界，闪烁新的光芒。

一、育人，是学科教学的灵魂：我们必须追求有灵魂的课堂教学

　　人民教育家于漪是从课堂生长出来的。她将中学时代母校的校训"一切为民族"镌刻心底，成为她铸造师魂的基因。她说："真的要把教育做到骨头缝里，拿出心血，拿出智慧"，"每节课都有你的信念、情操、学识在闪光"。早在 1978 年她就提出"教文育人"，1996 年她倡导"弘扬人文"的主张。她所倡导和践行的一切，就是追求并践行学科育人、教学育人。对学生的教学是这样，对青年教师的培养也是这样。她经常勉励青年教师，孩子是国家的未来，教师重任在肩，要用正能量教育他们，让他们成为有"中国心"的现代文明人，绝对不是"思想的矮子、解题的机器、分数的奴隶"。[①] 在最近的一次论坛上，她发来视频，语重心长地说，立德树人是教师最根本的基本功。于漪老师是学科育人、教学育人的模范和改革先锋。我们应当向于漪老师学习，以她为榜样，将学科育人、教学育人的重任扛在肩头。

---

　　① 任国平. 一线课堂生长出来的"人民教育家"——记"人民教育家"国家荣誉称号获得者于漪 [N]. 中国教育报，2019-09-30(02).

2019年上半年，党中央召开了全国第一次思想政治理论教师座谈会，习近平总书记主持会议，并发表重要讲话。他说，要用新时代中国特色社会主义思想铸魂育人，贯彻党的教育方针，落实立德树人根本任务。他反复强调要"发挥教师的积极性、主动性、创造性，要给学生心灵埋下真善美的种子，引导学生扣好人生第一粒扣子"。尽管这是针对思政课老师提出的要求，但铸魂育人是所有教师共同的任务。"铸魂"之"魂"包括学科教学之魂。我们必须在教学中寻找这一"魂"，铸造这一"魂"。铸魂是育人的核心和前提，育人是铸魂的目的，铸魂育人是立德树人根本任务的具体化，具有深刻性，也具有生动性，像一道光照亮了我们的心，照亮我们的课堂。

　　铸魂育人不仅是中国的表达，也是国际教育的共识与追求，可以说，世界上所有国家的教育都通过教育、课程和教学来育人，来铸魂。2012年美国哈佛大学计算机科学教授哈瑞·刘易斯写了本书，书名为《失去灵魂的卓越：哈佛是如何忘记教育宗旨的》。书名很鲜明，意味深长。我们追求的教育应当是卓越的教育，培养卓越的学生。哈佛大学是公认的世界一流的大学，哈佛的教育应当是卓越的。但是，一个不可忽略而正在发生的问题是：这样卓越的教育正在丢失灵魂。显然，当卓越丢失了灵魂就不卓越了，不仅不会卓越，而且会堕落下去。他所说的灵魂是什么呢？是把年轻人培养成具有社会责任感的人。书的一开始就引用了一些学者的话来揭示主题："发展道德和智力是我们的主旋律。大学的发展和真正福祉从来都是与我们国家的命运休戚与共的。""建立文明社会的斗争不仅发生在战场上，也发生在讨论会、课堂、实验室、图书馆里……建设文明社会最关键的，是把青年培养成为能造福世界的人——他们不仅需要创造富庶的物质世界，更需要成为精神世界的楷模，需要通过教育让他们达到至真至善的境界。"另一位学者尖锐地指出，教学"不是由着教授的兴趣进行教学"。①刘易斯的这本书发人深省。

　　值得庆幸的是，中国文化中早就有育人和铸魂的思想精髓。学科育人是中国的立德树人对学科教学实质和宗旨的表述，其实，长期以来，中国教育早就有了自己的表述：教书育人。这四个字，如此精炼，如此精准，又如此丰厚，极具思想的张力。其主要内涵是：教书为了育人，育人在教书之中，教书是手段、途径和载体，育人是宗

---

① 哈瑞·刘易斯. 失去灵魂的卓越：哈佛是如何忘记教育宗旨的 [M]. 侯定凯，译. 上海：华东师范大学出版社，2012：序言21.

旨、目标，教书与育人自然融合在一起，成为有机体、共同体、互相依存、互相支撑、互相渗透、互相促进，教学的实质、核心、境界全在这"教书育人"四个字中。倘若要追根寻源，我们可以从中华优秀传统文化中获得最明确的表达：学以成人、立德树人就在中国历史的深处，闪耀着明丽的亮光。如今，立德树人聚焦于学科教学，落实在课堂里便是教书育人，便是学科育人、教学育人，便是学以成人。一如于漪老师所说："有中国文化的基因在身上，就会觉得自己有力量，就能高尚起来，因为人有两个基因，第一个是世代遗传血统的基因，第二个是民族文化的基因。"[①] 文化基因，为我们的教学铸造了灵魂。我们要上有灵魂的课，办有灵魂的教育。

二、学科育人、教学育人的一个重要策略：
讲述自己的教学故事，育人就在叙事研究和践行中

学科育人、教学育人的实现，需要有与之相匹配的策略、方式、方法，要寻找合适的途径、手段，包括必要的技术。有一个现象值得我们关注和思考：培训教师，最受教师们欢迎的，亦即大家认为最为有效的方式有两个，一是听课，二是听教学故事、分享案例。有人批评教师，只注重感悟而忽略理性，只求接地气而不仰望天空。这样的批评不无道理，教师培训的理念与方式必须改变。但是，同样不无道理的是，教师这样的喜欢和期盼，既是实践的诉求，又深含着文化的理解与研究方式的追求。从中，我们应领悟一个道理，老师们的教学，天长地久，日复一日，年复一年，面对的是实实在在的教学问题，需要把课上好，必须让每堂课成为育人的好课。这是对他们实践智慧的考验和挑战。他们在实践中，一次又一次地体悟到讲述自己和伙伴们所经历的故事，分享自己和伙伴们的经验，让自己再一次回到教学现场去，在曾经经历过的现场中审视、反思，再想象，再设计，再虚心地去上一遍，实践智慧就在其间生长起来了。我们应当承认，并坚信，教学叙事是进行教学改革、践行学科育人、教学育人的科学的、有效的策略。

教学叙事是有文化渊源的。文化是个故事，美国的一位学者还有这样的判断：人在他的虚构中，也在他的行为和实践中，本质上都是一种说故事的动物。因此，人不仅是一个游戏者，也是一个故事讲述者，而故事可以是虚构的，也可以是实践的，就

---

① 任国平.一线课堂生长出来的"人民教育家"——记"人民教育家"国家荣誉称号获得者于漪[N].中国教育报,2019-09-30(02).

在实践与虚构的同构中，通过讲述，让自己成长起来。这样的讲述确证了几个问题。一是对人的确证。讲故事透射了人的本质，也是人较之其他动物的独特的优势所在。二是对时间的确证。故事让时间人格化，因为人的所想所为都融化在故事中了，时间也被赋予人格特征了。三是对分享理念的确证。故事及其讲述，为大家提供了一个可供分享的世界，在与故事的对话中，互相发现，互相影响，共同进步。四是对语言狂欢的确证。讲述中的语言有着独特的色彩，充满语言的魅力，语言的狂欢，实质是人的心灵和思想的狂欢。

中华民族是个会讲故事的民族，是个不断创造故事的民族，因而，中华文化绵延五千多年，源远流长，在人类文明的星空中熠熠生辉。中华文化就是一个伟大的故事，其本色、底色是伦理道德，中华的伦理道德犹如宏博的光源照耀着长空，铸造着中华民族的精神结构和文化品格，而这一切早已熔铸在伟大的故事中了。立德树人就是这伟大故事的主旋律。回到故事中去讲述故事，立德树人便再次蓬勃起来、鲜亮起来，学科育人、教学育人也便闪耀起来。

教学改革是个故事。教学过程是个故事展开的过程。过程中，教师的理念、教师的智慧渗透其中，并且自然地体现出来，与学生的学习相互交融、相互辉映。师生共同创造了教学故事，也在创造中，锻铸了教的风格和学的风格，映射出教师、学生的人格。这是一个道德意义生长的故事，也是一个智慧的故事，还是一个审美的故事。当教学任务完成时，回忆这一过程，通过讲述，再次经历道德意义生长、智慧生成、审美愉悦的过程，当然又一次接受了特殊的教育，其价值、意义不可小觑。因此，叙事作为一种研究方式是必然的。

从以上的阐释中，教师应当建立起教学叙事的自信来；教师应是个会讲故事的人，教师是个有故事的人，教师更是个创造故事的人；叙事应当成为教师的研究方式，以此深入进行课程改革、教学改革研究，让研究更具体、更细致、更生动，更具现场感，更像自己的研究。在这样的研究中，学科育人、教学育人的理念、目标、要求才能更有效地落实，进而创造出学科育人的实施方式，以至建构起实现的模式。

三、讲述几个学科育人、教学育人的故事：让铸魂育人在故事中闪亮起来

学科育人、教学育人，即教书育人有着悠久的过去，也有着实践着的现在，从过

去到现在再到未来，像是一条线贯穿起来，演绎着一个神圣的育人故事。在讲述中，我们会看到站立起来的儿童，会看到创造世界的儿童，同时还会看到教师学科育人、教学育人的情怀、智慧。

1. 于漪老师的讲述：学科育人、教学育人的过去

于漪老师是江苏镇江人。她说，自己是在镇江的一条小巷子里的小学学习的，有三个故事她印象特别深。

讲述一：描红中的汉字美——育人是智慧的创造。

一天，语文课，老师指导学生描红，要求特别严格，一撇一捺，一横一竖；学生们也非常认真，映着红色的范字，努力地描着。这时候，老师说，小朋友们把笔停下，今天的阳光特别灿烂，让我们拿着描红字的纸，到教室外面去，对着阳光看。孩子们雀跃着来到室外，就在灿烂的阳光下，他们一下子看到了描红的汉字真红、真亮、真美！直到现在于漪老师90多岁了，还记着、念着，给我们讲了下面的话：啊，从那个时刻开始，我突然明白了，汉字美、母语美、祖国好！

是的，语文教师教学生练字，但就是那么一个看似平平常常的教学活动，让学生记忆犹新，犹如一颗种子深埋在学生的心灵深处，总有一天会生根、发芽、开花、结果。写字，是教书，但是在创造的真实情境里，教师把一颗爱国的种子、文化的种子悄然地播撒在学生的心田里了。学科育人、教学育人是种智慧，学科育人、教学育人需要智慧，这种智慧是悄悄的、真实的、自然的，是大智慧，是教师创造出来的。

讲述二：从100分到0分——学习，首先学做人。

于漪老师的成绩一向很好，可她的同桌成绩不理想，于漪想帮她。一次考试中，于漪悄悄地告诉了她正确的答案，卷子发下来，两人都是一百分。老师把她们叫到办公室，问同桌的同学一百分是怎么得来的，并叫于漪也回答。于漪如实说明了情况。其实，老师早就发现了，证实后立马将两人的一百分都改成零分。于漪满腹的委屈，但从此她记住了：学习，不是为了分数，不是为了成绩，而是为了做人，做一个诚实的人。她的释然，让她铭记一辈子。

教师有双慧眼，锐利、细心，一切都在老师的视野里，他只是让学生自己觉悟，让学生从中明白做人的道理。做人不是个空洞的口号，要落实，要依凭教学这个载体、平台和过程，将育人落实其中。学科，是个育人的载体、育人的平台、育人的过程。

反之，没有育人价值的照耀，学科、教学是缺失灵魂的，是苍白的，即使很扎实，也因人的缺失而空洞。

讲述三：最后一课——永远记住战争的苦难。

抗战期间，日本鬼子进城扫荡，城里人纷纷到乡下逃难。就在紧张、危急的情势下，那天上午，音乐老师给他们上了最后一课，教他们唱《苏武牧羊》。说着，于漪老师轻轻地唱起来，从她的旋律和歌词中，我们感受到一个民族的血性，看到了挺起来的脊梁。于漪老师说，我永远忘不了战争带来的灾难，一个羸弱的民族，不会给人民带来安全与幸福，民族强大，人民才会站立起来；我们永远忘不了那最后的一课，当教师后，我不止一次地教都德的《最后一课》，但我相信我教起来更有感觉，因为我有难忘的经历，经历是我们成长中最好的老师；家国情怀，我们没齿难忘。

2. 斯霞老师的讲述：改革开放初期的课堂

讲述一：我们爱祖国——学科育人要基于学科特质。

"文革"刚结束，斯霞老师上了一堂语文课，是一年级的一篇课文，课题是《我们爱老师》。课文中还有一句话："我们爱祖国。"怎么对一年级的小朋友讲好"祖国"这个词呢？斯老师用的是问答式教学。"小朋友，什么叫祖国？""祖国就是南京。"全班哄堂大笑。斯老师严肃地说："不要笑，南京不是祖国，是祖国的一个城市。那么，什么是祖国呢？""祖国是国家。""是的，祖国是国家，可是世界上有美国、德国、英国，还有中国，那什么才是祖国呢？""祖国就是自己的国家。"斯老师接过话题，一字一句地说："对，祖国就是自己的国家，是爷爷奶奶爸爸妈妈，世世代代、祖祖辈辈生活的国家，叫祖国。"她稍稍停顿了一下，接着说："新中国成立后，我们的祖国叫中华人民共和国。"然后说："小朋友，让我们一起读：祖国，我们爱祖国。"教室里响起清脆而热烈的声音：我们爱祖国！

斯老师是在教语文，教词语，但是她让学生从词语里领会祖国的含义，把家国情怀厚植在词语教学中。斯老师告诉我们，学科育人不是附加的，是根据学科特质，开发出来的，这样的教学育人更具体、更有力量。

讲述二：教《刘胡兰》——育人先育己。

斯老师回忆《刘胡兰》一课的教学。她说，一开始，就被刘胡兰在敌人面前坚贞不屈的英雄气概所感动，可是朗读刘胡兰回答敌人的一段话："我就是刘胡兰。""我就是共产党员。""就是我一个。""死就死，我什么也不知道。"……总觉得语气不够坚强，不够有力量，显示不出刘胡兰的英雄气概。为什么呢？是因为自己没有参加过革命斗争，缺乏亲身体会，是自己的思想感情还没有和刘胡兰的思想感情凝结在一起。于是她设身处地地想：我也是一个共产党员，如果我处在那样的环境下，该怎么对待敌人的胁迫呢？想想小小年纪的共产党员，我勉励自己，一定要像她那样，面对敌人，毫不动摇，坚持斗争，直到流尽最后一滴血！这以后，再去朗读那段话，就好像敌人恶狠狠地站在自己的面前，而我呢，像刘胡兰一样挺立在敌人面前，以共产党员威武不能屈的高贵精神和品质，对付敌人的一切威胁。上课时，当我讲读到刘胡兰和敌人一节对话时，孩子们咬起了嘴唇，小眼睛鼓鼓的，简直要冒出火星；当我讲读到刘胡兰从容就义时，孩子们也慷慨激昂起来。

斯老师的这段讲述详尽、生动，读这段话时，斯老师似乎又站在我们面前，微笑地看着我们，等待着一个什么样的回答。我们应该这样告诉她：育人首先要育己，只有育己才能育人，一个不能改变自己的人，也不能改变学生。由此，我们领悟到：学科育人、教学育人，说到底，就是教师把自己的情怀、精神、思想、品质融化在教学中，以人格塑造人格，以灵魂塑造灵魂，我们要做斯霞那样的老师。

3. 窦桂梅老师的讲述：前世今生——学科育人、教学育人，心中要有一盏明灯

《葡萄沟》，从新中国成立之初就入选小学语文教材，一直延续到今天，统编教材仍然选中了它。它是一篇传统课文，窦桂梅老师从教 20 年以来不知教了多少遍。她向自己提出一个问题："20 年前的课，是以谁为中心；20 年后，又是以谁为中心？"这可谓是《葡萄沟》教学的前世今生。看她的教学实录：学习目标三条，鲜明而集中，紧紧围绕课文，凸显语文的特质；预学—共学—研学，以学为核心，串起了学习活动，编制了教学过程；预学的重点是"我知道了什么"，共学的重点是"我感受到了什么"，研学的主题是"我想到了什么"；知道—感受—想到，学生处在渴望学习中，主动学习、深度学习、持续学习；识字、写字，运用多种工具，把每个字教准、写好；感受词语，联系上下文理解、比较、把握，逻辑思维训练就在语境中得到提升；"葡萄沟真是个好地方"，教学自然地引发学生对家乡的热爱，对自然的亲近，对勤劳智慧的追求。

从窦老师的课例中，我们看到，把育人这一根本任务，用一根红线从头至尾贯穿起来，落实在每一个板块、每一个环节、每一个细节，落实在教学的全过程，最后以"沉淀"的方式，让学生感受到课文的魂之所在——家国情怀。祖国是我们心灵安顿的地方。学科育人、教学育人，需要教师准确把握学科的性质、任务与特点，需要教师永远亮着那盏指路的明灯，自觉地走实教学的每一步，需要教师精心设计，创设学习活动，需要引导学生从文本、内容中探索、发现、体验、感悟，这样，教学中的"育人之魂"永远活跃、蓬勃，然后又悄然地沁入学生的心灵。

印度哲学家克里希那穆提曾经这么阐释"完整的教育"：教育的主题是"心灵绽放"，而"心灵绽放"需要"心灵觉醒"。他说："当理智、情感和身体三者处于完全和谐时，心灵的绽放就会自然地、不费力地、完美地到来。"这是教师的使命与责任，而"责任，一个人就是整个人类"。① 上有灵魂的课，培养担当民族复兴大任的时代新人，并担当起"人类命运共同体"的重任，也许发生在课堂里，抑或说，是从课堂开始的，是从上有灵魂的课开始的。

---

① 克里希那穆提. 教育就是解放心灵 [M]. 张春城，唐超权，译. 北京：九州出版社，2012：2-20.

学科育人：教学改革的指南针与准绳

一、《葡萄沟》教学的前世今生：学科教学的重大转向

近日，特级教师窦桂梅上了一堂语文课《葡萄沟》，本篇篇首语中已提及。这儿要从整体上作些分析与大家分享。她的这一堂课引起了极为重要的影响。有教师这么评价——窦桂梅的语文课变了，她的课就是一种方向引领。窦桂梅给我发的信息是："《葡萄沟》是统编教材里的，而且新中国成立后，一直在教材里，我已教了 20 多年了。"然后她好似对自己提了一个问题："20 年前的课，是以谁为中心；20 年后，又是以谁为中心？"她好似又是对自己解释说："围绕这篇课文的前世今生，都会有意义。"

是的，同一篇课文教学，的确有前世，也有今生，这是时与空的转移、转换。在前世与今生中，定有一种内在的逻辑，好似一根线，牵起了过去、现在与未来，在牵引中转换，在转换中发现，在发现中创造。这一过程，有个时间的箭头，它一定是向前的，向上的，向外的，所谓转换其实是一种转向。正是在时间箭头的指引下，在所转换的空间里，我们寻找到了新的意义，开始了新的创造。

于是，我仔细研读、分析了窦桂梅的《葡萄沟》的课堂实录，并和她本人进行交流。研读、分析后，我的基本判断是："有意义"之意义，在于这一教学具有风向标的价值。这和教师们的感受是一样的：是一种方向性的引领。

窦桂梅的《葡萄沟》教学变在哪儿呢？为什么要这么变呢？我作了一些归纳，其变化主要在于意义的提升。

提升之一：教学目标的设定与表述的变化。变化的特点是教学目标鲜明

而集中，朴实而有深意。目标共三条。第一条主要是识记18个生字、读好3个多音字、会写10个字。这一目标实实在在，毫不含糊，但又体现了新特点：运用识字工具。第二条，理解几个词语的意思，切切实实，但体现了理解词语的方法：联系上下文、借助插图。第三条，正确、流利地朗读课文，体会"葡萄沟真是个好地方"，同样是扎实、真切，但要求明确，要结合上下文内容来理解和表达。显然，这些教学目标是语文的，指向了语文的特质和任务，而且简要、求实，既不琐碎又不宽泛。其中，又不乏运用新的理念和新的方式。

提升之二：教学过程的变化，即以学生的学习为核心，并贯穿全过程。整个过程有三大环节：预学、共学和研学。预学与检查，预学重点是"我知道了什么"；共学重点是"我感受到了什么"，其中包括写字；研学重点是"我想到了什么"。这样，学生一直处在自主学习、合作学习的状态中。值得注意的是，老师一直在组织和引导，有点拨，有指正，有提醒，有激发，还有看似普通却具有挑战性的问题，引发深度学习。不能说我们过去的教学不注重学生的学习，但可以肯定地说，在现在的窦桂梅的课堂里，以学习为核心，如此坚定，如此凸显，如此系统，而且充分体现了学习的新理念：学习不仅是个人的事，而且是集体共同的努力。

提升之三：识字，写字，标点符号的认识、使用，以及朗读课文，教学细致、深入，一个个要求得以落实，还充分运用工具来撬动。比如，用手势工具读准长句子；用小手指作出顿号的样子，快速顿一下；借助识字通关卡工具和有关葡萄的游戏，自己检查生字。教与学一丝不苟，一点一滴都能落实。其间不断用顺口溜提醒学生识字写字读书的姿势："眼离书本一尺远，胸离桌子一拳远，手离笔尖一寸远。""食指拇指捏着，三指四指托着，小指在后藏着，笔尖向前斜着，笔杆向后躺着。"从儿童学习特点出发，生动活泼。学生在写字读书，也在学方法，更在炼身体、养品格。同样，不是说过去的教学不细致，更不是不落实，但像《葡萄沟》教学那么自觉那么深入确实是个明显的变化。

提升之四：联系上下文以及知识情报站等方法理解词语。比如，教"五光十色"，按感受颜色、感受光泽两个层次，准确领会"光"和"色"的丰富性、关联性。接着继续用联系上下文的方法，让学生领会"热情好客"的意思。她一次又一次地提醒学生："当你读到关键词语的时候，要在具体的句子中理解。这还不够，还要像刚才这样，联系上一句，联系下一句，一句一句的，注意句与句之间的联系。这叫联系上下文。"其实，这是种思维训练的方式，尤其是培养学生的逻辑思维能力，引导学生在知识的关联中学习，在文本所蕴含的情境中感受和领会。这一传统方法的运用，有了新的理念内涵和特点。

提升之五：把课文主题思想即核心价值观教育融入课文的自主学习和探究之中。"葡萄沟真是个好地方，不仅好在葡萄的五光十色，里面蕴含着新疆人的勤劳智慧和热情好客。"窦桂梅说："美丽的祖国要游览的地方太多太多啦，那不仅是我们的家乡，也是我们的祖国。因为那个地方，才是我们停止流浪的地方。"家国情怀的种子，随着"好地方"的朗读和理解，悄然播撒在孩子们的心田里。

窦桂梅老师教学变化的细微之处还有不少。需要追问的是，这些变化说明了什么？这些变化中蕴含什么样的价值启示？有人说，这是窦桂梅教学风格的变化。这当然没错。但是，同样需要追问的是，风格改变背后的"推手"是谁？毋庸置疑，思想是风格的血液，而风格则是思想的雕塑。风格既有稳定性，又有发展性，风格也具有多样性，不言而喻，风格变化的背后是思想、理念的改变。从《葡萄沟》教学的前世与今生中，我们领悟到，教学应当回归：其一，要回到教学的基本问题上去。要回到学生的学习上去，就是其中一个基本的重要问题。以学为核心一定要落实到教学的全过程，以教为核心的教学必须"翻篇"、终结，课堂教学必须有实质性变化。其二，要回到学科特质上去。教学一定要从学科的独特性质和任务出发，培育、发展学生的学科核心素养，课程的综合走向应该打开学科边界，但不能消弭学科的特性。这样，不同学科，从各自特质出发，从不同角度形成合力，向着共同方向前行，完成共同任务。其三，回到教学的朴实、踏实、切实的品格上去。教学是慢活、细活，既要大开大合，又要细致入微，在扎实中落实，这样才能有效达成教学目标。其四，回归不是回到原来的状态，而是回归规律，并在回归中有新的想象、发现，亦即有新的创造，因而一定会有新的理念、新的方法、新的技术的介入。教学要跟上时代的步伐。

以上几个"回归"固然重要，但更为重要的是，我们发现在回归中，窦桂梅心中始终有个指南针，也有个准绳，总是牵引着她，规约着她，指引着她。她也时时刻刻坚定地按着指南针向前走，不断地用准绳即时衡量教学过程，评判教学效果，改进教学策略与方法，表现出她教学的高度自觉。这个指南针、准绳是什么呢？是学科育人、教学育人。20 年前，从总体上看，一些教学更多的是为知识、为分数，即使培养能力也只是处在表层；当然，教师也在寻找、践行自己的教学主张，彰显自己的教学技艺。但教学主张与教学风格，常被干扰、忽略，未能从根本上触及主张与风格的实质与内核。20 年后的今天，我们所做的一切，都是为了育人，以育人为目的，以育人为核心，以育人为境界。窦桂梅在这方面走在了前面，为我们带了个好头。她的《葡萄沟》教学的前世与今生，所产生的意义是重大的，与以往的教学意义是有实质性区别的。学科育人，应当是教学改革的风向标和准绳。这是《葡萄沟》教学前世今生带给我们的重大启示。

二、学科育人的框架释义：本质、内涵与境界，以及有关概念的辨析

学科育人，是课程改革中一个重要的研究内容，随着立德树人根本任务的落实，其重要性日益凸显，成为构建更高育人体系中的一个不可或缺的有机组成部分。学科育人理念与任务的提出和彰显，必将进一步提升教学改革的价值立意，也对教学改革提出更高的要求，必将使教学改革发生实质性变化，进入一个新阶段，走向更高境界。我们应从整体上深入认识，准确把握学科育人的本质、内涵、境界等。

1. 学科育人的本质与核心价值

学科的重要性不言而喻，但长期以来我们对学科重要性的认识并不到位。"学科作为相对独立的知识体系，是近代学术发展的产物，体现着现代文明的高度，它使人们的认识及其实践有别于常识和日常生活，获得长足发展"，所以，"学科是专业化的基础"，"如果没有以学科为基础的专门人才培养，显然是无法想象的。"[①] 也正是因为此，学科教学是学校课程的主体，是教育教学的主要途径和方式。无论是理论还是实践，无论是过去、现在还是未来，尤其是

---

① 柳夕浪. 学科本质与人格力量的相互激荡（上）[N]. 中国教师报，2018-05-16(04).

在倡导课程综合化的潮流中，学科一定要优化，也一定要打开边界，但绝不能消逝。学科的地位应坚守，学科教学改革应深化，学科建设应加强。

问题的讨论还需深入，那就是学科的本质究竟是什么，究竟怎么准确定位学科核心价值。学科核心价值往深处讨论，一定会触及到人。无疑，学科是人创立的，没有人的创造，没有人对知识增长发展的追求，没有人对知识加以专业化处理，形成合理的逻辑结构，就没有所谓的学科；学科是为了人的，为了发展人的，舍此，学科知识只是一堆知识而已，而无任何价值与意义。学科与人的关系很清晰：互动与对话。人在学科学习中得到培育和发展，同样，学科在人的学习中，在人的研究中会有新的拓展和创新。总之，人离不开学科的知识，学科也离不开人，学科的本质与核心价值就在以人为本的理念和行动中，就在与人发生的关系中，就在对话建构中。

学科核心价值必然触及到价值。价值、价值观在人类进步、社会发展中，以及个人生活中占据着非常重要的作用。"人类的生活正是有了价值观的指导，才使生活具有了真正的意义，才能使人类的生活与动物的生存区别开来。"[1] 价值、价值观对儿童发展而言同样如此，而且日显重要。"我们发现，儿童在学校和家里经常表现出来的几种问题，正在被看成因价值观，或更确切地说是缺乏价值观而引起的，……当具有某些行为问题的儿童被授以某种价值经历时，那些问题在强度和（或）频率上经常有所缓和。"[2] 不难理解，学科，这一学校课程的主体，担负着价值教育的重任——让儿童在学科学习中有价值经历，在价值经历中进行价值澄清，接受价值教育和引领，解开价值困惑，培育基本的正确价值观，让生活充满意义。学生的进步，是文化的进步，而文化的核心是价值观，因此，学生的进步，从深层次上看是价值的提升和价值观的确立。

人—学科—价值联结在一起，便得出一个结论：学科的本质与核心价值，是育人。用一个词来概括便是"学科育人"。学科育人直抵学科教学的核心，揭示了学科的本质。可见，学科育人是学科本质的题中应有之义，是从学科的文化土壤里萌发、生长起来的，而不是外加的，是专业化的表述，是深层次的

---

① 刘济良. 价值观教育［M］. 北京：教育科学出版社，2007.

② 路易斯·拉思斯. 价值与教学［M］. 谭松贤，译. 杭州：浙江教育出版社，2003.

专业问题，绝不是对意识形态的简单应和。

2. 学科育人的内涵与要义

学科育人具有丰厚的内涵和深刻的要义。我们可以作些梳理和归纳。

一是学科及其教学中一定要见人。当下医院里流行一句话：面对病人，不能只见病而不见人。这就是所谓的医者，仁心也，这是从医之道。教育学是人学，更不能只见学科不见人，更不能只求知识不育人，更要以人为本。前段时间讨论三维目标与学科核心素养时，已形成了共识：三维目标仍然是目标，但不是最终目标，最终目标是培育、发展学科核心素养。如何从三维目标走向学科核心素养，关键是让师生合作，让学生主动学习，将三维目标整合起来，聚焦于人，依靠人的力量。教学中诸如此类的问题还很多，都不能离开人空谈学科教学，人永远是目的，人永远在学科教学中闪耀，育人永远是学科教学最高的、最终的目的。

二是让学生在知识中站立起来。学科是相对独立的知识体系，知识的科学化、系统化是建构学科的基础，学科的教与学都离不开知识这一育人的载体。尽管"知识就是力量"遭到质疑和批判，但不可否认的是，知识仍是一种力量，是生存的力量、发展的力量。这并没有什么错，错就错在把知识当作了圣殿，而让人在圣殿前顶礼膜拜，成为知识的奴仆。怀特海在《教育的目的》里非常明确地指出"智力教育的一个主要目的是传授知识。"[1] 学科育人当然也不能离开知识，但知识的获取不是目的，知识毕竟是载体，人要通过知识站立起来，挺起自己的脊梁，让人学会成为自己的主人，其中包括成为知识的主人。这一过程用赫拉克利特的话来说，就是"我已探寻过自己"。[2] 探寻过自己，就是对知识的超越。学生在知识中站立起来，这是学科育人的重要标志。

三是让学生在学习能力的发展中强起来。学科不仅给学生知识，而且帮助学生学会学习，增强学习能力，尤其是要增强具有独特性的学科能力，其核心是创造力。最近中央美术学院的一次招生考试，引起了对教学改革的热议。上午考"造型基础"，下午考"设计基础"，除了一张试卷外，每一位考生在

---

① 怀特海. 教育的目的 [M]. 庄莲平，王立忠，译. 上海：文汇出版社，2012.

② 恩斯特·卡西尔. 人论 [M]. 唐译，编译. 北京：北京燕山出版社，2009.

上午下午分别拿到了一根棒棒糖。"造型基础"要求学生对棒棒糖写生，再用线条对棒棒糖进行组合表现。"设计基础"要求学生根据拿到的棒棒糖创造一张色彩表达，再根据品尝棒棒糖的味觉体验，对原糖纸的包装进行再设计。[①]这一考题被称为横空出世的试题。出了什么"世"？显然是一种重大的转向：从重知识、重技能、重模仿的考试，转向对想象力、创造力的考查。这一转向有更重要的意义，那就是在人工智能时代，人还有优势吗？回答是肯定的：人的最大优势在于仍有无限的想象力。学科育人，要育学科能力，其核心是育想象力、创造力，有学习力、想象力、创造力的人才是强大的。

四是让学生在思维的训练中活起来。"学习就是要学会思维。"[②]杜威还分析了三类学科，"训练性学科可能脱离实际"，"技能型学科容易变成纯机械的"，"知识性学科可能无助于发展智慧"。结论是，"把获得知识本身当作目的，或者把获得知识当作思维训练的不可或缺的一部分，这两者是全然不同的"，"只有在思维过程中获得的知识，而不是偶然得到的知识，才能具有逻辑的使用价值"。[③]从某种角度看，让学习真正发生，即让思维真正发生；让学习看得见，即让思维看得见；所谓深度学习，其中一点应是有挑战性思维的学习。学科教学既要培养、发展一般性思维，注重逻辑思维、批判性思维、元认知思维、创造性思维的培养和发展，还要培养、发展学科思维，并将两类思维训练融合在一起。在学科教学中，让思维飞扬起来，让学生在飞扬的思维中活泼起来、活跃起来，有精彩的观念与见解，有创意有创造。

五是让学生在良好的学习习惯中可持续发展。学科育人，育知识、育能力、育思维都很重要，培养良好的学习习惯同样重要，甚至更重要。"不可轻视相信性格的力量，不可轻信言辞的旷达，除非那已经是他的习惯"，"习惯能主宰我们的生活"，"我们称这种习惯养成为'教育'"。窦桂梅的《葡萄沟》教学，如此重视学习习惯的培养，正是基于对习惯之于学生发展重要性的认识。的确，习惯可以支配人的生活，习惯成为学生可持续发展的动力源泉和保

---

① 吴秋婷. 寻路未来的设计：一根棒棒糖"引发"的教学实验 [N]. 经济观察报，2018-10-15.

② 约翰·杜威. 我们怎样思维·经验与教育 [M]. 姜文闵，译. 北京：人民教育出版社，2005：59-61.

③ 培根. 培根随笔 [M]. 曹明伦，译. 台北：商周出版社，2006：195-196.

证。一如能力，习惯具有一般性习惯，也有基于学科特征和要求的特殊习惯。同样应将两种习惯培养整合起来，融通起来，学科育人就在其中，学生的终身发展也就在其中了。

至此，可以对学科育人的内涵和要义作出概括。在文献搜索中，笔者发现叶澜教授早已作了准确的概括："学科、书本知识在课堂教学中是'育人'的资源和手段，服务于'育人'这一根本目的，'教书'与'育人'不是两件事，是一件事的不同方面。在教学中，教师实际上通过'教书'实现育人。为教好书需要先明白育什么样的人。"她还说，"一种学科对于学生发展的价值，除了学科领域的知识外，从更深的层次看，还应该给学生认识世界和解决问题的独特视角、思维方法和特有的逻辑"。①

3. 学科育人的关键与境界

如前所述，学科育人离不开人，离不开学生的主体力量及其发展，当然也离不开教师。习近平总书记在全国思想政治理论教师座谈会上所提出的"主导与主体相统一"的原则，同样适用于学科育人，而且从师生关系的角度，这原则恰恰点出了学科育人的关键与境界。

学科教学是由师生共同编织的过程，在这一过程中，教师的学识、见识及各种专业能力都与教学组织、教学内容、教学资源、教学方式、考试评价、教学制度、教学环境等交织在一起。不仅如此，教师的人格也自然地渗透其中，与所有的教育教学因素相交织，相融合，相互支撑与促进，影响着育人的效果。这种影响虽是无形的，却是鲜明的；虽是无声的，却是胜有声的。其实教师人格在有形与无形、有声与无声中闪烁着光彩，发挥着重要的影响，这种影响对学生的发展最为直接、最为深刻、最为持久。

因此，学科育人，说到底是学科教师以自己的人格在育人。我们常说，教师教学风格影响学生的学习风格，而风格是特殊的人格，人格的力量是育人的主导力量。苏霍姆林斯基论述了教师、学科与学生发展的关系："每个学生要在牢固掌握各门学科知识的同时，要找到一门自己喜爱的学科，并在这门学科上大大超出教学大纲的范围……如果学生有一门喜爱的课程，你就不必为他

---

① 叶澜. 重建课堂教学价值观 [J]. 教育研究, 2002(05): 3-7.

的其他各门课程不都是五分而担心。"他称这门学科为"心爱学科"。① 其实，"心爱学科"的背后是"心爱教师"，往往是喜爱老师才喜爱这门学科，可见学科教师在学科育人中的作用多么深刻和深沉。因此，学科育人的关键是学科教师人格的影响，学科育人是教师本身在教学过程中的人格影响过程。这既是关键，也是学科育人的境界。斯霞老师正是这方面的楷模。她创立了"童心母爱"的教育理念，并构建了"童心母爱"小学语文教学体系。但她却说，我不知道什么叫"童心母爱"，我也没有"童心母爱"的理论。她真的不知道吗？真的没有理论吗？当然不是。她已把童心母爱理念化为教育行为，融化在教学行动中，已成为她人格的重要组成部分，并成为她人格的重要特征。斯霞以她的人格塑造了学生的性格与灵魂。当然，教师塑造学生，学生也影响、促进教师的人格，这是师生人格互塑的过程。

4.有关概念的辨析

学科育人与课程育人。课程育人与学科育人既是包含关系又是相辅相成的。课程育人从较为宏观的层面，对育人作出整体规划和设计，从课程目标、课程结构、课程内容、课程实施、课程评价、课程管理等方面，建构较为完整的育人课程体系，其中包括对学科育人作出规定、提出要求。学科育人是课程育人体系中不可或缺的组成部分，应在课程育人的总体框架下进行，体现并落实课程育人总体的理念、要求等，具有鲜明的学科特点和色彩，更具体，也更具操作性。学科育人映射着课程育人的价值，这样才会有大视野、大格局；有学科育人的支撑，课程育人才得以落实。

学科育人与教学育人。全国教育大会提出要建设"学科体系、教学体系、教材体系、管理体系"，学科体系与教学体系既紧密联系又有一定的差异，学科育人与教学育人同样如此。如果说，学科育人主要从内容的视角出发，那么教学育人则是主要从实施的视角来看；但是学科与教学都不能孤立存在，二者相互依存、相互交融。只有学科而无教学，育人便失去了必要、生动、精彩的过程；只有教学而无学科，育人便失去了重要的载体，而显得苍白、空洞，甚至无效。值得注意的是，我们提学科育人时其实已内含着教学育人，因此，完

---

① 孙孔懿．苏霍姆林斯基教育学说［M］．北京：人民教育出版社，2018：111.

全可以说学科育人其实是学科教学育人。不过学科育人是让教学更彰显学科的特性和规律。笔者以为，对学科育人、教学育人的概念也不必拘泥，课程改革让我们有了整体性的关系思维，这为学科育人提供了一种思维方式。

学科育人与教书育人。教书育人是学科育人的另一种表达，教师对教书育人更易理解，更能操作，已成为教师的日常习惯用语。如前所述，教书为了育人，育人就在教书过程中。同时，教学育人不是指向某一学科，更具广泛性，具有一般规律性。如今，提出学科育人是将其纳入整个育人体系，同时更突出学科的价值功能，建立起深层次的学科视野。

三、学科育人：学科价值的全方位开发与难点的突破

学科育人既有"器"的层面，又有"道"的层面，是"道"与"器"的相结合相统一，这就需系统思考，从整体上去开发和建构。

首先，学科育人必须扎根在立德树人的根本任务上。

立德与树人是中华传统文化中两个闪亮的思想精髓。《左转·襄公二十四年》中，记载了鲁国的叔孙豹与晋国的范宣子就何为"死而不朽"展开讨论，叔孙豹不同意范宣子的"家世显赫，香火不绝"为"不朽"的看法，认为"不朽"乃是"太上有立德，其次有立功，其次有立言，虽久不废，此之谓不朽"。"太上"的意思是最上、最高，可见"不朽"之首的"立德"是最高境界。《管子篇》里有关于"树人"的论述：一年之计，莫如树谷；十年之计，莫如树木；百年之计，莫如树人。与树谷、树木比较，树人是长远之计、终身之计，最为漫长、最为艰难、最为重要。如今，"立德"与"树人"进一步融合在一起，形成了教育改革的根本任务。

立德树人应建构起更高水平的育人体系，学科育人是这育人体系中的重要组成部分。因此，立德树人也必定是学科育人的根本任务，学科育人是立德树人的学科切口，亦是立德树人实现的学科方式。学科育人置于立德树人根本任务之下，才会有更宏大的背景、更深远的意义、更大的框架，也才能从整体上与其他学科发生关联，进而形成合力，为培养担当民族复兴大任的时代新人共同努力，根本任务才会真正落到实处。

扎根于立德树人，意味着学科育人要进一步深植于中华优秀传统文化的

土壤里，汲取精神的、思想的营养，铸魂育人。"尊德性而道问学"这一"中庸"之道，从另一个角度阐释了学科育人的深意。德性修养、人格养成是首位的，但一定要通过"问学"这一路径去实现，"德性"在"问学"中，这个过程需要学生在践行中探索、体验，还需要深刻思考，这是体悟的过程，是内心诉求的觉醒，把见闻之知与德性之知结合、统一起来。这样的思想见解与今天的教学之道、学习之道不谋而合，抑或说，今天的学科育人是在中华文化丰厚的土壤里长出来的，源远流长，博大精深，定会走得更远、更深、更好。同时，学科育人一定要在学科中弘扬中华优秀传统文化，并努力进行创造性转化和创新性发展。

其次，学科育人要充分体现学科的独特性。

学科育人的独特性基于不同视角的不同表达。笔者曾从"学科之魂""学科之眼""学科之法"论述过学科育人的独特性，这些独特性是学科育人的核心价值、基本逻辑和策略途径的提炼与形象化表达。其实这些独特性早已活跃在教师的教学实践中，因此从课例入手，也许能让教师对学科育人的独特性有真切的认知和实践。

举生物学科的课为例。大家都知道生物的定义与判断标准是初中生物学的第一课，是学科专业学习的起始课。这一课的内容比较浅显，教学方法也比较单一，往往就概念说概念，从理论到理论，教学大多枯燥乏味，很难激发学生学科学习的浓郁兴趣和期待。这第一课怎么上才能让学生把生物学当作"心爱学科"？怎么育人，怎么在准绳的牵引下有进展、有突破？这是对学科教师的挑战与考验。一个教师是这么处理的，他用一个问题来牵引推动："太阳，是活的吗？"所有的孩子都没有想过这样一个问题，顿时眼睛都亮了。有的说"是活的"，有的说"肯定不是活的"，双方之间完全对立，互不相让，当然另一部分学生不能断言，不知所措。老师让学生按自己的主张分成A、B、C三组，分别站在教师的左、中、右边，A、B双方开始激烈争论。其中有一精彩片段："想想看，太阳怎么会是活的？它会喘气吗？会走路吗？会说话吗？会想事吗？""植物是活的，你觉得它会想事还是会说话了？""哈哈，猪笼草就会'想事'，粘苍蝇吃还不聪明？""太阳会发光发热，没有生命的东西，比如石头就不会发光发热！""煤一点着也会发光发热，你不会认为它是活的吧？""太阳是恒星，恒星总有一天会死，变成白矮星和黑洞什么的，既然会死，想必现在是活着的哦！""手机没电了，我们还说它是'死'了呢，难道你觉得手机现在是活的？"此时，处在中立状态的 C 组的一个姑娘严肃地问："你们争论太阳是不是活的，那'活'的标准又是什么呢？"此时，挑战、考验教师的第一个地方到了，他不失时机地收了网："争论的焦点其实不是太阳，而是'活'的判断标准。"准备鸣金收兵的学生又开始辩论："活的就要会呼吸，会繁殖""会新陈代谢""活着就要和周围有能量交换""会死的东西才算活着"……此时，挑战、考验教师的第二个地方到了。他没有给双方一个肯定的判断，草草结束，而是这么说："A 组的'活'是生物学的判断标准，B 组的'活'是天文学的标准。我们今天上的是生物课，所以毫无疑问应该采取生物学的标准。"但是在说到生物学中的"活"包括"能够繁殖"这条标准时，孩子们又争论起来："是生物就能下崽吗？那骡子跟狮虎兽只能算非生物喽！"此时，挑战、考验教师的第三个地方到了，她被逼得"走投无路"时笑着"投降"，却又反手出一招："学科分类标准本来就是人制定的，大自然那么复杂，人定的条条框框难免有漏洞和例外啊，生物学的判断标准就研究到这份上，它没有办法把所有生命现象都包罗进去。"言外之意，科学还在发展，研究还在深入。

课例精彩而又深刻，教师的智慧令人称羡，应该点赞。教师的智慧表现在多方面，最大的智慧是教师将"学科之魂""学科之眼""学科之法"融合在一起，紧紧围绕学科的特质设计、组织教学。所谓"学科之魂"是指学科的特质及其所蕴含的核心思想、核心价值，它是学科的灵魂之所在；"学科之眼"是指学科独特的思维方式，既是认识、思考、把握学科本身的"窗口"，又是从学科出发，观察、认识、思考整个世界的"窗口"，是独特的学科视野；"学科之法"是指学科学习中具体的学习策略、途径、方法和工具，同样具有学科的特征。"学科之魂""学科之眼""学科之法"密不可分，是一个高度聚合、融通性强的一个结构。其内在的逻辑关系是：以"学科之魂"为核心价值追求，聚焦"学科之眼"，通过核心概念（核心知识、大概念等）展开思维，又用基于学科大问题的具体方法来探究、体验、领悟，经历学习的过程。

学科育人不只是思想教育、道德教育，而且是价值教育、情感发展、能力提升、习惯养成等各方面融合于一体的系统，其中尤为凸显的是学科的核心价值观、学科思维方式、学科学习策略方法等。概括起来，"学科之魂""学科之眼""学科之法"，引导学生用学科的眼睛观察世界，用学科的思维方式思考世界，用学科的价值观解释世界，用学科的语言表达世界，达至育人的宗旨，发挥育人的功能。

再次，学科育人是一个开放的系统，学科内蕴着综合育人的因素，并呈现着跨学科育人的走向。

学科育人要坚守并充分开发育人的独特价值功能，但不能片面和狭隘地理解学科育人，更不能囿于学科，这是因为：其一，学科育人本身就具有一定的综合性。世界本只有一门知识——哲学，后来随着知识的发展，分化为社会学科和自然学科，然后又分化为具体学科，越分越细，学科专业越来越凸显，独特性越来越强。这里暗含着一个问题，学科从"母体"分化出来，其综合的因素仍然存在，"母体"的基因不会消失殆尽。因此，学科核心素养是具有一定的综合性的。其二，学科本身的各种知识、课程的内容并不是孤立的，更不是对立的，而是相互联系、渗透的。这也是一种综合的形态，学科核心素养的"学科性"兼具综合性。其三，课程整合、加强综合是改革的走向，是共同趋势。当物理学家获得诺贝尔物理学奖时，数学家曾发表文章声称：数学告诉物理。这里的所谓"告诉"，其实是学科间的关联、交流、交融。这是一股潮流，学科内活跃着这一内在的需求，因此学科应主动地去应答和追求。其四，学生是一个整体，面对的是一个完整的世界，他们在进行学科学习的时候，定会瞭望其他学科，"勾联"其他学科的知识点，运用多种学科的学习方式。所以学科必须顺应学生的要求，促进他们跨学科学习。我们应当让学科育人走向丰富的课程天地，走向更广阔的世界。

最后，学科育人说到底是教师的人格育人，在传授知识中传授真理、塑造生命、塑造灵魂、塑造新人。

做过教师的杨绛说，我是一滴水，是一滴清水，而不是肥皂泡。如此等等，都在讲述一个重大命题：学科教师要重视专业发展，更要注重人格的健全、高尚和内心世界的丰富。

教师以自己的人格培塑学生人格，具有美学意义，学科育人是学生经历的一个美的历程，在这一历程中，有审美体验、审美愉悦，逐步走向生命成长的审美境界。

学科育人中，教师要以自己的人格，让学生感受到心灵之美。一是感受教师人格的道德之美，从伦理学看，教育首先是道德事业，教师首先是道德教师。教师以道德人格让恻隐之心、羞恶之心、礼让之心、是非之心在教学中闪光，滋养儿童仁爱的心灵。二是感受教师人格的情感之美。情感之美是道德的象征和召唤，而儿童是情感的王子。教师以自己饱满的情绪和高尚的情感，去触摸儿童跳动的脉搏，情绪会沸腾起来，去追求高尚，憧憬理想，形成信念，人格会走向健康、走向崇高。三是感受教师的智慧之美。教师的人格同样离不开专业，离不开智慧。智慧是内心生长起来的，是对情境的认知、辨别与顿悟。儿童有智慧的萌芽，而智慧需要开发，开发的过程正是智慧解放的过程。教师以智慧人格去解放儿童，儿童智慧萌芽会在心田里绽放智慧的花朵。

学科育人中，教师以自己的人格培塑学生人格有着鲜明的特点与方式。一是具有弥散性。教师的人格总是真实而自然地流露在教学过程中，总是在特定的情境中闪耀起来。弥散的特点让学生处处能感受到、触摸到，处在人格散发出的氛围中。这对教师如何让整个教学过程保持一致性，特别是处理好各种细节，是个极大的挑战。二是具有滋养性。教师人格犹如微笑的脸庞、温暖的胸怀，好似汩汩的清泉、和煦的春风，沁人心脾，在浸润中让学生的心灵受到滋养。这对教师提出了更高的要求，"随风潜入夜，润物细无声"便成了教师永远追求的教学艺术。三是具有感染性。教师以爱育爱，以智化智，触动到他心灵中的某个地方，他便感动起来，而且会传播给其他同学。同样，这就要求教师始终让自己的言行生动起来、活跃起来，让自己的心灵敞亮起来。

学科育人中，教师以自己的人格培塑学生，说到底，是让自己成为一门学科，成为一本书，这门学科是学生心爱的，这本书是学生要永远读下去的，此时学科育人才达到一个审美境界。

我们相信，学科育人，首先育教师，育教师人格，由此，学科育人，育时代新人的伟大目标定能实现。

文化隐喻：重构语文教育

一、语文之于文化：血缘性的亲和呼应

每每谈起语文，第一个冒出来的词就是文化。语文与文化，文化与语文，永远自然地、亲密地联系在一起。用文化来观照语文，让语文在文化中站立起来，是语文教育永恒的主题，又是一个永远有解、永远难解、永远要解的重大课题。这三个"永远"的基本意思是：语文应该坚定地走在文化之路上，不知道它准确的起点在哪里，更不知道终点在哪里，抑或说不知道它有没有终点。正是这"永远"的状态让语文洋溢着无限的魅力，彰显着神秘而又美好的张力。也正因为此，语文教育也要让教师和学生处在"永远"的状态中，在文化中站立起来，在文化中发展起来，长成一棵文化大树，庇荫和滋长自己的心智，安顿好自己的心灵。

文化与语文的关系，可以作以下一些概括。

其一，语文是一种文化的存在，其本质属性是文化。语文，以自己的语言文字映射着文化的特性，其本身就是一种文化形态，具有凝练性、教育性；语文是文化的一种载体，它里里外外承载着文化，充溢着文化的味道；语文承担着传承、发展文化的重任，语文教育的过程就是传承、发展文化的过程。"语言是存在的家。"海德格尔的这一重要判断，其题中应有之义就是语文是文化存在的家，文化是这一"家"的灵魂。语文有许多重要属性，但其本质属性应当是文化。文化与语文这种血缘性的关系，决定着它要与语文产生天然的、亲和的呼应，缺失这种呼应，甚或呼应很弱，都是语文教育的失职失责，语文、语文教育的生命必然枯萎。语文、语文教育正是在积极、多元的呼应中，

生命旺盛起来、多彩起来。

其二，语文、语文教育传承、发展文化，从根本上讲是一种意义建构。文化的本质就是意义建构，意义的建构意味着文化在不断发展和进步。毋庸置疑，语文、语文教育传承、发展文化的本质也当是一种意义的建构。但，何为意义？如何发现意义？却是一个极具挑战性的难题。语言学家、符号学家格雷马斯这么讨论意义："谈论意义唯一合适的方式就是建构一种不表达任何意义的语言；只有这样我们才能拥有一段客观化距离，可以用不带意义的话语来谈论有意义的话语。"[1] 话语很深奥，也很深刻。我认为他的"意义"在于，一是要保持客观化的距离，进行客观的观察、审视与评价，不必带着意义去谈论意义；二是有无意义不在话语本身是否有意义，而在意义本身的开发，其深刻之意在于意义不应是赋予的，而应是自己创造出来的。开发便是一种创造、一种发现，这应当是一个文化过程。因此，语文、语文教育应当着力于语言文字及内容的开发，让学生从中发现意义，创造自己的精彩观念。在这样的过程中，文化得以传承和发展。

其三，意义的建构中，语文、语文教育必须进行反思。这是一个文化不断进步、不断发展的时代，又是一个文化面临新的挑战的时代。"文化正处于文化衰落的征兆之中。"[2] 对这一判断我并不完全赞同，但是它的真正意思是，"世纪之交，有许多关于文化的论著问世，但它……不去对我们的精神生活状况作出诊断……没有人为我们的精神生活开出清单，也没有人以高贵的信念和真正进步的动能为基础去检验我们的精神生活。"显然，文化的衰落主要指没有对精神生活作出诊断和检验，是高贵的信念、真正进步的动能的衰落，是文化的衰落。于是我们必须反思文化，如果"不再反思文化，实际上也就离弃了文化"。由此我们自然想到，语文、语文教育应当反思的是，我们对师生的精神生活作出诊断了吗？高贵的信念、真正进步的动能在哪里？我们为师生的精神生活开出清单了吗？反思，让我们走向理性，走向实践智慧，走向真正的研

---

① A·J·格雷马斯. 论意义——符号学论文集（上册）[M]. 吴泓缈，冯学俊，译. 天津：百花文艺出版社，2005.

② 阿贝尔特·施韦泽. 文化哲学 [M]. 陈泽环，译. 上海：上海人民出版社，2008：46-47.

究。总之，反思让语文、语文教育走向文化，走向意义的建构。

二、隐喻：文化解释的一种方式，
也是语文认识与把握世界的一种方式

伽达默尔曾经说过：我们每天都沐浴在文化之中，但倾我们之所知、所能也未必说出什么是文化。这正是文化的神秘之处。因此，文化学是门特殊的科学，对它的分析不是寻求规律的实验科学，而是一种探求意义的解释科学。伽达默尔的意思也在此。无疑，对语文这门学科，当然也在于给以解释，在解释中探求其意义、建构其意义。

这里涉及另一个问题：认识与把握世界的方式。常识告诉我们，认识、把握世界无非两种方式：感性的和理性的。感性与理性的方式并不存在谁重要谁不重要，或谁更重要的问题，两者都不可或缺，都很重要，各有各的优势和长处。理性的方式表现为下定义，十分讲求逻辑与理论支撑，而感性的方式表现为描述、想象，运用比喻。如果理性的方式常以"是什么"来呈现的话，那么，感性的方式则常以"像什么"来呈现。实践中，应该视不同情况采用不同的方式，当然如果将两者结合使用，则会进入黑格尔所说的那样的境界：美是理念的感性呈现，即用感性来表达理性才是美的。依我看，这正是文化解释的方式和境界，这样的方式和境界不也是语文、语文教育的方式和境界吗？在解释、表达的方式上，语文与文化是血脉相通的。

隐喻是解释常用的方式之一。一旦成为隐喻，这样的比喻就具有很强的哲理性。比如关于文化，在对其描述、解释的过程中，常常用到比喻，有的比喻还令人惊诧。爱德华·霍尔就曾这么描述文化："文化实际上是一座监狱，除非一个人知道有一把钥匙可以打开它。"这真是个奇特的比喻：文化怎么可能像监狱呢？监狱与文化有什么近似之处呢？似乎使人费解，甚至反感。其实，他的意思是在紧接着的下一句："的确，文化以很多不为人知的方式把人们联系起来。"[1] 原来，他想说的是，监狱的方式是不太为人所知的，因而我们对文化似乎很熟悉，其实非常陌生，犹如对于监狱一样。对文化的认知，很重

---

① 帕梅拉·博洛廷·约瑟夫，等．课程文化 [M]．余强，译．杭州：浙江教育出版社，2008：18-19.

要的是在把握它的联系方式。此时的比喻已成为一种隐喻。

比喻，包括隐喻，还有描述、想象等既是语文的修辞手法，是语文本身的内容，又是语文教育常用的方法，总之它是语文、语文教育应承担的任务。运用这样的方法，完成这样的任务，才拥有文化的意义，才会走向语文教育之美的境界。如果我们再发挥一下想象力：倘若语文、语文教育就是一种文化隐喻呢？我以为是可以的，也是可能的，而且还是极富意蕴的。当语文、语文教育成为一种文化隐喻的时候，它不仅更加美丽、更加生动，而且更加深刻、更加丰富，它犹如基因般融入学生的血脉，帮助学生打开宇宙之门，以独有的方式联系整个世界，乃至在实践中逐步构建起语文的文化哲学。

三、文化隐喻与语文教育

隐喻之一：文化是由人自己编织的意义之网。

这是美国著名的人类学家克利福德·格尔兹的一个比喻，不过。这是由社会学家马克斯·韦伯的一个比喻转化而来的。韦伯的比喻是："人是悬在由他自己所编织的意义之网中的动物。"[①] 无论是格尔兹，还是韦伯，都是在阐释人类与文化的关系，因此这两个比喻是在揭示文化的实质：文化是人化。也是在强化一个极为重要的观点：谈论文化就是谈论人，离开人，文化免谈。这一隐喻的基本要义如下。首先，文化是张意义之网。文化从本质上讲意味着意义建构；其次，意义之网，涵盖着人生活的方方面面，文化无处不在，意义便无处不在，文化之网"网"住了人们的生活；再次，人不只是文化的享用者、体验者，更为重要的，人是文化的创造者。对此，汉内斯作了一个完整的阐释："文化是'人创造的意义'，但它也创造了人，从而使人成为社会的成员……人类是'建构意义'的生物。她凭借她的体验、解释、思考和想象创造出各种意义来，她不能生活在一个没有意义的世界里。意义建构在人类生活中的重要地位反映在各种丰富的意识领域里：理念、意义、信息、智慧、理解、学习、想象、敏感、看法、知识、信念、神话、传统……"[②]

---

① 克利福德·格尔兹. 文化的解释 [M]. 韩莉，译. 南京：译林出版社，2008：5.

② 帕梅拉·博洛廷·约瑟夫，等. 课程文化 [M]. 余强，译. 杭州：浙江教育出版社，2008：18-19.

这一隐喻之于语文教育的意义在哪里呢？不言而喻，是在关于"人"的问题上，其意义是多侧面的。一是语文教育的根本目的是为了育人，必须真正确立"语文树人"的理念。如果语文教育只有语言文字，只关注知识，只关注基本训练，只关注分数，那就丢失了语文的文化实质，丢失了育人的根本意义。"语文树人"就是要从知识、语言文字、基本训练中发现人，以语文学习促进学生核心素养的发展，让他们成长起来。一言以蔽之，以文化人，用文化创造人。二是仅此还不够，还应让学生参与到语文教育中来，成为语文的创造者。学生成为语文创造者的根本含义是，在语文学习中建构属于自己的意义，赋予文本新的解释，其突出表现是学生诞生了精彩的观念。这就是以文化人，师生共同创造语文。三是要让语文成为一个意义世界。这样，语文的存在便是文化的存在，而一种文化的存在就意味着人们分享了共同的意义系统。在这个意义系统里，重要的是理念、信念、智慧、道德、品格、审美……这就是中国语文教育传统所遵循的语文教育信条：文以载道。不管时代怎么变，语文教学怎么改，文以载道将是永存的。

这一文化隐喻，给语文教育的启示是厚重的、深刻的。

隐喻之二：开始，上帝就给了每个民族一只陶杯，从这杯中，人们饮入了他们的生活。[①]

这原是迪格尔印第安人的一句箴言。每个民族都有一只陶杯，不同的陶杯饮入了不同的生活，这一生动、形象的比喻道出了文化的民族特性，每个民族都有自己的文化，文化让每个民族找到了安顿自己心灵的家。每只陶杯是不同的，陶杯之间也许会发生一些碰撞，但绝不会有根本性的冲突，相反，不同的陶杯，构筑了和而不同的文化生态。当今世界正走向经济全球化，但文化决不会被全球化"化"了。在这样多元的健康的文化生态里，各民族文化维系着自己的生命，发出不同的声音，而绝不只是一种声音。从小小的陶杯里，我们似乎看到了民族的生活风景、声景与心景，独特、珍贵；透过风景、声景与心景，似乎看到了民族的胆魄、风骨与灵魂，崇高、伟大。不同的陶杯让世界丰富多彩、无限美好。

---

① 露丝·本尼迪克.文化模式 [M].王炜，译.北京：社会科学文献出版社，2009.

陶杯，这一隐喻，真诚地告诉我们，语文、语文教育要从民族文化的陶杯里汲取最丰富的营养，滋养自己，丰厚自己；语文、语文教育要有家国情怀、民族复兴的责任担当；语文、语文教育要把根深深地扎在民族文化的土壤里，追求并形成民族风格、民族品质，带着"乡情"走向世界。

想起一档电视节目——《中国汉字听写大会》。当年，汉字、汉字听写、汉字书写成为使用频率最高的词。想起余光中的一段话："春雨。杏花。江南。也许，一切的一切都在里面了……"还想起另一段话："中华民族优秀传统文化是万里长城、黄河、长江，是唐诗、宋词、元曲、明清小说，是春节的鞭炮、端午的粽子、中秋的月亮……"这一切，都是在描述中华文化，也都是语文、语文教育作出的庄重承诺：弘扬中华优秀传统文化，让学生用中国汉字向世界讲述中国的故事，在世界文化潮流中站稳自己的脚跟，挺起民族的脊梁。

弘扬中华文化，语文、语文教育还面临着一个严峻的挑战：在现代化进程中，如何进行创造性转化和创新性发展？转化、创新，不是简单地继承，更不是简单地照搬，是扬弃，在守护精神、思想精髓的同时让其闪烁时代的色彩；并用儿童所能接受的方式，让儿童乐学、乐用。这需要方向和理念，也需要智慧和策略。语文、语文教育正是要遵循转化、创新的规律，并积极推动转化和创新，让中华民族这只陶杯里的水永远清澈、永远丰盈、永远激荡，饮入中国人最美好的生活。

这一隐喻给语文、语文教育的启迪是魂与根。

隐喻之三：文化好比是洋葱头。

这是哲人黑格尔的比喻。他说，文化好比洋葱头，剥掉一层皮，就是剥掉一层肉，所有的皮剥掉了，肉也就没有了。他的意思是，文化既有体又有魂，魂与体融为一体，魂要附体，体中有魂。这是文化的一个特性。

每次去台湾，必定去台湾大学，而每次去台湾大学必去傅亭。傅亭为纪念傅斯年校长而建。那是因为傅斯年在一年多的时间里就改变了台大，台大的师生至今都在怀念这位英年早逝的老校长。傅亭，古朴、幽静，像是一本静静打开的大书。亭中挂着一口铜钟，叫傅钟，显然也是纪念老校长的。那口钟，似乎以悠扬的钟声，在诉说台大的前世与今生，想必悠扬而又洪亮的钟声，召唤着台大校园里所有的人去迎接即将到来的明天与未来。耐人寻味的是，亭中有一段说明文字：在台大，傅钟一天应敲24下，但只敲响21下，还有三下是不敲的，为的是让师生们静下心来读书、思考。亭与钟是体，那不敲响的三下是魂，魂与体已一体化了，这就是文化。由此，不禁想起物理学家吴健雄球体型的坟墓。墓前一条小溪缓缓流动，溪水中竖起两根杆子，杆子顶上，两只铜球悄悄转动，寓意是证明吴健雄所提出的宇称不守恒定律。墓志铭是一首小诗：她，一个优秀的世界公民，和一个永远的中国人。伫立墓前，我们会想到什么呢？

这一文化隐喻，对语文、语文教育的启迪是十分重要的，那就是如何对待语言文字与思想、精神、情怀的关系，如何对待形式与内容，如何对待写什么和怎么写……语文，尤其是中国语文，文与道是相融合的，你中有我，我中有你，是相互支撑、相辅相成的。语文教育的任务，就是让学生在语言文字里发现思想、信念、道德、智慧，引导学生在语言文字的表达中"长"出精神、灵魂来。任何"巧妙"的拆分，都是愚蠢的拆散，这样的拆分，后果是让语言文字与思想、精神硬性地分离。要说课程的整合，首先是语文内容与形式有机地整合，让"皮"与"肉"紧密相连，魂体相依，血脉相流。此时，语文，才成为真正的文化，语文教学，才会成为真正的语文教育。

这一隐喻对语文、语文教育的启迪，是具有学理性的。

隐喻之四：文化有一把打开大门的钥匙——方式。

这一比喻仍取自爱德华·霍尔的那段话。用钥匙来比喻方式，足见方式的重要。可以说，方式，事物本质的映照，有时候，可以决定成败。无疑，文化建设必须从文化的特性出发，重视方式的调整与选择。众所周知，文化的方式是浸润、濡化，是感悟、体验，是讨论、分享等。"软实力"的提出者约瑟夫·奈对软实力的方式反复作了阐释，他用的最多的词是"吸引"。他说，"何谓软实力？它是一种依靠吸引力，而非通过威逼或利诱的手段来达到目标的能力""软实力是一种吸引人的力量"，"在思想的市场上，这只无形的手就是软实力——无须胁迫和交易，一种无形的吸引力自会劝诱人们走到一起"。[①] 因此，软实力是"同化力"，而非"控制力"，其间有爱，有温情，有责任，等等。

① 约瑟夫·奈. 软实力 [M]. 马娟娟，译. 北京：中信出版社，2013：前言 7-11.

文化是软实力的重要组成部分，中国化的软实力主要指文化，因此，软实力的方式就应该视作文化的方式。

文化的方式，这一钥匙的隐喻之于语文、语文教育的启迪价值不可小视和低估。语文是一种文化的存在，文化的方式就是语文、语文教育的方式，那就是浸润——让学生浸润在语言文字里，受到熏陶和感染；那就是濡化——让学生在满是情感充溢的情境中，吮吸、消化、沉淀；那就是探究、体验——在各种表述中发现意义，体验情感。总之，是吸引人的方式——生动活泼，激发兴趣，快乐地学，快乐地思考，快乐地分享，而非控制的方式、强制的方式、胁迫的方式。

值得注意的是，文化的方式，并不排斥训练的方式，语文、语文教育需要训练，问题是需要什么样的训练。无数的事实不止一次地告诉我们，任何训练总是伴随着一定情感的。因此，在"需要什么样的训练"这一问题的深处，是另一个问题："训练需要什么样的情感"。回答当然是明确的：积极的情感，是满含着爱、鼓励、信任、乐观、期待的情感。让这样的情感伴随着训练，训练就会自然进入"暖认知"的过程，训练就会温暖起来。其实，通过这样的训练，意义的建构、智慧方式的创造也都会随之产生了。

这一隐喻给语文、语文教育的启迪是，教师和学生都要去寻找、把握、创造一把属于自己的钥匙。

隐喻之五：洞察世界的新途径——第三种文化。

严格说来，这不是文化的隐喻，只不过是一种新的文化形态。不过，第三种文化已经不是单纯的文化形态了，它在追索、创造新的文化视野和新的文化方式。它是一种预言，预示着新的文化时代的到来。我们不妨把这种文化预言当作一种文化隐喻吧。

这一隐喻来自美国的网络电子出版公司的创办人约翰·布罗克曼。他认为，第三种文化，简单地说就是人文、科学之外的另一种文化。第三种文化是打破纯粹人文和科学分野的文化，是用新的方式沟通两种文化的努力。倡导并实践第三种文化的人，是一批非典型的科学家和思想家，他们涉猎范围非常广泛，跨学科跨领域，具有特别的思维风格，更具包容性。因此有人称布罗克曼是个英雄，因为他开辟了新领域，使科学免于干涩无趣，也使人文科学免于陈腐衰败。①

不难理解，所谓第三种文化，从宗旨来看，期望打破人文和科学的分野，培养非典型的科学家和思想家；从方式来看，倡导追求跨学科跨领域的思维方式和思维风格；从特征来看，更具包容性，更贴近真实的世界和大众；从境界来看，要向人们揭示"人生的意义"等常识性问题；从挑战性的命题来看，第三种文化的追问是：能改变世界的是人文学者，还是科学阵营里的思想者？答案是明确的：是思想者，无论他是人文科学阵营里的，还是自然科学阵营里的——我认为。

这真的具有极大的挑战性。比如，语文，从常识来看，当然应该建构典型的语文、语文教育，但第三种文化的提出，让我们不得不思考，什么是典型的？随着知识论的发展，随着时代的改变与不断进步，学科的边界逐步打开，甚至打破了，语文在坚守自己边界的同时还应打开吗？其实边界打不打开，不在物态的边界，而在理念、内容的边界，那就是语文要更开放，更与生活相联结，语文只有在生活中才是鲜活的、丰厚的、美丽的。比如，语文教师，不能只是个人主义者，而应该是个思想者，还要有一定的科学素养，要在人生意义、价值观上作更深入的思考，这样，语文、语文教师也是可以改变世界的。比如，语文的跨界学习、跨界思维究竟怎么迈开一步，多元的跨界的复杂性思维范式怎么逐步建构起来……这些，第三种文化将会为你开辟新视野、新领域、新方式，迈进新立意、新境界，否则，语文就可能衰败。当然，需要郑重声明的是：语文还是语文，语文应当更语文些，只不过它的文化视野和文化方式应该发生变化。

这一文化隐喻给语文、语文教育打开了一扇新的窗户，不，是打开了思想的闸门，打开了一个新世界。

---

① 约翰·布罗克曼. 第三种文化——洞察世界的新途径 [M]. 吕芳，译. 北京：中信出版社，2012.

语文教学中传统文化的创造性转化

从文化的角度看，语文教学的本质是一次文化之旅。这一文化之旅既让我们在重温中回归，又在回归中前瞻，因为回归中有新的想象和新的发现。无论是新的想象还是新的发现，都是一种创造性转化和创新性发展。中国需要这样的文化之旅。这样，才会再一次搭建起中国人的文化心理结构，每一次吟诵，每一次学习，都会激荡起我们的文化记忆与文化共鸣。

一、创造性转化是对中华文化具有实质意义的弘扬，
是语文教学一个重大命题

先从两个关于文化的比喻说起。一个比喻：文化是一条河。中华文化，一条古老的河，从古流到今，还要流向未来，源远流长，永不枯竭，永不停息，永远流在中华大地上，流在中华民族的脉管里。这一比喻生动而深刻地厘清了两个问题。第一个问题是，中华文化发展中的本来、外来与未来。文化建设一定要不忘本来。不忘本来就是不忘初心，不忘文化是从哪里出发的，中华民族的文化之根与精神之魂就在中华优秀的传统文化中。文化建设还需要吸收外来。吸收外来，是说中华文化是一个开放的系统，要尊重并吸纳人类先进文化成果，丰富自己，完善自己。文化建设还要走向未来。用文化的情怀、力量和方式，改变我们的生活，塑造中华民族的精神品格，走向未来，走向世界。本来—外来—未来，串起了文化的走向，其中的每个阶段、每个环节、每个步骤，中华文化都在随着时代在转化，每一次转化都是一次发展。创造性转化让中华文化之河永远奔腾，永远年轻。第二个问题是，中华文化建设中的"流"与"主流"。中华传统文化具有重要的当代价值，这是毋庸置疑的，但是从比

较马克思主义在中国现代化建设中的主导地位来看，"中华传统文化在现实文化中呈现为'源'与'脉'，却并非'主导'或'主流'"。因此，"不能将其奉为圭臬，更不能唯此至大至上至尊。"①毫无疑问，我们不能离源远脉，但要让源、脉与主流相契合相融合，而契合、融合要经历创造性转化的过程。这样的转化，中国的现实文化建设才会既保留鲜明的文化底色和本色，又闪耀现实的关照和时代光彩，文化之河才会载着中华民族抵达现代化的彼岸。

另一个比喻：两个轮子——传承与创新是文化前行的两个轮子。无需多作论述，文化前行需要传承的轮子，缺失这一轮子，文化之车失去重心，会倾倒，无法挪步；同样，文化前行还需要创新的轮子，缺失这一轮子，文化之车会失去前行的方向，也会倾倒，即使能前行，也很可能走到另一条路上去。这一比喻也帮助我们厘清了两个问题。第一个问题是，文化建设需要"瞻前顾后"。要"瞻前"，首先要"顾后"，"顾后"即守住初心，心系我们的精神家园，立足于文化根基，我们才能从这儿开始新的出发；"顾后"是为了"瞻前"，"瞻前"为的是拓展我们的文化家园，增长文化新力量，生长文化新意义，走向时代的文化新世界。第二个问题是，两个轮子的相互融合，赋于传统新理解，丰厚传统的新内涵。任何传统都需要进行时代的解释，这样，传统不仅是"过去时"的，也是"现在时"的，还一定会是"未来时"的。两个轮子同时转动，传统会"活"起来，活在当代人的观念中，活在当代人的生活实践中，而不是仅仅存在于典籍和博物馆中。"活"的文化传统，才会推动中国梦的实现。

以上两个比喻及其阐释，让我们不难总结出关于传统文化需要创造性转化的主要原因：既是传统文化发展本身的需要，又是文化建设的现实需求，还是时代的召唤和期盼，当是我们的文化责任与使命。

有了以上的讨论基础，自然有了关于对语文教学中中华传统文化进行创造性转化的必然性、必要性和迫切性的认识。中国语文教学与中华传统文化有着血脉的联系。从根源来看，中国语文就是在中华传统文化土壤里生长起来的，是中华传统文化的载体与生动体现；从本质来看，语文教学就是中华文化之旅；从责任来看，引导学生在文化之旅中经历、探究、感悟，是语文教学的

---

① 商志晓．中华传统文化创造性转化创新性发展的哲学审思 [N]．光明日报，2017-01-09(15)．

使命；从方式来看，语文教学的方式应是文化的方式，是渗透着中华文化理念与魅力的方式；从境界来看，中华文化之旅，通过语文教学走向未来，彰显中国母语教学的品格、气派，是永远的崇高追求。这一切，又遇到了当前经济全球化、信息化的挑战，语文教学加强传统文化教育，显得尤为重要和紧迫。而文化之旅中的这一切，又都需要创造、创新，文化之旅应是创造之旅、发展之旅，中华传统文化的创造性转化、创新性发展当是语文教学的重大命题。

二、语文教学中中华传统文化创造性转化的基本要义

陈望道先生曾经用形象化的语言，道明了语文教学需要将中华传统文化进行转化的道理："我们语文研究，应该屁股坐在中国的今天，伸出一只手向古代要东西，伸出另一只手向外国要东西。""屁股坐在中国的今天"是转化的根本立场，伸出两只手是转化的来龙去脉。问题是究竟要什么以及究竟以什么方式要。这就涉及转化的内涵与要义。我以为其基本要义在四大转化。

其一，时代转化。如上文所述，任何传统文化都需要作出时代的转化。王蒙这么认为："如果到现在还认为半部《论语》能治天下，还以为《三字经》和《弟子规》就能扭转全中国人民的精神面貌，就能使这个社会又和谐又前进，你就是自绝于现代化。"[①]观点很尖锐，我并不完全赞同，但从中可以让我们领悟到一个问题，即照搬照用是不行的，照搬照用只是冯友兰指出的"照着讲"，还没有达到冯友兰所说的"接着讲"的要求。"接着讲"是在"照着讲"基础上的时代转化，如果不"接着讲"就会远离时代，远离现代化。比如，中国文化传统中就有道德与法治关系的论述："德主刑辅。"当下，我们对"德主刑辅"的解释是：法律是最基本的道德，而道德则是最高法律；要用法律支撑道德，用道德滋养法律；道德滋养的法律，法治才有境界，法律支撑下，道德才更有力度，才有可能真正成为人们的自觉行为。总之，这样的道德与法治，会让社会有良序，人们生活才会更美好。这是时代的阐释，是时代的转化，"德主刑辅"拥有了新的更深的含义，因而会进一步弘扬起来。

其二，儿童转化。传统文化只有被学生所认知、所认同，并被认真践行，

---

① 王蒙．说说我们的精神资源 [N]．光明日报，2014-07-11(11)．

才能真正弘扬起来。值得注意的是，当今的学生已发生了很大的变化，无论是价值观，还是方式，他们与传统文化已有了一些距离，这一变化主要是因为时代在进步。如何让今天的学生对传统文化产生亲近感、认同感，进而去行动，是一个亟待研究、解决的问题，其中继承的方式显得尤为重要。方式是一把钥匙。当今学生喜欢的方式是文化软实力的方式：吸引人的、非强制的；是浸润式的、体验式的、陶冶式的。我曾看到这么一道思考练习题："善待自己的父母，并不是对他们的一切所作所为和喜好都去支持、顺从。如果你认为父母的言行不恰当，你会如何去做？把你和亲人的故事写下来，和同学分享。"讲述故事是当今学生喜欢的方式，正是这种学生喜欢的方式，让"孝道"文化弘扬起来。又如，"我们常说中国是'礼仪之邦'，华夏之称也与礼仪有关。唐代学者孔颖达就说'中国有礼仪之大，故称夏；有服章之美，谓之华'。现实生活中有些人的行为有损这个称号，你知道吗？列举一些，并说说日常生活中应如何重礼。"题目中的文化含量、历史的延续感以及语言之亲切，学生在读题中就感受到了。"你知道吗？"简单的一句让学生走进了思考，勾联起学生的生活经验。显然，这样的转化方式学生是喜欢的，效果肯定是好的。

其三，现实转化。传统文化要为现实的文化建设服务，这就要求与现实生活相联系、相结合，因此必然要进行现实转化。从文化的特性来说，文化几乎覆盖了生活的方方面面，文化就是过好日子。传统文化假若不与生活相联结，对当下的生活，尤其是对当下的时尚一味地回避、批评、拒绝，必然让传统文化失去现代生活的味道，也必然让学生与生活相疏离以至疏远，最终产生隔膜。其结果是，中华传统文化只存在于典籍中，而不会存活于学生的生活中，传统只能是传统而已，便会慢慢地"老去"，久而久之会"死去"。有这么一个练习题启发我们去思考传统文化的现实转化："悌，应该从血缘亲情不断向外扩展，从家族、邻里、乡党到同学、同事，乃至不同民族、不同国家之间，衍生为一种博大的胸怀与互敬的态度，正所谓'四海之内皆兄弟'。"这一问题设计本身就是一种"衍生"，是一种创造性转化。学生读了会明白，平日用惯了的"四海之内皆兄弟"原来是与"悌"的文化思想和传统联系在一起的，又将原本意义上的"兄弟之爱"自然扩展到同学、同事，不同民族、不同国家之间，产生宛如"兄弟"般的博大情感与胸怀，传统一下子从历史的深处走了出来，走到现实生活中，走向世界。显而易见，中华传统文化的现实转化，会引领学生加深对生活的理解，用现实经验打开了现实的生活。

其四，方式的转化。中华传统文化是在特定的历史背景下形成和发展起来的，有其独特的呈现方式和展开方式，与当时人们的生活方式、学习方式、思维方式、表达方式是相适应的。当今时代，这些方式也都发生了很大变化，尤其是信息技术高度发达，让"地球平了"，"互联网+"时代，让人们在虚拟世界里更加自由地游逛，获取了更丰富的知识。《中国诗词大会》之所以如此受欢迎，和它方式的转化很有关系，选题、答题方式的多样化，百人团的设置以及从中诞生优秀者，飞花令的生动展现，都让观众耳目一新。因此，也许传统文化的内容没有多大变化，而呈现和展开方式的变化，会让中华传统文化更贴近学生，传统文化凭借现代技术又一次活泼起来。甚至可以这么去理解：呈现、展开方式的转化，对传统文化内涵的理解也随之悄悄变化，意象也会与过去不同。

创造性转化与创新性发展是一个整体，两者是相互渗透、相互支撑的，也是由此及彼、相互衔接的。以上无论哪种转化都会促进中华文化的创新性发展。

三、语文教学中中华传统文化创造性转化策略、方式的实践探索

中华传统文化在语文教学中的创造性转化，不只是理念和原则，而且还应有实现转化的策略方式，否则，转化就会落空。从实践操作来看，可以有以下一些策略和方式。

选择与扬弃。传统文化中有丰富的先进的理念、观点和经验，还有一些糟粕，这些基本判断已是大家的共识。比如《弟子规》中，有不少规定与儿童的天性相悖，硬性规定多，制约限制多，与现代教育思想、理念是不一致的，对儿童发展是有害的。这些内容不应不加选择地给学生学习，如果又呈现在内容中了，而不加批判，肯定是不行的。比如，传统文化中关于君君臣臣父父子子的"忠""孝"的思想观念与规定。古代的"礼"多是建立在上下尊卑长幼的等级关系之上，随着封建专制的加强，"礼"逐渐演变为对权威的绝对服从，甚至是屈从，有时还扭曲为虚伪、献媚，陷入"愚忠愚孝"的泥淖。显然这些内容应当排除在课程内容之外，在合适的时机还应当引导学生思考，进行质疑

和批判。

审视与批判。有人将《三字经》中的有关内容编为一篇语文课《犬守夜》。其中有"犬守夜，鸡司晨。苟不学，曷为人。蚕吐丝，蜂酿蜜。人不学，不如物。"这些内容赞美、倡导了勤奋、刻苦学习的精神和品格，道出了学习之于人发展的深刻意义和价值，应当让学生熟读、背诵。而其中还有"勤有功，戏无益"的内容就应当审思了。"勤有功"与上面倡导的精神一致，"戏无益"则可能导致对游戏的误读、误解，对儿童好玩天性的忽略、压抑，对自由、创造精神的伤害和误导。这就应当引导学生认真审视、思辨、质疑和批判。值得注意的是，中国学生的创新精神、实践能力薄弱，个性发展得不到重视，与传统文化中落后的思想、理念有很大关系。传统文化的先进部分应当坚守、发扬、宏大，对落后的部分应当让学生进行审视、质疑和批判，明晰正确的价值方向和理念，而不是穿着古代的服装，像古人那样摇头晃脑地照本背诵作秀起来。

开发与利用。一些语文教师努力开发民间和民俗文化，让儿童在语文学习中回到话语的家乡，回到中华民族文化的源头去，探索中华文化弘扬的有效策略和方法。比如，《扇子歌》这首江南童谣被编成故事，作为语文补充材料："扇子扇凉风，扇夏不扇冬。有人问我借，请问主人公……"外婆说，一共有十二把扇，可惜每唱到第三把，囡囡就睡着了。故事中这么写："外婆看见了吗？囡囡很乖……囡囡好好吃饭，好好睡觉……囡囡好想你。囡囡有了新发现，原来在侧卧的时候，左眼流出的泪，会流到右眼里。"这童谣，这故事，有最质朴最真诚的亲情，有无比可爱的童心，有无限的想象，有无极的美感，有传统文化中的"孝道""仁爱"，还有关于对自然现象的关注、认知。对优秀的民间民俗文化的开发、利用，当是中华传统文化的创造性转化。

现代技术的运用与演绎。现代技术进入课程、课堂是必然的趋势。现代技术与传统文化的对接，让传统文化以新的面貌呈现在大家面前，更鲜活、更鲜亮。技术的运用促使传统文化的创造性转化普遍受到重视，其前景是广阔的。

中华传统文化在语文教学中的创造性转化，是一个永远的课题，还有不少的问题摆在我们面前。只要坚持研究，不断探索，这些问题都会逐渐得到解决——我们乐观地期待着。

以学为核心：语文教学中的真正实现

一、基本认识：和所有教学一样，语文教学应以指导、帮助学生学会学习为核心，这应是一条教学法则

何谓教学？教学不只是教与学，更是教学生，指导、帮助学生学会学习，进行创造性学习，享受学习。这已成为教学论上一个高度认同的法则，是教学的核心。这一法则，在课程改革以来已被进一步深化，不少学校和老师据此探索、创造出不同的做法，有的已形成了模式。

这一核心和法则反复被证明，有三个实验给我留下深刻的印象。

第一个实验发生在印度。新德里有些穷人街，穷人街的孩子没钱上学，整天在大街小巷游逛。没钱上学的孩子就不想学习？就不会学习？于是一批研究者设计了一个实验：在穷人街的一面墙上开了个洞，放进一台电脑，下边是触摸屏。洞的高低和孩子的身高差不多，只要伸手就可以操作电脑。孩子听说有这么一个洞，一传十，十传百，都来了，新奇、兴奋，真想操作电脑，可是不会。在印度使用电脑、上网要用英文，他们更不会。可是，胆子大的孩子伸手去试验，七上八下，突然间，电脑屏幕就打开了，在他们面前出现了一个神奇的世界。一个星期以后，你帮我，我帮你，一些孩子摸到了上网的门道；两个星期过去了，摸到门道的孩子更多了；三个星期过去了，几乎所有的孩子都学会使用电脑上网了。这个实验反复做了五年，在城市，在农村，在北部，在南部，结果都一样。研究者自问了三个问题：他们在学校吗？他们在接受教育吗？他们在学习吗？问题简单，回答也简单：他们在不在学校，接不接受教育，没深入了解，不知道，但他们确实在学习，这就叫学习。问题与答案似乎

都很简单，其实联系起来却不简单：不在学校，却可以学习，学习不一定发生在校园里、课堂里，教师在教，学生不一定在学。进而他们思考究竟什么叫学习？学习究竟是怎么发生的？

第二个实验发生在江苏泰州。泰州实验初中，有一年放暑假前，教师给学生布置了一项特殊的暑假作业：自学语文、数学、英语、物理，自学教材的一半，开学了要对自学的内容进行考试。考试如期进行，结果是，语文、英语成绩平均在及格分数以上，数学、物理成绩均低于及格分数线。当然，出的试题是教材中的基础部分。老师们十分感慨：我们不教，学生也能学。进而他们思考：什么叫教学呢？教师究竟应该教什么呢？什么时间教呢？怎么教呢？

第三个实验发生在江苏南京。南京市力学小学语文特级教师李琳在自己任教的班上，用自愿报名与教师认定的方式，选了几位小老师——由学生担任。一个星期总要安排一课时，让小老师和同学上语文课，其他的课时，也安排了小老师上课的环节。结果呢？小老师教得认真，同学们学得兴趣盎然，效果很好。李老师心想：学生是有学习能力的，也是有"教"的能力的，是会自己教自己的。进而她思考：叶圣陶的"教是为了不教"的深意究竟是什么呢？"不教之教"是不是教学的方向呢？

三个实验都在证明一个问题：教学应以指导、帮助学生学会学习为核心，因为他们是有学习欲望的，也是有学习能力的；指导、帮助他们自己学会学习应当是教学的核心，从某个角度看，是教学的本质；坚持这一教学的核心，可以使之成为教学的一个法则。

语文教学，首先是教学，因此，语文教学也必须坚持以学为核心，让学走在教的前头，让学贯穿于教学的始终，指导、帮助学生学会学习。这样的教学才是真正的教学，才是真正的语文教学。假若语文教学不在教学的核心问题上深入研究、准确把握、认真践行，很有可能偏离改革的方向。需要说明的是，语文教学还有其他一些重要问题，强调以学为核心，并不是忽略其他问题，而是将这一核心与语文教学的其他问题的研究同步进行，不过在当下，首先要研究、解决教学的这一核心问题。

应当承认，课改以来，语文教师对以学为核心，指导、帮助学生学会学习还是清楚的，而且是认同的；不少语文教师，尤其是一些特级教师、名师，为此积极试验、探索，创造了不少经验，语文教学发生了可喜的变化，出现了不少先进的典型，对此，我们应当充分肯定。但是，一个不可回避的问题：从总体上看，当下的语文教学仍是沿袭着传统的陈旧的教学，以教为主，学生们处在被动的学习状态中。

这种现象集中在日常的语文课上。日常语文课上，大部分老师按原定的教学方案，有计划、有步骤、"有条不紊"地教着，学生根据老师所提的问题，一个一个回答，按着老师的部署和要求一遍遍读书、一次次练习、一项项完成作业。老师怎么教，学生就怎么学，老师怎么讲，学生就怎么听。教学不是不要计划，也绝不是反对有步骤地、有条不紊地进行，问题是，这样的有步骤，是教师的步骤，学生不能形成自己的学习步骤，不能生成自己的学习，这样的"有条不紊"实质上是学生跟着教师亦步亦趋，不能有自己的问题、想法，一切都在教师的掌控之中。问题还在于，对这一普遍现象，不少教师似乎已经习惯了。

这种现象也出现在一些公开课上。公开课是具有中国特色的教学形式和教学研究方式，其价值、意义是应该肯定的。随着课改的深入，公开课研究了不少语文教学改革的重要问题，有不少值得关注的经验，让不少教师在公开课上成长起来，对语文教学改革起着示范、引领作用，这同样应当充分肯定。但是，实事求是地说，一些呈现在我们面前的公开课，仍是以教为主的状态，有些老师不是在以实现学生学会学习这一核心上下功夫，而是在教学的技术、艺术上动脑筋，总想创造一堂课的亮点，让听课老师有出其不意的感觉，以此形成自己的教学特色。这样的公开课，学生在教学中成了教师的陪衬，以学生回答的精彩来证明教师的更精彩。其实，这在改革的方向和重点上已发生了偏差。问题还在于，这样的公开课仍然被热捧。

这种现象还出现在一些特级教师、名师的课上。特级教师、名师应当是语文教学改革的坚守者、先行者、创造者。事实上也正是这样，特级教师、名师为语文教学改革，为课程改革积极探索、勇于创造，在语文教学的一些重大问题上进行潜心研究，为中国的语文教学改革作出了贡献。不过，从课堂观察来看，一些特级教师、名师还没有形成鲜明的、强烈的改革意识——语文教学必须以指导、帮助学生学会学习为核心，在改革的根本方向上把握还不是很准的。一些特级教师、名师，把语文教学改革的兴奋点放在追寻自己的教学主张和教学风格上，这无可非议。问题是，不能把教学的核心问题搁置于一边。其实，教学主张的重要内涵和核心要义应是学生主动学习，教学风格形成的重要原因应有学生的高度参与，舍此哪有教学主张和教学风格呢？少数特级教师、名师对此并不清楚、明白。此外，还有少数特级教师、名师刻意追求教学的精致，十分关注教学细节，专在细节上"抠"。注重精致、细节当然也是需要的，但是如果刻意就不好了，也不行。因为刻意的结果就很有可能将改革的大方向、大框架搁置一边，而让所谓的精致束缚了学习的主动性，让所谓的风格、所谓的精彩细节遮蔽了教学的根本问题，而教学很有可能沦为一种表演、炫技。

以上情况说明，当下的语文教学改革，教学的基本问题，即根本问题还未认真解决，以教学为主的传统教学框架还未有根本性突破，以学为核心的教学还未真正实现。如果要作些概括的话，在以学为核心的方向、重点上，当下语文教学改革的主要问题有：一是盲目性。不少教师对语文教学首先要厘清、把握教学的基本问题这一认识还比较模糊，缺少改变以教为主这一现状的敏感性，也缺少改革的激情和应有的"冲动"，而满足于现状，在改革的重点上常常发生偏差。值得注意的是，这一现象具有普遍性。二是虚假性。在公开课、在少数特级教师、名师的研究、实践中，在某些方面，形式上看起来在改革，让学生积极主动学，实际上仍是教师对学生学的另一种掌控，是为自己教的一种配合和辅助。值得注意的是，因为他们的名气和影响，这种表面的虚假改革更容易让教师迷惑，甚至有某种欺骗性。

二、基本原因分析：实现以学为核心的教学是一个艰难、复杂的过程

从以教为主转向以学为核心，是个艰难、复杂的过程，它与教育体制、文化、环境、条件都有密切的关系，全部归因于学校，归因于语文教师是不公平的、不合理的，这种分析、解决问题的视野也是不开阔的，无助于问题的解决。为此，我们应当引导学校和语文教师实事求是地分析原因，针对具体问题采取必要的措施。现从学校和教师角度对产生的原因作初步分析。

原因之一，理念转变的长期性、艰难性。教师们不是不愿意改，而是仍被陈旧的传统理念束缚住。从文化学的视角看，这是由习惯模式造成的。爱德华·霍尔这么论述文化："文化以很多不为人知的方式把人们联系起来，但文化对人们的控制只是通过习惯模式实现的。"[①] 以教为主的传统理念及其相应的做法，在长期的实践、运用的过程中，已形成了习惯模式，控制着教师。教师要突破是很不容易的，"形象地说，'旧习惯难以断气'……被压迫者已经适应了使他们陷于其中的那种支配性社会结构，并且常常采取顺从的态度。他们宁愿在这个熟悉的不自由的社会里通过顺从获得安全感，也不愿置身于那种虽然自由却不熟悉的社会情境中，不愿承担起由自由带来的个人责任"。[②] 这段形象而深刻的话，精辟地说清了克服、转变旧理念所造成的习惯模式多不容易，还需要有"断气"的勇气和信心，摆脱支配型结构所带来的服从和顺从，在新的文化中获得新的安全感。老师们，该是让旧理念、旧习惯"断气"的时候了。

原因之二，以学为核心的程度、水平与儿童的年龄、学段、年段有密切关系，而这一关系我们了解得并不十分具体。以学为核心，是教学的一个法则，但这一法则在具体运用中，必须充分考虑儿童的年龄特点。联合国教科文组织早在上个世纪七十年代的国际教育发展报告中就明确指出，"现代教学，同传统的观念与实践相反，应该使它本身适应于学习者，而学习者不应屈从于预先规定的教学计划。"[③] 但是，在我们应使学习者成为教育活动的中心的时候，同时应该"随着他的成熟程度允许他有越来越大的自由；由他自己决定他要学习什么，要如何学习以及在什么地方学习与受训"，而且指出，"这应成为一条法则"。[④] 将把握学习者的成熟程度作为一条法则，可见它的重要性。可是，我们对学习者的成熟程度了解得并不是十分具体，甚至是比较模糊的。一般来说，我们对小学的低、中、高年级学生，自学能力、理解能力、独立解

① 帕梅拉·博洛廷·约瑟夫，等. 课程文化 [M]. 余强，译. 杭州：浙江教育出版社，2008：175.

② 同上：176.

③ 联合国教科文组织国际教育委员会. 学会生存——教育世界的今天和明天 [M]. 北京：教育科学出版社，199：262.

④ 同上：263.

决问题的能力还是有所了解的，而这种了解只是处在经验层面，未能作出科学、合理的概括，更未能找出其规律与特点来。因此，以学为核心在语文教学中还未形成合理的梯度，这就让教师，尤其让青年教师难以把握，势必造成这一核心的实现是模模糊糊的一片。说到底，我们对儿童的发展水平、学习语文的水平及其相应的要求是模糊、若明若暗的。

原因之三，没有准确把握语文及其教学的特质，与其相适应的教学方法还未真正形成。在观察了一些数学教学以后，我有一个观点：数学教学正在向语文教学发出挑战。原因是不少教师的数学教学，让学生先学，让学生合作学，让学生有创意地学，做得很好，在这一数学课堂中，以学为核心的教学正在逐步实现。在形成这个观点以后，笔者进而思考，语文教学为什么不能这么去努力实现呢？原因在哪里呢？自然想到语文及其教学的特殊性，即基于语文特质的教学特点。的确这是一个重要原因。大家都知道语文是人文学科，有鲜明的审美性，教师需要引导学生去感悟、去体验，让他们浸润在文化中。语文教学与数学及其他理科教学有着明显的差异，教学的一道道题目，理科的一次次实验，可以让学生先做、先学，让学生自己学的可能性是较大的。这固然是个原因，但这不应成为语文教学必须以教师教为主的理由。其实，语文学科让学生自己感悟、体验，让学生主动发现问题，自己研究语言文字的运用，可能性是同样大的，甚至可以说，语文教学更应让学生在主动学习的过程中，学会学习。遗憾的是，对语文及其教学这一特质下的学生学习方式研究是很不够的。

原因之四，实现以学为核心的语文教学，我们缺少具体的策略途径和方法。理念固然重要，策略方式方法同样重要，只有形而上的道，而无形而下的器，也是不行的。这就是广大老师普遍要求的：要落地，要具体，要接"地气"。没有策略、途径、方法的支撑，以学为核心的教学必定是很难实现的。老师们的要求是合理的。不过，需要补充的是，理念并非无用，也并非空洞，它可以催生一些方法。同时，方法也不是全靠别人给予的，方法应当在实践中创造，一味等方法来，这显然不是积极的态度。

三、基本策略：推动以学为核心的语文教学的策略框架

如前文所述，真正实现以学为核心的语文教学既需要勇气、信心、理念，

也需要合适的方式、方法，经验和研究已告诉我们，教学有法，教无定法。亦如前文所述，方法是可以自己创造的，因此，我以为重要的是建构一些策略，让教师在策略引领下去创造各种各样的方法。

策略之一：切实转变理念。柏拉图曾说过，世上的万事万物转瞬即逝，唯有事物背后的来源——理念才是完美的永恒存在。我们应当努力寻找、把握这一本源。以学为核心的语文教学，亟须建立"学习者"的理念。学生固然是学习者，教师也应是学习者，他和学生一样，面对着新知识、新信息、新技术、新世界，都应"虚怀若谷"，在心灵深处留出一个通道来，认真学习。只有当自己也是学习者的时候，教师才能更尊重学生，更理解学生，也才能让自己从高高在上的"教"的位置上走下来，和学生一起学，并向学生学。这样，以教为主的教学框架才能被打破。学习者，是以学为核心的语文教学的"本源"，它应当是完美的，是永恒存在的——因为它已成为教师的信念和人格特征。

策略之二：建立新的教学制度。实现以学为核心的语文教学，不仅靠理念的转变和引领，还要依靠教学制度的支撑与保证，因为理念不能解决一切问题，道德、良心也不能代替一切。制度的最大特点和突出的优势是，让大家有规则可依，有规范可循。尽管这样，制度的核心问题仍是人的解放、自由和创造，即制度不仅让人规范，更重要的是留出时空，让人去创造。同时，制度的制定不是领导的事，而是大家共同参与的过程。有的学校制定了课堂教学的基本要求，有的学校提出几要几不要，有的学校引导教师讨论教师的话语等，都是一种制度的形态，实践证明是有效的。在制度的支撑下，以学为核心的教学将会有序推进。

策略之三：改变教学结构。教学结构规定了教学的进程和基本形态，它像一个框架让教师的教学形成几个板块或几个环节。可以说，有什么样的结构就可能有什么样的教学，结构不改变，整个教学的面貌和状态不会有大的改变。结构改变的根本依据是学生的学习，即以学生的学为核心、为逻辑出发点、为逻辑主线。这就是惯常所说的以学定教。如果教学结构不断优化，提升到理论高度，很可能形成教学模式，这种教学模式实质是学习模式。当然，对教学模式的优劣需要深入讨论。

策略之四：设计学习活动。以学为核心的教学要有学习活动作为载体。

学习活动是以学生为中心，以学习内容为任务，让学生自己展开的学习过程。倘若一堂语文课由几个学习活动编制而成，这样学生的学习就能得到保证。学习活动的设计是一个重要课题，应当认真研究。

策略之五：推动学习方式的变革。接受学习、发现学习各有优点和缺憾，应配合使用，随着学习主题的深化，更应提倡多种学习方式。但是，当下尤应提倡发现学习方式，指导学生自主、合作、探究学习。学习方式的变革可以让以学为核心的教学得到实现，并在课堂上让精彩观念诞生。这方面讨论很多，我们可以认真进行梳理，并从中得到启发，用学习方式变革推动以学为核心的语文教学的实现。

中国风·母语美

一、"中国风·母语美"的价值立意与使命召唤

"中华文明在五千年的发展中，兼收并蓄、海纳百川，凝结着最深沉的精神追求，蕴含着最深刻的道德精髓，激荡着最丰富的理论思维，呈现着最具神韵的精神特质。"

这是我摘自中国人民大学张立文教授一篇论文开头的话，精炼、精准、精彩。其实，这已不是某个学者的论述，而是世人的普遍共识，是中华民族的共同记忆。这一共识和记忆同样适用于语文教育，可用以指导、引领语文教育。比如，海门市东洲小学校长、特级教师吴建英，专门设置教学改革的项目，深入研究中华文化传统与语文教育，她将项目命名为"中国风·母语美"。这是她从语文教育的视角确立的项目研究对象与内容，又将价值立意蕴藏其中，这一表述，其本身就彰显了中华文化的特质，又凸显了语文教育的特质与使命，具有极强的解释性。相信"中国风·母语美"这六个字将会成为中国语文教育改革和研究的重要主题，也必将像种子一样深植中国孩子的心中，总有一天会萌发，长成一片大森林。这六个字既成为中国语文的文化象征，又成为中国孩子文化身份的确认。

吴建英创建的以"中国风·母语美"为主题、为价值追求的小学语文教育研究已有好几个年头了。在深入研究与实践中，吴建英充分发挥自己的文化想象力、创造力、实践力，正在走语文教育改革之路。具体说，走一条母语教育民族化之路，走一条母语教育儿童化之路，走一条母语教育的语文教学创新之路。这三条路其实是一条路，只是有不同的视角和侧重点。首先，母语是民

族的内涵、特质和象征，母语凝结着民族精神、民族情怀、民族立场，坚持并优化母语教育就是坚守民族文化，这是一条悠长的民族化之路。其次，民族文化应当让当代儿童乐于学习、乐于接受，并成为儿童的文化基因，坚持并优化母语教育就是坚守母语教育的儿童化，这是一条儿童在母语学习中进行文化建构、提升之路。再次，语文教学的实质是母语教育，坚持并优化母语教育就是坚守语文教学的改革，从教学走向教育，这是一条创新之路。这三条路聚焦同一个主题、同一个核心价值观：弘扬中华文化，培植民族精神，实现中国梦。三条路又面临着同一个问题：中华传统文化的创造性转化与创新性发展。因此"中国风·母语美"的语文教育内涵与特征可作以下概括：以增强中华民族文化认同、生长中国精神为宗旨，以使用汉语言文字为任务，以开发与优化母语课程为载体，以儿童学习母语研究为基础，培养"中国风·母语美"为核心的语文核心素养，让儿童成为中华文化的传承者、建设者、创造者。吴建英和她的团队正在进行着的是价值立意崇高的语文教育改革。

站在母语教育的立场上来看，不难发现，对于"中国风·母语美"的研究，吴建英和她的团队需要进一步审视中国母语教育的现状，进一步开发中国语文教育的民族智慧，进而建构具有中国特色、语文特质、儿童特点的小学语文教育。尽管这一建构是校本化的，却具有普遍意义，体现了前瞻性。这一研究项目透射出宏大、高远、辽阔的价值立意。当然，需要说明的是，吴建英和她的团队并没有预设这样的目标，但随着研究的深入，他们已确立了这样的价值愿景，并成为他们的切实行动，可见，"中国风·母语美"给他们带来了责任与使命。这样的责任、使命，当然生成了吴建英语文教育的主张。

二、"中国风·母语美"的语文教育的校本建构与实施

"中国风·母语美"的小学语文教育，的确是对语文教学的再认识、再发现、再建构。吴建英和她的团队首先分析了当下母语教育的现状，她用三个"缺失"来概括：经典母语课程内容的缺失、儿童母语教学方法的缺失，以及教师良好母语素养的缺失。这样的分析是实事求是的、准确的。她对母语课堂教学现状的分析与思考，用两个"偏颇"来描述：母语教学的工具化、符号化，

语文灵性的弱化；过度追求感性，语文内涵的虚化与浅表化。结论是，母语课堂的这两种偏颇，致使语文教学既失缺了母语的典雅与智慧，也失缺了母语内涵的丰富与深刻，当然也就"失缺了生命的灵动与光辉"。因此，必须对"汉语本体价值"再认识，对"母语教育民族化"再澄明、再追问、再追求。

澄明、追问是为了再建构。这一再建构，至今已有显著的成效，形成了母语教育民族化、母语教育儿童化的核心要义与关键要点。主要是以下三个方面。

其一，把握母语教育民族化的精髓，并以此构建了情意课堂，进而铸造语文教学的民族品格。

把握精髓才能把握语文教育的特质，母语教育民族化才能从根本上实现。母语教育民族化的精髓是什么呢？吴建英以她的学养、经验以及特有的语言敏锐性，捕捉了母语教育的精髓，亦即母语教育民族化的精髓：尚情尚意、情意交融。她用古今学者的观点来佐证她的判断："情者文之经，辞者理之纬，经正而后纬""心之所谓意""意，志也"。哲学家李泽厚也以他所倡导的"情本体"理论，支撑情意交融的观点。李泽厚认为，所谓"情本体"，"是以'情'为人生的最终实在和根本"，他认为人的最终的实在和根本是"情"。接着他指出，"'情'是文化积淀的'情理结构'"。情理结构，"即情与理是以何种方式、比例、关系、韵律而相关联、渗透、交叉、重复着"。他进而说，"如何使这'情理结构'取得最好的比例形式和结构秩序，成了乐感文化注意的焦点"，而"乐感文化是'情本体'的核心"。[①] 情本体、情理结构正是对中国文化精髓的深切关怀和深刻解读，是对母语教育民族化充满温情而又精准的揭示。吴建英的认知、理解是正确的，是到位的。

依循这样的理解，吴建英和她的团队进行了情意课堂范式的研究，总结了四个核心要义：价值皈依——情智互动、言意共生；审美追求——雅致灵动、情意交融；基本策略——立象尽意、意会言传；实施路径——曲径通幽、诗情画意。每一个核心要义中都有具体的操作要点。这样的建构不下一番功夫，没有深入的实践，没有足够的理论准备，是不可能实现的。把握精髓，建构情意课堂，必将培植语文教学的民族品格。

---

① 李泽厚. 人类学历史本体论 [M]. 青岛：青岛出版社，2016：58-71.

其二，把握儿童发展特点，走母语教育儿童化之路，开发微课程，把最美的母语献给美好的童年。

母语教育的儿童化与母语教育的民族化是母语教育的两大重要命题。民族化，让儿童心里有个民族魂、中国根，让儿童成为一个有祖国的人，在世界多元文化、多元价值观的碰撞、激荡中，挺起民族的脊梁，站稳民族的脚跟。儿童化，则是以儿童的实际生活出发，遵循儿童的认知特点和发展规律，以他们所喜欢的方式，学习母语，接受民族文化的熏陶，增厚民族情感，增强民族文化认同。这样，民族文化才会后继有人，而且在民族文化学习中，儿童走进世界，走向未来，与多元文化对话，尊重并吸纳人类先进文明。若此，母语世代相传，传统文化已不是过去时，也不只是现代时，而且还成了未来时。民族化、儿童化并行不悖，并产生积极互动，让母语教育的民族化照亮儿童，让母语教育的儿童化映照母语教育民族化，最终，十九大报告中所提出的"培养担当民族复兴大任的时代新人"的伟大目标才能实现。

吴建英对儿童的智力特点进行了分析："小学毕业之前是一个人记忆力的高峰期"，"有这么一个说法，'少年之记，如石上之刻；青年之记，如木上之刻；老年之记，如沙上之刻'"，"毫无疑问，'重诵读、重记忆、重积累，应是小学生学习母语的重要法则'"。在母语教育民族化与儿童化的交互中，对母语微课程进行整体建构，即运用"主题·整合"思想，按儿童成长阶梯，分低、中、高三个学段，以"经典、童乐、情趣、意蕴"为原则，安排若干微课程，"架构起独具个性的、符合汉语言文学特点的、多元融合的母语微课程新体系"。

新体系架构固然重要，课程实施同样重要，更要切合儿童学习母语的特点与实际。为此，吴建英和她的团队采用了乐学策略。乐学策略与乐感文化在实质上是一致的，是乐感文化的具体化、操作化。乐学的理念，吴建英定位于"让儿童在母语中狂欢"。说到狂欢，当然会想到苏联人文学者、哲学家巴赫金的对话与狂欢理论。巴赫金的狂欢理论源自小说和戏剧表演，有几点是极其重要的：一是"'狂欢语言'与'狂欢节式的世界感受'相联系"；二是"狂欢具有'外表装饰性'，……会和'民众文化'断裂"；三是在狂欢中，"所有人都不是作为观众观看，而是积极的参与者"。① 母语教育让儿童在母语中狂欢，其深意在于参与到母语教育中去，去除不必要的"外在装饰性"，在母语中与世界发生感受上的联系，并保持母语的民众性、日常生活性，让儿童在母语中狂欢，让儿童真正认知、认同中华文化，过美好的语文生活。

其三，把握母语发展特点，通过"情境建构"，彰显母语教育的中国美学特点与丰富意蕴。

吴建英对汉语的特点有一段分析："汉语是世界上最古老、最简洁、最丰富、最优美的语言之一"，"句读简短，形式松弛，组合自由，充满弹性，以神摄形，情趣盎然，气韵生动，意义遥深，具有'以象见意的诗性特征'，富有独特的人文品格"，"汉语保留了更多感性的东西，更接近人的瞬间体验而非理性思维"，等等。因此，汉语教学具有"情境建构"的特点。

中国情境教育的创立者李吉林认为，情境教育，固然学习了国外先进的教育理论，"更主要的是不断受到中华民族文化理论滋养的启示，深感'意境说'是古代文学创作的理论经典，更确切地说是'诗论'的精华"。她"在时代的召唤下，出于对教育创新的追求，将古代文论经典'意境说'大胆跨界，创造性应用到今天的儿童教育中"，正如王国维所言，"一切境界无不为诗人所设"。

情境是时代的话语。儿童就是诗人。母语教育应该让情境与儿童在母语学习中互相建构，让儿童在优化了的情境中，以"美"为突破口，得到发展。根据情境教育理论，吴建英提出，"以情为纽带，创设语言生活的'意境'"，"以情为根基，灵动儿童本位的'意趣'"，"以情为动力，彰显主体发展的'意志'"，"以情为导向，洋溢文化积淀的'意蕴'"，"以情为引领，追寻哲学启蒙的'意义'"等几大操作要义，并进行了"情境建构"。这一策略、路径体现了美学精神。

母语教育的情境建构，努力彰显了审美追求，让儿童在语文学习中有审美化的体验。她说："母语课堂应是一个见情、见性、见灵思、见神韵的审美课堂"，"雅致灵动、情意交融之美，不仅是教学形式的一种表现形态，更是

---

① 北冈诚司. 巴赫金：对话与狂欢 [M]. 魏炫，译. 石家庄：河北教育出版社，2001：267-270.

对语文本源的一种阐释，是一种精神态度、一种美学追求"。于是，情意课堂上形成了母语教育特有的审美节律：美智相映、动静相宜、虚实相生、形神兼备、情理相谐、冲突融合。毋庸置疑，情境建构，是一种以审美为核心的建构，是对审美境界的不懈追求，生长起中国美学精神，提升了中国美学品格。

中国美学有着极为丰富的资源和深刻的内蕴，诸如古代"天人合一"的思想、和谐的宇宙观、"立象立意"的传统、物趣人情浑然为一的艺术境界，诸如中国古典美学把中和之美、自然之美、素淡之美为至高标准等，都值得母语教育吸收、运用，并加以弘扬。吴建英这方面的学养是比较丰富的，理解是比较深刻的，借鉴、运用是自然的，也是恰当的。因此，笔者以为，母语教育民族化、儿童化之路是审美化之路，尤其是中国美学精神的弘扬之路，是铸造母语教育审美品格之路，其品格就是"中国风·母语美"。不认识、不揭示、不开发、不创造母语之美，哪有真正的母语教育民族化、儿童化？笔者也完全可以认定，创造性转化与创新性发展，其实质是审美化的追求，因为中国美学的优良传统就是"返本开新"，就是用中国母语教育的智慧引领当今的母语教育。

一份价值照耀的语文学习方案

我们永远忘不了 2020 年的 1 月，因为一场凶猛的新型冠状病毒肺炎来袭，让我们过了一个史无前例的春节。我们将终生难忘。终生难忘的，绝不只是那万恶的病毒，更重要的是那些抵抗病毒的仁人志士，我们伟大的中华民族，包括可敬可爱的人民教师。在历史上永远熠熠闪光的，一定是人，是中华民族，还有我们的人民教师。

就在大年初六，法定春节该结束的这一天，从朋友圈里，我收到了一份特殊的、最为珍贵的礼物——初中语文创意读写练习方案。朋友发的信息是："她以自己的专业和情怀，献上了这份方案，令人钦佩；所提问题，不只是孩子，成年人也该静思。""她"是谁呢？是周群。周群是北京景山学校的语文特级教师，她是这份特殊学习方案的设计者、创作者。的确，周老师的这份学习方案让我们的孩子静思，也让我们的教师静思。它犹如一道光，照亮了防疫时期学习的天空，那么明亮。周群老师，向您致敬。

究竟思考什么呢？思考的触角还是很多的，无论哪个角度，都能触发我们，启发我们。其中有一个重要的主题：特殊时期的学生学习该怎么设计？该怎么引领？该怎么通过学习来育人，让学习、育人在假期也不间断？又该如何将其迁移到平常的学习指导上去？

一、这份学习方案系统思考、整体架构，
是一份立体式、深度的学习方案

让我们先看看这份学习方案的整体框架、主要内容和呈现方式吧。

方案的名称是："初中语文创意读写练习方案"。方案由三部分组成，共有

十道题。第一部分是必做题，第二部分是选做题，第三部分是挑战题，鼓励部分学生去探索。其实，三部分的题都有挑战性，但是又有层次性，是递进式的。

第一部分共有两道题，分为常规作业和阅读媒体的报道，要求从报道的表现中，加深对新闻精神和新闻价值的理解。其中常规作业题是这么设计的："俗话说，谣言止于智者。在防控疫情的紧要关头，要做到不信谣、不传谣。一方面要保持冷静、理性的态度，密切关注政府有关部门发布的信息；另一方面，努力培养独立辨析信息真伪的能力，不让自己成为谣言制造与传播链条上的任何一环。"常规题倡导每天必做，直到疫情结束。

第二部分分为两组，每组选做其中一题。三、四题为第一组。第三题是搜集防控病毒的知识，针对低龄人群，编写一首《新拍手歌》，亦可创作其他童谣、科学童话等。第四题是关注防控中的普通人，阅读有关材料，寻找周边的普通人，并思考："假如你现在已是一名成年人，疫情当前，你怎么做呢？以'我愿意做这样的普通人'为题写一篇文章。"五、六题为第二组。第五题，观看并评论某媒体主持人的主持，分析主持的优点和不足，然后自己学做主持人，完成一个时长1分36秒的"闪电劝说"。第六题，观察并评论防控的标语，自己至少拟一条标语，既要吸引眼球，唤起注意，引起关注，又要得体，注意语言表达的文明。

第三部分是挑战题。其中第七题是阅读医学论文《从非典型肺炎暴发流行及其防治工作中引发的几点思考》，阐述三个问题，结合所居住地（大到某个省某个市，小到某个社区街道或某个乡某个村）的实际情况，给领导人写一封建议书。其中，第八题的导语和要求是："我们已完成了《沙乡年鉴》《寂静的春天》的整本书阅读，上学期还观看了公益片《大自然在说话》。请以视频中的解说词为范例，以大自然中某个成员的身份撰写一段公益广告解说词，有能力的同学可以配上视频画面和音乐，朗诵自己的解说词，完成同题的公益广告短片。"

读完了这份读写练习方案，不禁怦然心动，为之击掌。这份方案特点鲜明：导向性——如何引导学生在特殊时期，通过学习考验自己、挑战自己，经受锻炼，坚守我们的价值取向，发出正能量，永远向着明亮的那方；整体性——即使特殊时期的学习也不能随意、碎片，分解语文要素，要在结构化的方案中学会整体思维、复杂性思维，进行有效学习；创新性——从学生已有的知识、经验和需要出发，根据学生的爱好和时代特点，结合实际，创新练习的理念、内容和方式，激发兴趣，开发潜能；选择性——既有共同的要求，又留有空间，让不同的学生有不同的选择，既减轻负担，又培养兴趣、爱好和特长，个性得到发展；开放性——向生活开放，向社会开放，开阔胸怀，开阔眼界，各抒己见，以不同的方式学习，坚持正确导向下的多元化表达；实践性——实实在在，都要亲自去读、去想、去讨论、去合作、去操作，做中学，学中思，思中进步与提升。

这份学习方案的价值导向特别鲜明。这是一份语文的读写练习方案——扣住读与写，分别进行练习，又注意读写结合，提升学生读写能力和语文素养。这是一份学习方案——以学生为主体，以学习为核心，让学习看得见，让学生看得见，学生的身影闪现在始终，主动学习、学会学习，它还是教学方案。这是一份有创意的学习方案——既基于已有的学习内容、呈现方式，又探索出新的学习领域、新的学习途径、新的呈现方式，不只是一份练习卷。这不仅是一份学习方案，又是一份防控疫情、抵抗病毒的行动方案——防控疫情，人人有责，不是事不关己，高高挂起，而是我要参与，我要投入战斗，学会关心，学会担责，学点防疫专业知识。往深处看，这是一份语文学习育人的方案——每道题都是一个独特的情境，每道题都闪耀着理念、信念、使命和责任，读写的内容、方式和过程，是经历的过程，经历的挑战，经历的考验，在经历中成长，每条道路都指向学生的思想、心灵和人格。当然，这份方案也为我们今后的语文练习、假期的学生作业敞开了一条新路径，提供了一种新做法。

说到底，这是周群老师精心制定的教学设计，闪耀着她的使命感、责任感，闪耀着她的能力和智慧。朋友告诉我，第二天，周老师又调整、修改了方案，形成了2.0版。她精益求精，心里永远装着学生。而且学生的作业有了反馈，这些作业表现出学生超乎寻常的水平，非常时期、非常作业，锻炼了"非常学生"。语文教学育人，说到底，是语文教师的人格、学术、专业育人，是语文教师的情怀与智慧育人。相信周老师也在其间成长和提升。

二、这份学习方案的价值导向，
为语文学习中的价值培育与践行提供了一种新样式

让我们面对现实。面对突如其来的凶恶的病毒，身居家中，不能外出，面对逐步扩散的疫情，处在危险中，学生们会是什么样的状况呢？估计无非以下几种：事情与我无关，没有那么严重，无所谓，反正有大人挡着；感到困惑、茫然，甚至恐慌，不知如何是好；很想投入到防控工作中去，缺少办法；当然，也会有学生觉得无聊，不知如何度过……这些都很正常，现实必须面对，教育应当有所作为，停课不能停学，延期开学不误学。从网上得知，大家都行动起来了，有不少好的学习、行动的设计，比如居家学习防控知识和方法、家庭体育锻炼、家务事小操练、卧室客厅厨房新设计，还有线上学习，等等。这些设计、做法都是积极的，都是有价值有意义的。不能说这些作业与防控疫情无关，但总觉得又隔了一层，直接参与性是不够的；不能说与深化学习无关，但又总觉得与往常的学习区别不大，也与学科学习联系不够紧密。总之，特殊时期的学习不能变成学校课堂搬迁式的学习。

"风声雨声读书声声声入耳，家事国事天下事事事关心。"读书声里怎么听到风声雨声？家事不关心，怎么关心已经摆在我们面前的国事天下事？怎么在保证安全的前提下，让学生介入到这从未有过的国家大事中去？周老师在方案中明确地说，我们要关心国家大事，比如从关心新闻报道开始，把自己的学习与国事大事联系起来。这份学习方案就是坚守这样的教育理念，坚守鲜明的正确的价值追求和导向，这样的坚守表现了周老师对学习、对教学、对教育有宏阔的、深度的认知。这难能可贵。

学习的方案在以下三个方面作了探索，设计了富有创意的价值学习。其一，价值观教育从"观价值"开始。价值是理想中的事实，事实中附着着价值。周老师通过学习活动设计，让学生身处价值世界之中，从事实中发现价值，并努力践行价值观；新闻精神与新闻价值，舆论引导中的价值，普通人前行足迹中的价值，学术专业阅读中的价值，关心、参与中的价值……这样的价值学习，直观、直接、具体、深入。将语文学习和价值学习紧密联系在一起，显然，这是一种深度学习。其二，在真实、复杂的情境中培养、发展学生的核心素养。学术研究的结论已告诉我们，核心素养是在真实、复杂的情境中培养、发展起来的，也是在这样的情境中表现出来的。防控疫情，"武汉，我们在一起"，八方支援——刚治愈的护士再返防疫前线，为投入防治青年推迟婚礼……多么真实、丰富的情境！多么复杂、充满可能性的重大事件！在特殊时期，我们不能让学生以身体之，却完全可以让他们以心悟之。学习方案让这些情境跃然纸上，开发利用了这些情境，学生在情境中学会观察，学会关心，学会合作，学会担责……核心素养中的"社会参与"得到切实而生动的体现，必备品格、关键能力得到了培养和发展。其三，让语文与生活融合起来，在生活中学语文，语文为生活服务。长期以来，学生生活在课堂里，生活在书本中，如今的特殊生活呈现在大家面前，生活成了语文学习的主语。这份学习方案，是份语文生活的方案，方案中的人、事、物就是生活中的人、事、物，语文学习变得丰富、真实、生动起来，而不是单调、枯涩、苍白的了。用学习方案将学习与生活串联，以至融合，这是有效的尝试与创造。总之，学习方案的价值导向极为鲜明。

三、这份学习方案彰显了鲜明的语文特质，是语文独当之任、实践方式的新探索

语文的读写练习一定是语文的，它引导学生在完成语文的独当之任中学习语文，培养、发展学生的语文学科核心素养。大家都知道，语文的特质和独当之任就是语言文学的理解与运用，在其中进行意义的建构、思维的发展、文化的理解、审美的创造。这份读写练习方案牢牢地对准语文的特质与宗旨，紧紧地扣住语文课程标准，引导学生在学习中提升语文素养。但是，它又与一般的语文学习不完全相同，其不同主要在以下三个方面：一是让语文学习进入一个更宏阔的时空结构中。防控疫情，全社会都行动起来，各行各业都参与了，世界都关注了。周老师对学生说，"大到某个省某个市，小到某个社区街道或某个乡某个村"，这是多么宏大的空间。学生在这么宏大的时空中进行语文学习，视野、内容、方式、格局、感受肯定是不一样的，这是真正的大语文，是全语文。大语文、全语文可以培养大写的人、完整的人。二是真正把学生推到了主体地位，成为语文学习的主人。教师不在身边，学生完全自主学习，学会

学习，进行个性化学习，独立完成学习任务。练习题中出现频率最高的词是"请你""建议你""请根据""请结合""希望学有余力的同学"等。这些用语不仅是出于对学生的尊重，更是让学生意识到，这一切都由我自己去做、去实施、去完成，体现的是"学习"方案，而非"教学"方案，体现的是真语文。值得注意的是，学生主动学习，少不了教师的指导。这份方案中，周老师运用了多种指导方式，包括导语、学习建议等，提供了诸多小支架，不失为一种好方法。三是富有个性，体现的是创意语文。"谣言止于智者"，了解专业人士辟谣的方法与流程，编写《新拍手歌》、创作其他童谣、科学童话，完成时长1分36秒的"闪电劝说"，制作公益广告片，观察、思考、设计防控疫情的标语……都很有创意。创意的学习才可能激发、推动学生批判性思维的发展和创造性学习的展开。

此外，基于语文学科特质，学习方案还引导学生进行多种角色的体验，让学生有真实的角色经历和担当起角色责任。

引导学生成为深度的阅读者。"读写练习方案"的重点是读和写。粗略统计，这份方案共八道题，几乎每道题都有阅读的要求，涉及文学作品阅读、知识性阅读、新闻报道阅读、医学论文阅读；有专题性阅读，还有系列阅读，仅"新型冠状病毒肺炎疫情中的普通人"的系列阅读就有五篇，其中有《武汉封城第7天，钟南山哭了：这世上，哪有什么英雄！》《他拉着10万只口罩，开往已经封城的武汉》《被清空的武汉：一座没有陌生人的城市》……除了饱满的阅读量，还要求阅读时进行思考。关于标语，周老师呈现诸如"现在请吃的饭都是鸿门宴""串门就是互相残杀""不串门是为了以后还有亲人""口罩还是呼吸机"等。在引导阅读专家的文章后，思考题是："有人说这些标语太雷人，不太得体；但也有人说，只有发狠话才有效果。你如何评价这些标语？"进行思考，阅读才是有深度的，深度阅读才会触及价值观。

引导学生成为理性的评论者。评论是语文的一种文体，关涉文学评论，也关涉口语交际等。评论要求价值澄清的明晰、判断的准确、观点的鲜明、证据的有效与充分、语言组织的规范与艺术……总之，评论应是语文学科核心素养的重要元素。周老师在这份学习方案中，引导学生学会评论，题目的设计同样很有创意。比如，第五道题"湖北卫视主持人发布在抖音上的视频呼吁大家帮帮武汉人。请观看这段视频，从口语交际的角度评价这段视频：主持人的表达有什么优点值得你学习？存在什么不足？应如何改进？"对省卫视的主持人进行评论，需要勇气，需要理性，还需要足够的知识储备以及多维度的思考，评价还要客观。面对复杂的防控疫情，评论有着特殊的意义，而且会影响、促进学生今后的思维发展和能力提升。

引导学生做负责任的表达者。评论是表达的一种，为了突出特殊时期评论的重要性，所以单独列出了。在学习方案中，表达练习是多样的：写一篇文章、拟写一条标语、发表一条评论、拟写一份给领导的建议书、撰写主持词和公益视频短片的解说词等，表达的方式多种多样，涉及今后工作、生活中表达的多样性。每一种表达都会体现出一个人的语言素养、知识修养和文明程度。特殊时期的表达，实质是一种发声，发出去的声音，表明一种态度，表达一种情感，宣告一种价值，多么重要的学习，多么重要的参与方式。周老师要求表达要负责任。所谓负责任，是要求表达的是正能量，是有根有据的，是有情有理的。做负责任的表达者，这是这份学习方案最重要的发声。

四、噢，并没扯远

周群老师设计的"初中语文创意读写练习方案"让我想起了一则故事：为对抗奥斯曼帝国的骑士，300 多平方千米的岛国——马耳他，被奥斯曼军队围攻三个月，年过花甲的瓦莱特断然拒绝投降的提议，对精疲力尽的残部高喊："比捍卫信仰而献身更光荣的事能有几何？"最终，奥斯曼溃败了。后来，马耳他这座小岛名动全欧洲，被称为"信仰的堡垒""英雄之岛"！

噢，扯远了。

不过，好像没有远。有人说，如今的文明、社会的进步，不仅发生在战场，也发生在图书馆、阅览室、实验室里，还发生在课堂及学生的学习中。

不是吗？

化：华应龙数学育人的"思想实验"

一、华应龙老师的教学改革，引起了对一个重要科学研究命题的关注与思考：思想实验

1.华应龙的课首先是在"假想"中进行的

华应龙，很有才华。他的数学课相当精彩，闪烁着智慧的火花，开启了学生的心智，也撞击着教师的心灵，深受学生和老师们的喜欢，在全国的影响越来越大。最近，他执教了2019年版《阅兵中的数学故事》的数学课。下课了，学生说，"真想跟您待的时间过得越慢越好"；有的学生眼含热泪地说："我真希望这堂课永远上下去！"听课老师也泪眼蒙眬，双手举过头顶向他鼓掌致谢致敬。2019年我在清华附小听过这堂课，今天看了课堂实录，再次心潮澎湃，深受鼓舞与启发。

究竟是什么让华老师的课这么受欢迎？他的课究竟精彩在哪里？大家都会说：是他对社会生活关注的敏感，选取教学内容的独特，教学设计的精巧，教学过程中一次次的生成，小纸片等工具使用的精妙，教学细节开发的艺术，对学生恰到好处的鼓励中隐含着潜能的唤醒，看似调侃的幽默中蕴含着哲理，人文素养在数学教学中的充溢……显然，这些都有道理，确实表现了他的才情、智慧、风格和专业品格。能做到这些，谈何容易，有几人能成？但是，我们还不能满足于对这些方面的讨论与认知，还需要进一步追问：在这些方面的背后或深处究竟还有什么？华应龙也不断地问自己。

我发现了他的思想。其实，每个教师都有自己的思想，我们不必把思想看得那么高深、神秘，思想是每个教师的专业价值所带来的尊严。华应龙是一

个有自己教育思想的教师。他善于思考，思维的触角很多，也特别活跃，想象力非常丰富，思辨性很强。读他的著作、论文、报告、教学实录，发现他的教学首先是在"假想"中进行的，一次次"假想"，一次次调整，一次次完善，聚焦再抽象。这是教学前的思考过程，是思想假设与设计的过程。他不仅在"器"的层面，而且在"道"的层面，有形而上的追问。他的教学几乎在每个环节都有理念的支撑、引领。可以说，华应龙的教学是讲究技术的，但又是超越技术的。这自然引起了我们对科学研究中的一个重要命题的关注与思考，这个命题就是"思想实验"。

2."思想实验"的内涵、基本特征及对我们的启示

"思想实验"是"人类对世界和自身最大胆的假想"。① "思想实验"是指使用想象和推理，在头脑里进行的实验。"在人类的智慧史中，有这样一类狂想，它们基于科学的事实和依据，用已有的原理和知识设计出一个让人百思不得其解的难题，引起众人跨越成百上千年的思考和讨论。最终，这些难题或许还是未能破解，但它们的出现却推动了人类对宇宙万物的探索和理解，成为'智慧'的最好象征。"② 因此，"思想实验"又称理想实验。③ "思想实验"似乎在现实中没有多大的实用价值，但是，这种人类对世界和自身最大胆的假想，具有根本性、原创性，让人类的思维跃升到一个新的高度、新的境界，引发人们对理想、真理和更美好未来的追求与探索，引导、激发人们去开辟新世界。人类需要这样的"思想实验"。

"思想实验"具有智慧的巨大魄力，"世界顶级名校都深谙这一秘诀，它们最受学生欢迎的课程无不以'思想实验'作为引子或者讲授主题"。④ 从有关文献来看，从物理学起始的思想实验已延伸到其他自然科学的研究中，也影

---

① 苏芯.思想实验——人类对世界和自身最大胆的假想教程 [M].南京：江苏人民出版社，2012.

② 同上。

③ 同上。

④ 同上。

响着人文科学，亦即人文科学也需要类似的"思想实验"。[①] 此外，"思想"实验也呈现出一种可能，即开始用"假想"以至"狂想"观照实践。就是说，从原来意义和规定性来看，"思想实验"与提出观点再到实践中加以检验是不能等同的，是两回事，但这一规定我们可以作适当的迁移。研究者们发现，"思想实验"的表现形式是多样的，对推演大脑认知和心理变化具有积极的作用。"思想实验"的假想性也可以在现实中得到一定程度的实现。[②]

3."思想实验"可以迁移到教学改革实验中来

据此，我们有种大胆的"假想"或"狂想"：将"思想实验"迁移到课程改革、教学改革中去，即能否也在教育教学改革中进行"思想实验"呢？

笔者以为是可以尝试的，说不定还是种突破性的进展和进步。其一，"思想实验"实质上是思想大解放。当下，教育领域的解放仍是不够的，尤其是解放学生，解放教师，还很不够。因此，学生的元认知思维、批判性思维、创造性思维发展很不理想，往往重在"用"而忽略"思"。需要郑重说明的是，经世致用当然重要，当下学生的动手操作与实践的问题确实很多，但与此同时培养想象力、好奇心的问题更多更突出，教改中带有原创性的思维仍然缺失，这样下去教育将会走向平庸，"钱学森之问"将得不到根本性化解。其二，教师的专业发展需要寻找新的理论支撑，摆脱对原有路径和传统经验的依赖。实践中，教师的专业发展视野不宽、格局不大、突破不够，需要在思想上作进一步开放与跃迁，从技术化的路径中走出来，促进教师思维的创新以及思辨的深刻。"思想实验"正是对教师专业发展的一种新的激发。

基于以上背景和思考，笔者以为在卓越教师的范围内，提出教育教学改革的"思想实验"，还是很有战略意义的。当然，教育教学改革的"思想实验"，不是严格意义上的，而是较为宽泛意义上的，其本身就具有"假想性"，不过，这值得尝试和探索。

可贵的是，正是在这方面，华应龙的数学教学改革其实已经自觉不自觉

---

① 苏芯．思想实验——人类对世界和自身最大胆的假想教程 [M]．南京：江苏人民出版社，2012.

② 同上。

地进行着"思想实验"。倘若，他能更自觉地进行，那么就很有可能从"思想实验"的角度进一步审视自己的教育教学改革，从更高的角度、更深的层次发掘自己的教育思想，提炼自己的教学经验、教学特色、教学艺术、教学风格，进而在思想的引领下，走得更深更远。同时，这对其他教师的成长、对教育教学改革的深化，也是一种更为重要的引领。"思想实验"，这一命题值得关注与思考。

二、华应龙的"思想实验"源于超越精神下的思想激荡，把握了教学之魂——数学育人

教学改革的"思想实验"，首要的是教育思想的凝练与提出。

30 多年来，华应龙一直在课堂里深耕，在数学世界里寻寻觅觅，在数学教学研究的天地里上下求索。寻觅、求索，成了他的习惯和工作方式，让他进入了思维王国。而思维王国里的思维激荡，又让他建构起数学教学的价值坐标，创造了一套具有个性的教学操作系统和充满魅力的教学风格，最终在价值坐标的轴心中，把握了数学教学的灵魂，进而逐步形成思想实验的图谱。不难理解，为什么华应龙的数学教学充满思想的张力。

华应龙一直在追寻自己的教学教育思想，有形而上的追问，有根本性、原创性的思想追求。这是一个精神与思想共生的过程。

1. 华应龙的精神标识：超越、创造

2019 年版的《阅兵中的数学故事》课堂实录中有华应龙的一段文字——"课前慎思"，袒露了他的心路历程，表达了他的精神追求。一是期盼。"盼望着，盼望着，国庆就要来了，阅兵的脚步近了……"这种朱自清风格的描述方式，表现的不只是他的文学素养，更表达了他对祖国强大、民族复兴的"春的期盼"，心里激荡着真挚的爱国情，一个农村苦孩子的朴实情怀如今化为诗一般的语言，但仍是那么真实。当然，他还期盼伟大新时代的伟大新节点，给他带来新的教学实验的契机和灵感。二是挑战。他说，2015 年 9 月 3 日举行纪念中国人民抗日战争暨世界反法西斯战争胜利 70 周年阅兵式之后，他执教的《阅兵中的数学故事》产生了非常好的反响，"我很受鼓舞，这次想再次超越自

己"。超越，是自我挑战；再次超越是不断地自我挑战。而自我挑战，意味着不囿于以往的经验，不止于既有的成绩，在挑战中跨越、突破，走向新的高度。三是视野。他把目光投向阅兵的方方面面，电视、报纸、微信及访谈，让他的视野变大，思维的触角变多。他说，"深深沉浸在震撼和自豪之中"，"抑制不住地陶醉其中"，为的是视野与未来相连接，激发教学的灵感，扩大教学的格局，"上出一节崭新的《阅兵中的数学故事》"。

期盼，迸发出自豪感和责任感；挑战，激发起勇气和创新的力量；视野，使用大数据建立了宏阔的背景。这一切都聚焦于一个主导词：超越。超越，成了华应龙的精神标识，成了思想飞扬的动力。纵览科学发展史、人类文明进步史，著名的十大"思想实验"，都源于超越、创新精神的驱动，源于对未知和未来的勇敢而大胆的追求。

2. 华应龙的思维特征："胡思乱想""脑海盘旋"

华应龙的脑中永远有问题，心中总是"不安分"的，闪烁着思想的火花。执教2019年版《阅兵中的数学故事》课前，他脑海里跳跃着一个个问号：速度意味着什么？背后是怎样的数学问题？能否向"图形与几何""统计与概率"等方面拓展？天会不会下雨？如果下雨，阅兵又是一个什么故事？而我的《阅兵中的数学故事》该怎么调整……想不完的问题，闪不完的念头，一个个猜想，一种种预构……华应龙用两个词来描述他的思考状态："胡思乱想""脑海盘旋"。这是他思维的特征，他很享受这种思维的过程。其实，这特征是他思想激荡的表征。"胡思乱想"，思维向四面八方打开，向所有可能性开放，让各种想法自由进入，毫不顾忌，毫无障碍，原有的秩序被打破，新的结构开始形成；"脑海盘旋"，各种想法不断地汇聚、交流，在汇聚、交流中碰撞，在碰撞中选择，在选择中再次修正。盘旋，翻腾，激荡，才可能有思想的飞扬。非常有意思的是，哲学史上曾经出现过"魔术师时代"，被称为"思想的魔术"。[①] 正是"思想的魔术"谱写了一首彼此交互、气势澎湃的交响乐，其实质是思想的激荡，带来的是思想实验。华应龙后来做了一个梦，梦见他自己正在上《阅兵中的数学故事》。突然，"阅兵之美，美在速度""阅兵之美，非常

---

① 叶子. 思想的魔术，见证时代的奇迹 [N]. 报刊文摘，2020-02-05（06）.

之美"，出现在板书上，也写在了他的心里。梦醒了，2019年版的《阅兵中的数学故事》的立意高高地竖立起来了："借数学语言，礼赞阅兵，讴歌祖国，帮助学生升华爱国心。"这个梦是他日思夜想、胡思乱想的结晶，是在脑海盘旋后的定位。"思想实验"的"假想"往往是一个精彩的梦。

3. 华应龙的数学认知：我与数学

超越自我的精神标识，"胡思乱想""脑海盘旋"的思想激荡，华应龙始终没有离开数学，没有离开数学的特质，也从来没有停止过关于数学本质的思考。数学是离不开人的，既离不开人的享用、探究，也离不开人对数学的发现和发展。华应龙把对数学教育思想的探寻与凝练置于这样一个特殊的框架中，同样表现出他的视野与格局，也必然表现出他的格调。他写过几本书，前后出版的，书名始终是"我"与"数学"的格式的表述：《我就是数学》《我不只是数学》《我这样教数学》《这才是数学》（后改为：《教育要给学生留下什么》）。他说，"'我就是数学'乃是自我安顿、自我期待与自我鞭策；既用数学修身，也用数学立命"。把数学当作安身立命之本，是数学之于华应龙本人的价值认知与追求。他又说，"'我不只是数学'，我的数学课堂上不是只有数学的知识，还有中华优秀传统文化，有人生规划，有科学文化，有哲学之思……基于数学，将儿童的数学学习嵌入有意义的情境之中，是我的使命"。从"立命"到"使命"是价值立意的迁移，也是一种跃升，即数学不只是为了自己，更是为了儿童。无疑，"这才是数学"是将教师、数学、儿童三者结合在一起，统一在一起，融合在一起。当然，才会有"我这样教数学"的归结，才有价值的最终认定与落脚。层层递进，步步深入，最后坚定在四个字上：数学教育；又凝练为两个字：育人。于是才有了2019年版《阅兵中的数学故事》的价值承诺：阅兵数学课，厚植爱国心。华应龙在追索一个核心思想："思想实验"不是漫无目的的，而是为人的发展，是为人类更美好的未来服务的。"思想实验"的坐标上，"育人"两个字熠熠闪亮。这样，"思想实验"才有思想的基础，也才有更鲜明的方向感、更坚定的使命感。我想，喜欢哲学并常常读哲学的华应龙一定会深悟赫拉克利特对"逻各斯"——法则、根本尺度的解读。① 而华应龙"思想实验"的"逻各斯"在于教学育人。

三、华应龙深深地扎根于数学育人的教育思想，形成了"化"的教学主张，推动"思想实验"的进程

科学史上的"思想实验"，只停留在假想或狂想状态，并不要求落实在实践中，当然这并不意味着"思想实验"永远无法实现。我们将"思想实验"迁移到教育教学改革中来，目的就是想开辟一条可以实现的路。这就要寻找一种能落实并且实现教育思想的教学主张。华应龙长期实践、提炼的教学主张是："化"。

华应龙常说自己有个情结始终放不下："化错"。放不下是不舍得，不舍得就得坚守。他放不下，自有他的道理。有情结，有情怀，就当持之以恒；况且，教学主张一定是自己的，只要自己理解、把握、用好，就坚守；教学主张不是让别人看的，不是用来竞赛的，是为学生服务的，对学生发展有效，就坚守。华应龙坚守了。但他永远感谢所有关心他的老师和专家，他们的提醒和建议永远铭记在心中，正是他们，让他思考，让他吸收。因此，华应龙一直在"化"数学，"化"教学，也一直在"化"自己，而且首先"化"自己。"化"自己，才能"化"数学，"化"教学，最终才能去"化"学生。

我以为，"化"应当是华应龙教育思想引领下的教学主张。这一教学主张源自他的教育情怀，生长在他的实践中，凝练在他深深的思考中。这一教学主张的提炼有个过程，即从"融错"走到"化错"。华应龙不断地解读、阐释，在阐释中走向自洽、走向深刻。解读、阐释实则是一种"化"。

"化错"是华应龙迈出的极为重要的一步。他对"化错"的阐释是：其一，化错不等于纠错。纠错追求的是结果，而且往往把结果当作目标和目的。而化错是个过程，在这样的过程中，学生静下心来，认识错误，梳理错因，寻找化解的方法，从中体悟出道理、规律。和纠错不同，化错的结果不只在于对差错的破解，更在于由此及彼的拓展。其二，化错的着眼点不在差错本身，而是从中找到正确的方向。化错，容易以为只关注错，其实不然，虽着力于差错的化

---

① 斯蒂芬·罗. 哲学：目击者文化指南 [M]. 吕律，柯群胜，译. 北京：旅游教育出版社，2010：238.

解，着眼点则是从差错中发现正确的方向；此处的错已成为教育的资源、瞭望远处的平台、发展的契机。"化错"之"错"是迈向正确的一个极妙的出发点。其三，化错是为了让学生积极参与。发生差错是一种主体行为，化错是让发生差错的主体自己去破解、去化解，而不是依靠教师简单的指出、粗暴的指责，更不是教师代替学生去解决。相反，它是一个在教师指点下学生积极参与的过程。显然，化错不是消极的，更不是负面的，而是教育意义的充分展开与展现。其四，华应龙提出"化错养正"的理念。"化错"，"化"的是一个具体的差错，却在"化"的过程中培养了学生虚心好学的态度，化解的技巧，综合运用知识的能力，细心、耐心、专心的学习品质与行为。化错使学生增长了信心，产生了兴趣，生长了智慧。中华优秀传统文化中，"养正"的思想精髓在"化错"中得以体现，并发出了异样的光彩。华应龙对化错的这一情结，是有思想支撑的，其本身就是一种教育思想。

华应龙言之有理。尽管如此，他在坚守的同时，仍然在不断地探索，想进一步"化"自己。这样做的目的，是为教学主张这一概念寻找学理的支撑，让教学主张更精准，进一步提升教学主张的学术含量和专业品质，最终让学生在教学中受益，当然也是为了再次挑战自己。他在阅读大量的文献和有关著作后，诚邀专家学者为他问诊把脉，获益良多。其中，叶澜教授给了他理论上的指导和概括。叶老师首先从对华应龙的认识开始。她认为华应龙非常喜欢学生而且能读懂学生，热爱数学且潜心研究，有底蕴，有自己的教育思想、教学风格，是一个追求课不惊人誓不休且在课堂里自如的人。叶老师的评价启发我们，无论是教育思想、教学主张，抑或教学风格，都不能离开人，因为主张、风格首先是关于人的。在这个前提下，叶老师认为华应龙的教学不只是在"化错"，而是在"求化"，然后概括了"求化"内涵的要点："努力将自己对人生对数学的领悟化到数学教学中去，把数学与他的人生化为一体"；"在教学过程中，把'趣'化为严谨的'思'，又以'思'提升'趣'"；"把中国传统文化中自己领悟的东西化到教学中去，呈现出人文关怀"；"把难化为易，把易化为深入，把点化为面，把每一节课化到学生的生命成长中去……"[①] 叶老师

---

① 叶澜. 在"化"中走进教育的本身 [N]. 光明日报，2015-01-27（15）.

鞭辟入里，犹如春风化雨。显然，"求化"将华应龙的教学主张提升到一个更高更科学的层面。这是华应龙学术进步的重要一步。

看来，无论是"化错"，还是"求化"，其精髓是"化"。将"化"作为华应龙的教学主张，顺其自然，也恰如其分。作这样的归结和概括，还在于"化"体现了数学的特性。数学是思维的体操，就是一个不断"化"的过程，"化"将思维的体操这一数学特性具体化、生动化了，让思维看得见、可操作化了，这是其一。"化"也符合儿童特性。儿童学习知识是一个变化的过程，儿童喜欢在"化"中求知求变求发展，从"化"中发现未知的秘密，发现一个新的世界，"化"也成了儿童学习的密码，这是其二。"化"揭示了教育的本质。教育就是唤醒，就是激发，就是点燃，就是鼓舞，而不是简单的告诉、机械的训练、分数的呈现，而"化"是唤醒、激发、点燃、鼓舞的具体策略和方法，是智慧生长的过程，它抵达了教育的核心，这是其三。如果用中华文化的"大成""致广大而尽精微，极高明而道中庸""知行合一"等观念来审视，也不难看出，"化"是中华文化的思想精髓，"化"也是一种文化的方式，这是其四。华应龙多次这么说："我想留下'化'。"这已不是深深的情结，而是深度理性思考后的坚持。所以，华应龙将"化"作为自己的教学主张理所当然。至此，华应龙的"思想实验"的概念链已基本形成：（1）想象与设计——思想的激荡；（2）数学育人——教育思想；（3）"化"——教学主张；（4）"化错"——教学的策略与方式。他的思路是：以数学育人为宗旨，通过丰富的想象来设计，用"化"的教学主张来推进，以"化错"的方法来落实。其实，这些"思想实验"中所指称的"概念工具"，是华应龙"思想实验"的路径。

四、华应龙基于数学特质，用"化"的主张，"化"出了扎实、精彩的育人过程

华应龙是个智者。他坚持"化"的教学主张，驾驭了数学的艺术，用创新精神"化"出了一堂堂极有魅力的好课，"化"出了育人的实现方式，让"思想实验"的图谱生动地呈现在课堂里，让学生心潮逐浪高。

无论是什么样的教育教学改革实验，也无论要"化"出什么，华应龙都牢牢把握着教学的准绳与准星。准绳就是数学学科，即教学要基于数学特质，从

数学教学的独当之任出发，并在教学过程中彰显数学的特质；准星就是数学教学的宗旨——育人。只有把准绳置于准星之上，才能让育人真正落实在不同的学科教学中，不同的学科才能从不同角度寻找育人的落脚点，形成育人的合力。

1. 华应龙凝练了教学的主题，"化"出教学核心价值的崇高追求

数学课离不开数字。这堂《阅兵中的数学故事》出现了一系列的数字：70周年、7万支、6米、75厘米、0.03秒、96米、13个间隔、1.4米/秒、84.2秒、15000米、30分钟、8333米/秒……一如毕达哥拉斯所言："一切皆数字。"[①] 华应龙没有停留在数字的表面，而是让数字"带上温度"。所谓"带上温度"，虽诗意却有深意。其实，数字看起来冷冰冰的，却内蕴着丰富的意涵，但这些意涵需要人去开发，这是一个"化"的过程。华应龙用"化"的方式，让数字透射出饱满的情感、严谨的科学态度、鲜明的价值方向，还有磅礴的力量，而这一切都会随着数字沉淀到学生的文化心理中去。比如，"破解6米谜"，学生感受到的是"哪里有数，哪里就有美"的审美意义；"为了神圣的84.2秒"，学生体悟到的是"宝剑锋从磨砺出，梅花香自苦寒来"的精神砥砺；"解说东风-41"，体会到的是中国速度、中国精度、中国力量的自豪，以及不让穷兵黩武的子弹飞起来的和平信仰；尤其是速度快与慢的语境意义和辩证法的哲思……后来，华应龙给黑板上那个大大的"数"字，画了个圈，他问学生："看到数了吗？""数在哪里？"学生们回答："都看到了"。此时，"看到了"已不只是用眼睛看到了，而是用"心"看到的。就这样，"阅兵数学课，厚植爱国心"，"化"在了课堂里，"化"在了他们的心灵里。相信以后，他们再去看那些数字，会把心用上，用透视的方法，去"化解"数字背后的秘密，揭示世界的真相。

2. 华应龙巩固了学生的主体地位，"化"出了儿童立场与儿童智慧

从教学的那天起，华应龙便爱上了儿童，直到现在，他还站在课堂上守望儿童。因为爱上了儿童，他才爱上了教育，爱上了教数学。他与儿童文化互构、人格互塑。对儿童的爱，首先是让儿童成为教学中的主体，对此，始终不渝，这是他所确定的儿童立场的核心内涵。由此，生出教育的智慧，也"化"

[①] 斯蒂芬·罗. 哲学：目击者文化指南 [M]. 吕律，柯群胜，译. 北京：旅游教育出版社，2010：234.

出儿童的智慧。这堂课有以下"化点"。

"化点"之一：从课前参与开始，让学生经历全过程，体会学习是自己的事。华应龙设计了"课前研究单"，让学生课前就进入学习状态。课前他认真阅读了这些研究单，课上通过投影呈现出来。这一切都不是走形式，而是"走心"。他对全班学生说："大家做得特别漂亮！""徐李嘉是谁呀？挥挥手就好，你收集的数据非常棒，提出的问题和问题的解答都很好！"上课时，还不时从上衣口袋里掏出学生的研究单，亮一亮，赞一赞，将学生课前学习的状况随时呈现给大家。此时，研究单不是摆设，而是学习的线索，告诉学生，这一切都是你们做的，你们才是课堂的主人。华应龙这么说："每个学生的研究单上都会留下我批注的痕迹，学生先被感动了；教学过程中，点名道姓地表扬学生的好问题，这可能是他们流泪不舍的原因。"

"化点"之二：以尊重儿童为起点，让儿童感受人格的尊严。尊重不只是教育的起点，其本身就是一种教育。尊重在细节中。有这么一个细节，华应龙请学生打开练习本，写上自己的名字，并说："如果你名字中的某个字，我可能读错，麻烦您帮我把那个字注上拼音，我真的会读错的。"结果一个同学的名字三个字都注上了拼音，他问为什么。学生说：怕你都不会读。这里，自然想起教师读错学生名字的事是常发生的。"我可能会读错"是华应龙的预见和警惕，这姑且不论，他是这么回应学生的："哦，把三个字都注上拼音，就是在提醒我，下一次说要求时，要把'容易读错'四个字说重一些；同时也在提醒同学，只有认真倾听，才能更好地回答；每一个差错，其实都是一种提醒。"无需多解读，什么叫尊重儿童，什么叫儿童立场，什么叫智慧，"化错"化的是什么，答案都在里面了。

"化点"之三：用故事串起学习的内容，在分享中让故事人格化。在《阅兵中的数学故事》这堂课中华应龙确实是用故事串起了教学，文题相符。数学教学故事化，大家都在尝试，华应龙的高人之处在于用故事为大家提供一个可分享的世界、可讨论可学习的平台，其意义不只在故事本身，而且在故事的分享之中。华应龙用谈感受的方式来引导分享，像是在讲述另外一个故事。尤其是那个"东风-41"从南通飞到美国需要多长时间的问题。华应龙说：美国人也在想这个问题，学生们不禁笑了起来。他又说，美国军事专家惊呼：中国的

"东风-41"太厉害了！课快要结束时，学生谈学习收获时说："我为中国人而骄傲！""我从'东风-41'上看到了中国人的美好品质，即便有了强大的武器，但是为了和平，我们可以不用。"当全场爆发出热烈的掌声的时候，这何止是故事呢？在分享中，在数字中，故事人格化了，而人格化的故事融化在学生的人格中了。"化成"是有核心价值支撑的，是有大方向的。这是最伟大的"化成"。

3. 华应龙紧紧围绕数学思维，用"化错"的方式，"化成"出了学生能带着走的学习力

思维是数学的特质。问题是，我们究竟该怎样培养学生的思维能力。华应龙的密码就是"化错"，在"化错"中暴露思维的差错，在思维的差错处寻找正确的思维方向，在思维的碰撞中，"化"出以思维力为核心的学习力。

首先，创设自由轻松的课堂生态，让儿童在紧张的智力生活中拥有快乐的表情。叶澜老师的评论很中肯："华应龙在课堂中很自在。自在表现在他脸上的笑容、日常生活化的教学语言、与学生伙伴式的关系、协商性的讨论、随意的幽默一下、故意装出的困惑样……"这些"自在"都让学生轻松起来，"化错"，首先告诉大家，课堂是允许出错的地方，不必紧张、不必担忧，孩子们的表情也会是快乐的。快乐的表情是内心愉悦的确证，又是和谐、合作的师生关系的内核。正是这种师生关系带来了良好的课堂生态，形成了自由的学习场。但是，自由轻松绝不意味着学习的简单、认知的肤浅、思想的平庸，恰恰相反，华应龙的课堂里永远有挑战的召唤，智力生活既是宽松的，又是紧张的。富有意义的紧张的智力生活，才是有深度的，才能带来真正的快乐。在这样的生态里，什么都可以"化"出来，创造的奇迹都可以发生。

其次，引导学生观察，暴露思维过程，学会思维碰撞。课上的视频、图片、研究单，还有不少的数字及计算式，都是观察的对象。杜威说："观察即是探索，是为了发现先前隐藏着的、未知的事物，以达到实际的或理论的目的而进行的探究。"[①] 观察还为了"提出假设性的解释""验证暗示的观念"。[②]

---

① 约翰·杜威. 学校与社会·明日之学校 [M]. 赵祥麟，任钟印，吴志宏，译. 北京：人民教育出版社，2005：162.

② 同上：163.

观察与探究紧密联系，观察就是探究。观察、探究由思维贯穿，产生思维的对撞、思想的激荡，从中看到问题，提出假设、发现未知，观念在其中产生。"为了神圣的那一刻"，堪称观察、探究、思维碰撞的经典，诸多数字让人眼花缭乱，但又层次分明、逻辑清晰，为了那个精准的"那一刻"，经历了多少个思维"那一刻"，才终于有了"神圣的那一刻"。其间，观察力、生成力、研究问题解决问题的能力都得到发展，这些以思维力为核心的学习能力，学生是能带着走的，也是能带得走的。从这个角度看，"化错"是学习能力的综合。

再次，引导学生进行关联性学习，"化成"学生解决问题的综合能力。《阅兵中的数学故事》这堂课至少有四次关联性学习。一次是方队长度、检阅区长度与火车过桥问题的关联，一次是士兵之间的间隔与植树问题的关联，一次是140 米／秒的速度与中国高铁速度问题的关联，还有一次是数学语言与语文词语的关联。这些关联，不是老师布置的，而是在学习中自己生成的。知识之间本是相互联系的，学科的边界应该打开，进行关联性学习，引导学生找到知识的连接，挖掘新的意义，培养他们综合解决问题的能力。这不是"化错"，而是"化成"，"化"是矛盾的转化，价值意义的创造。

五、华应龙的"思想实验"深植于中华传统文化中，充溢着中华美学精神，让学生产生审美体验

华应龙不是思想家，却是一个思想者；不是实践家，却是一个有理论追求和支撑的实践者。他站在理论与实践的中间，进行富有思想引领性的教学改革，将始于西方、源于自然科学伟大假想的"思想实验"用到自己的课堂中来，具有可贵的创新精神。他的可贵，还在于将"思想实验"深植在中华传统文化之中，充溢着中华美学精神，彰显教学改革的中国特色，让学生在学习中有美的历程，获得审美体验。

华应龙有着文化自觉。他铭记着一句话：爱国就要传承中国文化。对于弘扬中华文化有着敢于担当的责任感和使命感，表现为一个教师的文化自觉。他教数学，但30 多年来，不仅读数学专业书，还读人类科学的著作，尤其爱读中华文化经典，读老子、孔子、庄子、王阳明，读杜甫、李白、苏轼、李清照……中国诗词比语文教师背得还要多、熟悉得多。因此，在教学上，可以不

经意地运用国学经典和古典诗词，而且用得合时合景，恰到好处，让数学课飘溢着中华文化的古典气息。但是这一切，都不是装饰，更不是炫耀，而是引导学生在数学课堂里进行科学与文明的对话、东方与西方的互鉴、古典与现代的交流，让学生增强对中华文化的自豪与自信，在心里亮起一盏中国灯。这说明，"化"与文化同义，是一种文化方式，也是一种文化力量。

华应龙从中华文化的深处去阐释"化"的命脉。"化"活在中华文化的深处，又活在现代文化中，闪烁着时代的色彩。"化"的根与魂都在中华文化中。《说文解字》里对"化"的释义是："像人一正一倒之形。"[1] "化"原本与人有直接的关联，与人的合作有关。"化成"是人的主体行为、创造行为，因为有人，才能"化"出一切，人的变化是一切变化的根源。与此同时，"化"还与人有更深切的关联：对人的化育。人既是"化"的创造者，又是"化"的对象与宗旨，改变人，即"化成"人。由此，我们不难理解，"化"的构词能力特别强，意味着有生成的诸多可能。从中华文化的深处，把握了"化"的命脉，让数学教学延续中华文化的命脉，将具有中国特色的教育教学改革扎根在更丰厚的土壤里，站在更坚实的平台上，立德树人的根本任务就会得到落实。

华应龙的数学课堂里洋溢着人文与审美色彩。浓郁的人文色彩，既有道德关怀，又有智慧之门的开启；既有科学的启蒙，又有审美的体验。孔子在《论语》里说："知者乐水，仁者乐山。知者动，仁者静。知者乐，仁者寿。"[2] 阐释的是智慧与仁爱的关联性：相互渗透、相互支撑、相互促进，同时阐释了儒家学说中关于人格完善的两个重要维度。华应龙就是善于把道德意义镶嵌在数学智慧中，用道德的方式将知识转换为智慧。这种文化的相融性同样表现在道德与审美中。中国文化中道德与审美相通相融，审美不仅是道德教育的津梁与手段，也是道德教育之美的象征和对道德的召唤。从伦理学看，美即是善；从美学看，善即是美。华应龙深谙其间之意，教学中多次出现的数字之美、阅兵之美、速度之美即是知识、道德、智慧、审美的融合体，学生的学习过程是美的历程，是体验审美愉悦的过程，这是华应龙的数学教学魅力之所在。"化"

---

① 杨洪清，朱新兰 . 现代说文解字字典 [M]. 北京：群众出版社，1997：88.

② 杨伯峻 . 论语译注 [M]. 北京：中华书局，1980.

是融合的过程，也是审美的过程。

华应龙从中华文化中寻找到哲理，让数学教学更具深刻性、思辨性和价值引领性。教学中关于"东风-41"的教学片段，上文已两次提及，这一教学设计有一个变换的过程。开始讲到"东风-41"的中国速度时，曾经为应和学生的想象，说可以飞到美国纽约。课后反思时觉得不妥，但又不舍得割爱，因为这是一个极好的教育资源，可以开发出价值教育的一个要义。在查找资料之后，他修改了教学设计，改变了提问的方向，华应龙这么说："我们中国人以和为贵，'东风-41'一直不用飞起来，那是我们衷心希望的，那就是'东风-41'最大、最好的用处。所以，孩子们，'东风-41'的弹头上分明写着我们祖先的名言'无用之用，方为大用'。"中国的哲学思想一定会比那"中国精度"和那些数字以及公式，让学生感受更深，也影响更久远。这种潜移默化之"化"，沁人心灵，这就叫作铸魂育人。

中华文化让华应龙的数学教学"思想实验"走向一个新的境界。

提出教学改革的"思想实验"只是思想解放下的一种试验，这样的探索有许多值得讨论的地方，也一定是有意义的。

高考考得很少，未来考得很多
——理科教学育人的实践与思考

一次，我在与大家分享了学科育人的心得体会之后，正要跨进小车回宾馆，一位女教师追上来，拦在车外，对我说：您讲的学科育人很重要，讲得也很好，可惜您讲的都是语文的，那么，您能讲讲理科的，比如，数学学科怎么育人？她问的正是我的软肋，我教过语文，理科从没教过，学得也比较差。当时我的回答是：您的追问很重要，容我再想想。

确实，学科育人不只是语文学科、人文学科的根本任务，数学、理科都要落实育人的根本任务，立德树人是所有学科共同的根本任务。假若，只在少数学科进行，那么立德树人的根本任务就不能全面落实，也就不能真正落实；假若，学科育人研究，也只在少数学科进行，其他学科老师存在的困惑、困难得不到解决，也会影响立德树人根本任务的全面落实。这位女老师的追问，倒是个提醒，而且显现了教师们追求的自觉、积极、主动，其紧迫性也是不言而喻的。

答案在哪里？答案还在老师自身。老师们已在实践中进行了不少探索，而且被实践证明是有效的，老师们的创造是学科育人经验的源泉。我曾在南京师范大学附属中学听了一场报告，报告者是化学特级教师保志明，报告的题目是"理解教学育人的思考"，朴实、大气。她讲了很多化学学科的专业知识，我没有全部听懂——没听懂是正常的，这样，才算得上是学科育人的学科性——学科育人不是所有学科一个样，不是教育的同质化，恰恰相反，应当是和而不同，其不同正在于难点和重点，正是学科的差异带来了学科育人丰富多彩、生动活泼的情景和局面。

以上算是导语，是引子，但绝非多余的。保老师的实践探索与思考给了我们以下一些重要的启发。

一、理科育人要置于立德树人根本任务之下，用发展素质教育的理念、思想来推动

保老师在报告的最后说："高考考得很少，未来考得很多。"这两句话令人回味、寻味，引发我们许多深刻的思考和美好的想象。其一，高考是普通高中绕不过的一个极为重要的环节，但高考不是普通高中教育的全部，不是普通高中教育的唯一目的，不能以高考排除普通高中教育的其他目的和内容，不能简单地以高考成绩来评价普通高中的办学水平，因为，"高考考得很少"。其二，教育是为了创造幸福的人生。人生是一场考试。未来在召唤我们，未来也在考验我们，未来是对人生持久的、全方位的考试，因此，"未来考得很多"。其三，创造美好的未来，不能以牺牲学生当下的幸福而换取未来的美好，处理好当下与未来的关系，应当确立"高考考得很少，未来考得很多"的观念，在"考得少"与"考得多"中寻找平衡，发挥两者的张力，让当下与未来智慧对接。其四，面对未来，学生应当是终身学习者，而终身学习者的能力应该在当下的教学中，包括在课堂教学中打好基础，让他们有带得走且带着走的东西——学生发展核心素养。其五，因为此，教育教学必须坚定地进行教育改革，教育改革的真意与深意是为未知而教，为未来而学。保老师在报告的最后摘引了《为未知而教，为未来而学》中的一段话："也许，我们需要以一种全新的视角来看待教育，在教育中既关注已知，也关注未知。也许，我们需要一种更具有'未来智慧'的教育视角，在复杂而多变的世界努力培养人的好奇心，启发人的智慧，增进人的自主性和责任感，引导学生积极地、广泛地、有远见地追寻有意义的学习。"[①]

"高考考得很少，未来考得很多"的诸多内涵，聚焦于以下几个问题。首先，聚焦于人，教育中应当见人，应当以人的发展为核心，以人为主体。其次，聚焦于教育的目的，即教育不是为了考试，所谓的"未来考得很多"指的

---

① 戴维·珀金斯. 为未知而教，为未来而学 [M]. 杨彦捷，译. 杭州：浙江人民出版社，2015：8.

是未来的发展。再次，以上两点的结合，又聚焦于发展素质教育。素质教育是教育的核心，发展素质教育是中央的号召和要求。在某种意义上说，"高考考得很少，未来考得很多"是素质教育的另一种表达，理科教学育人、学科教学育人是发展素质教育的必然的具体要求，素质教育是理科教学育人、学科教学育人的背景、理念支撑和机制保障。相反，应试教育不是育人，而是育知识、育分数，应试教育已将理科教学育人、学科教学育人排斥在外。应试教育只有高考，而没有未来。

保志明老师的理科教学育人思考站位很高，把握得很准，她将理科教学育人置于发展素质教育的理念、思想之下，自觉地将立德树人的根本任务落实在理科教学中，这是非常可贵的。

二、科学方法与理性思维：理科教学育人要基于并彰显理科特质

保老师关于理科教学育人有三方面的思考。第一个方面是理科教学育人要重在学科方法与理性思维的培养上。学科方法是科学方法在学科中的具体体现。笔者以为，这是基于理科特质的思考，是对理科核心素养的表达与追求。

她在报告中用了三个案例来解读，寻找了三个要点，聚焦于学科的特殊要求，揭示了培养学科方法与理性思维的三个要义。这三要义既是内涵，又是路径和方法，具有学科的专业性以及论述的逻辑性，环环相扣，步步深入，让学生在学习的过程中，接受多次的专业训练，形成结构，培植专业品质与专业精神。我们试着作些赏析。

第一个案例，其要义是"从观察开始"。什么是观察呢？怎样进行观察呢？"从观察开始"，要走向哪里呢？保老师让学生持续地经历：观察—推理—质疑；再观察—再推理—验证；再质疑—再推理—再验证—再推理……多次反复，持续进行，显然这是一个不断深化、优化的过程，是循环上升的过程。这一过程充满着有价值的学习——有意义的、深度的、结构化的。这第一个要点，点击了理科教学育人的学科特质和要求的第一个要义：从观察开始。

第二个案例，其要义是"证据与逻辑"。她举的例子是化学键的结合。化学元素周期表上有 100 多种元素，可化合物超过了 50 多万种，这是为什么呢？是因为原子的组合。原子是怎么结合的呢？其中有结合的秘密，当然也有

不结合的秘密。无论是结合还是不结合，都需要寻找证据，发现其中的逻辑，把握其中的规律，这就需要构建"原子聚集模型"。但是，对此还需要追问：这一模型合理吗？就在不断追问、探究中，学生逐步有了"模型认知"，获得了搜集证据和学会推理的方法，让学生有根有据地说话，在学科逻辑推理中，学会了"学问思维"，即"有组织的思维"。[①] 在这样的"学问思维"中，概念不是孤立的，而是在相互关联中，形成逻辑结构。这第二个要点，点击了理科教学育人的学科特质和要求的第二个要义：关注证据，把握逻辑。

第三个案例，其要义是"从看得见到看不见——自发的方向"。具体实验是：酚酞滴入氢氧化钠溶液中，溶液呈红色，为碱性。有看得见的，但不能止于看得见，还要发展到看不见，因而就有了"自发的方向"。这一"自发的方向"可以迁移到或者体现在数学、物理等其他学科中，最终寻找到了自然界的"理"，看不见的就是这个"理"。这第三个要点，点击了理科教学育人的学科特质和要求的第三个要义：从看得见到看不见。

三个案例，即三个要点，揭示了三个要义，让我们再次审视学科的价值。这就有必要回到"学问中心课程"理论上去思考。所谓"学问中心课程"，有三大特点：学问化、专门化、结构化，[②] 而"学科的学问性"，犹如"知识构筑学"，从这种"知识构筑学"中又可以引申出"教学构筑学"[③]，构筑的结果是学科和学科教学，其特点是"分析简化""综合协调""推动力"，[④] 而其酵母就是"卓越的观念"和"卓越性的形象"。[⑤] 在这一过程中，学科，尤其是理科需要注重"形成问题意识""树立假设""检验判定""陈述结论"。这就是学科及其教学的价值，尤其是理科及其教学的独特价值。保老师的三个要点，揭示理科教学育人的要义，在于要像科学家那样去学习、去探究、去发现、去创造，使科学精神、科学品质、科学方法、科学思维得到培养。我们的培养不只

---

① 钟启泉 . 现代课程论 [M]. 上海：上海教育出版社，1989：121.

② 同上：114-119.

③ 同上：122.

④ 同上：120-121.

⑤ 同上：111.

是为了培养科学家，更重要的是要培养科学素养。需要郑重说明的是，这不是让我们回到"学问中心课程"理论中去，我国基础教育课程改革以自己的课程理论、教育理论为基础、为支撑，扎根中国大地办教育，但决不排斥世界先进的课程理论，人类一切优秀的文明成果都要为中国的基础教育课程改革所用。"学科育人""教学育人"正是中国特色的教育理念，将会发展为教育理论。为此，我们应持续探索，创建具有中国特色的课程教学论。

三、自我迭代：理科教学育人要基于学生学会改变、更新和自我发展

如果说，"科学方法与理性思维"是基于理科的学科特质和独特要求的话，那么，"自我迭代"则是基于理科学习中的人——学生的自主发展。学科的自主发展，是所有学科教学育人的共同要求，值得注意的是，即使是共同要求，也要凸显学科特点，为此，保志明老师作了有效的探索，这也是其教学育人第三个方面的理性思考。

首先，保老师将学生自主发展定位于"自我迭代"。自我迭代本身就是自我发现、自我改善、自我更新的成长过程，是在重复当中主动改变、快速变化的过程，虽在重复，"版本"却在升级。自我迭代应和着教育的价值意义和目的：教育让人真正成为人。从这一认知出发，自我迭代既是教育的目的，也是教育的机制和切入口；自我迭代让我们寻找到教育的核心与重点，也就寻找到了学科教学育人的突破口与生长点。不仅如此，保老师将育人聚焦于自我迭代，努力凸显出化学学科的特点，使之更具化学学科的色彩，形成了育人的意蕴以至气象。这是一种育人的智慧。

其次，保老师从心理学上寻找依据，寻找自我迭代的基础、前提，抑或是机制，那就是应当改变学生的心理状态。她引导学生学习有关心理学的著作：《成长型思维》《发展心理学》《积极心理学》。在保老师的理念中，任何学科都不是孤立的，人是一个整体，发展中各元素之间是相互关联的，因而各学科之间也应当相互关照、相互影响。这样的理念当然会影响学生，学生在学科学习中会发生知识的自觉迁移：自我迭代是成长型思维，是发展性心理，是积极向上的心理状态。这一思考告诉我们，任何一个老师，把自己的教学封闭

在一个不开放的学科中，势必让学生的自我迭代受到禁锢，那么，自我迭代中重复的意义必然是简单的、毫无意义的。同时自我迭代的另一要义——问题导向也势必丧失，由此，成长思维被钝化，其育人效果可想而知。保老师的"跨界教学"为学科育人开了一个新口子，树立了一个榜样。

再次，保老师把准了自我迭代的重点：自我迭代要引导学生学会计划、学会执行、学会反思、学会改变。她寻找到的载体是"计划"，这一载体实质上成了自我迭代的突破口。她给学生的寄语是："有目标，有计划，有反思，优秀的人就是这么炼成的啊！我希望自己就是那个优秀的样子。"于是，她要求每个学生制订"自我提升计划"。考试前几天，她给学生的寄语是："我将依次完成下列任务清单。我知道科学合理地安排复习后，考场上我不慌，我将感觉试卷是我熟悉的样子。"于是，她要求学生制订"考前计划清单"。如何促进自我高效学习？她的寄语是："我愿意花15分钟深度思考并订正一个知识点，让失误成为财富。"于是有了学习习惯养成系列的另一个计划：订正……那么具体，那么细致，育人就在细节中。保老师有这样的信念：切实的计划可以养成良好的学习习惯，而良好的学习习惯可以成就人。她的理性思考是：自我迭代在"计划"中进行，在良好的学习态度、习惯中完成。显然，理科教学育人和其他学科一样，只有努力促进学生自主成长、自我更新，贴近学科学习，才能贴近学生，才能贴近实际，才会有效果。

四、团队学习，做复杂的事：理科教学育人要基于学科学习任务，促进合作学习，培养复杂性思维

保老师关于理科教学育人第三个方面的理性思考是关于学生合作学习、团队建设的。她有清晰的思路：从个人学习到合作学习，从个人发展到团队发展，从简单的任务到复杂的任务，促进思维的高阶发展，层层递进，不断提升。这本身就具有理科的特点和品质，专业化的程度很高。从这个角度看，所谓理科教学育人，推而广之，亦是学科教学育人，说到底是教师以自己的学术水平、专业品格、教学智慧和人格育人。这是育人的根本与关键。

随着科学理性的发展，对学习的理解也在拓展和深化：学习不只是个人的事，也是集体的。这是个合作的时代，伙伴精神体现着时代精神，建构学习

共同体，促进学生在合作学习中建设学习团队，以团队力量去做复杂的事，学会创新，成为有理想、有本领、有担当的时代新人。这是学习的新定义、新阐释，是学科教学育人的新方向。

保老师用两个创新的学习任务促进了学生团队的形成和创新能力的培养。第一个学习任务是高二的化学寒假作业。作业单的导语是："寒暑假是自主学习的珍贵机会，希望你成为自己的主人，安排不同于在校期间的学习。"作业单布置的作业是，"这个寒假我们需要继续共同完成一件伟大的'作品'——翻译培生化学（Pearson Chemistry）教材中的部分内容：有机化学的前两节"。作业单规定要做五件事："通读教材，理解意思；译成中文；在原版电子稿上用中文替换英文，排版成图文并茂的中文版；交稿审读；每个学习小组在寒假内至少需要完成一次线下交流会。"

寒暑假的作业要预习下学期的教材，已有不少教师作了尝试，但是要通读英文版教材，而且要翻译两节，同时排成图文并茂的中文版，这样的作业鲜见。其难度、挑战性可想而知，其吸引力、冲击力也同样可想而知，其内涵的丰富与深刻也是不言而喻的：教材预习的自觉性、教材理解的通透性、教材表达的文化性、语言文字转换的准确性、图文并茂设计的审美性、遵守教材翻译的规范性；还有，合作学习前的独立学习与思考，合作学习中难题的破解、关系的处理与有关技术的熟练运用，合作学习后的回顾、反思、总结，一切的一切都体现在这项作业中了。这已不是一石二鸟、一箭双雕所能涵盖的，而是全方位的、立体式的。事实告诉我们，面对着这一极具挑战性的复杂任务，学生们出色完成了。这是真正意义上的合作学习、深度学习，是深刻意义上的高阶思维、复杂性思维的训练。正是在这样复杂的情境中，学生得到了多方面的严格训练，做了一回教师，做了一回译者，又做了一回编辑和出版者，育人价值得到充分开发与最大限度的利用，毋庸置疑，育人目标正在实现。

保老师设计、布置的第二项学习任务是：高一新生暑期"科学盒子"项目学习。"科学盒子"里摆满了各种材料和工具，每人的"科学盒子"只是某一学科的，而要完成"科学盒子"里规定的任务，需要运用其他学科的知识，也就是说，需要其他"科学盒子"的主人来参与，在互助合作学习中完成任务。但是，这任务的完成，需要其他什么学科的知识呢？那就必须和其他"科学盒子"的主人沟通、交流、了解、协商，还要共同研制方案，分工合作，选取材料，运用工具，切磋反思，进行调整、改进，也许不只是需要一个人，而是需要一个小组，也许也不只是需要一个小组，而是需要好几个小组，成为一个大组。结果呢？保老师说："开盒惊喜！"生动的情景，活跃的思维，坦诚的合作，酿就了团结，发展了兴趣，增强了快乐和信心。何为育人？这就是育人。

回过头来想想，理科教学育人，的确很难，但又不难，因为老师的创造性工作已创造了好的做法、好的经验；理科教学育人要基于理科的特质，寻找其独特性，但是首先要遵循教育的一般规律和共同的基本要求，尤其是要遵循学生的认知发展规律，真正确立学生的主体地位，让学生成为学习的主人，育人就在其中了，这是最深层意义上的育人；理科教学育人要寻找核心领域、关键环节，还要确定优先事项，从理科的学科特点出发，育人育在"点子"上；理科教学育人，也不是一科育人，而是与其他相关学科共同育人。这样，我可以告诉那位追问我的女老师：数学育人、理科教学育人，您去学习，您去创造，一切都有可能。

创造一堂好课——音乐学科教学育人的启示

    立德树人是教育改革发展的根本任务，这一根本任务一定要落实在学科教学中；学科育人、教学育人，是课堂教学改革的根本方向，而不只是一个课堂教学改革转型的问题，它是我们的使命，也是我们的信念。

    的确，学科育人、教学育人是我们的使命。但是，何为学科育人、教学育人？如何实现学科育人、教学育人？学科育人、教学育人与教师发展究竟在哪里对接、如何转换？我们都在积极探索中。除此之外，还有一个问题，那就是老师们反映语文、思政等学科育人、教学育人已有一定的经验可供借鉴，但艺术等学科的育人还显薄弱，亟须更积极、更深入、更具体的探索，努力创造一些经验，发现一些典型，为大家提供一些基本思路和策略方式。无疑，这些想法和要求，反映了当前教学改革的现状，表现了老师们改革的责任感和紧迫感，也说明了老师们教学中充满着激情和创造性。这样的想法和要求难能可贵，我们应该支持，同时尽最大努力去研究和发现。

    正是怀着这样的态度和想法，近一年多来，我深入一些课堂，其中包括所谓的"小"学科，和老师们讨论、研究一些关键领域和环节，发现了一些很好的做法，形成了一些课例。在沉淀一段时间以后，又重新把这些课例拿出来温习、梳理，进行初步总结和概括，想与老师们分享，以此推动学科育人、教学育人实践与研究的展开和深入。江苏省南通师范学校第二附属小学特级教师黄美华上的一节音乐课《聂耳叔叔和他的歌》就是其中一个比较成熟，可供学习、借鉴的案例，也为我们进一步讨论艺术学科育人打下了基础。

一、学科育人的自觉：不能穿着溜冰鞋上课，滑到哪教到哪，教什么、怎么教要服从并服务于为什么教

　　长期以来，我们一直在讨论两个重要问题：教什么？怎么教？讨论中各有各的观点，有的认为教什么比怎么教更重要，理由是应当由内容决定形式，形式不能大于内容，教什么关涉内容及其价值问题；有的观点则相反，认为怎么教比教什么更重要，怎么教不只是一个方式方法问题，亦不只是个方法论问题，也关涉教学效率甚至价值实现的问题。这些观点都很重要，都有道理。但是，随着改革的深化，讨论止于这两个问题是不够的，亦是不深入的，因为它们还未直抵教学的实质和核心。笔者认为，为什么教显得更重要，它是教学改革的首要问题。不言而喻，为什么教，是目的问题，是目的和目标，而目的、目标实质上是教学的价值宣言与承诺，关涉的是教学方向。方向不明，方向错了，教什么、怎么教，都毫无意义，甚至可能南辕北辙。我们常说的，走得远了，却忘记了从哪里出发、为什么出发，不正是这个道理吗？不忘初心，牢记使命，在教学改革中同样是个极为重要的主题。

　　黄美华老师敏锐地发现了这些问题，而且有种警惕性。她说：有些老师上音乐课，好似穿了溜冰鞋，滑到哪教到哪，有的人还误以为这是艺术学科教学的特点：兴致所至，自由自在，个性鲜明，凭兴趣挥洒。黄老师认为这样的教法，反映了教学中的几个问题：一是教学的盲目性，缺失方向感，缺失正确的教学目标的价值导向。有的教师尽管将教学目标写在了教学设计中，却只是一个口号而已；假如对教学目标进行审视，会发现教学目标也只有知识与技能的要求，也可能有过程与方法，但还没有走向核心素养。其结果是育人的目标意识被遮蔽了，被淡化了，甚至被遗忘了。二是教学的随意性，缺失计划性，缺失路径与方法的设计。其结果是，想怎么教就怎么教，教到哪就算到哪，教师的兴趣代替了学生学习的兴趣，教学目标在随意性中被丢失了。这不仅反映了教学缺乏严谨性与逻辑性，更反映出教师教学时心里没数，有时更是无人的。三是教学的碎片化，缺失整体设计，缺失系统性和结构化。其结果是零打碎敲，不仅知识被碎片化了，而且无形中育人目标被肢解了，其实，作为完整的儿童也随之被消解了。显然，以上这些问题是存在的，过去也不止一次地批

评过这些问题，但只归因到教学态度和教学能力上，而没有提升到育人的高度来认识。

哈佛大学哈佛学院的前院长哈瑞·刘易斯写了本书——《失去灵魂的卓越——哈佛是如何忘记教育宗旨的》，书的第一章就是"选择与方向"。导语中他选用的是另一位教授的话："提高教学质量的唯一途径是向学生传授他们应该掌握的知识，而不是由着教授的兴趣进行教学。"[①] 教授的"应该掌握的""不是由着教授的兴趣"，对当前教学中存在的问题一语中的。黄老师所批评的"好似穿了溜冰鞋，滑到哪教到哪"，追求并坚守的正是这样的理念和要求。所谓为什么教，其实已涵盖了、牵引了教什么和怎么教这两大问题及其要求。她在教学目标里鲜明地写着："用歌声表现报童生活，并与自己的生活作比，获得健康的情感体验"，"了解旧社会码头工人的艰辛"，"用肃立的姿态、庄重的神情演唱国歌，升华爱国情感"。在她的音乐课堂里升腾起育人的太阳，学科育人、教学育人，成为她心中的指南针，鲜明、坚定、具体。指南针下的溜冰鞋永远向着既定的方向滑行。

二、开发文化主题课程：基于教材，创造性用好教材，构建育人的整体框架，让育人目标有落脚的地方

教学目标需要教学内容、教学方法、教学评价的支撑，其中，首要的是教学内容的支撑，即育人目标首先要落实在教学内容上。教学内容基本的、主要的形态无疑是教材。但是，教材是静态的，要通过教师的开发与使用，才能让它"活"起来，让它在课堂里站立起来。这样，才能让其原本的育人价值得到彰显，进而在教学中得以实现。黄老师在这方面下了功夫，在基于教材的同时，充分并创造性地开发教材，让教学目标的实现有了依托，让育人价值有了落脚的地方。

就这堂课而言，她选定了人民音乐家聂耳，以人带歌，以人带事，以人带史，形成了《聂耳叔叔和他的歌》这堂课。为此，她开发了文化主题课程，

---

① 哈瑞·刘易斯. 失去灵魂的卓越：哈佛是如何忘记教育宗旨的 [M]. 侯定凯，译. 上海：华东师范大学出版社，2012：17.

构建了课程内容框架，编制了主题的内容系列。她在三个方面下了功夫。

其一，以国家审查通过的教材作为核心教材，加以拓展、丰富并进行统整，以强增主题的力量。《卖报歌》《义勇军进行曲》，都是国家教材中的重要内容，但是分布在不同的年段，学生对聂耳其人其歌的感知是零散的，可以说是碎片化的。她希望以整合的方式让学生对聂耳和他的歌有个较为完整、立体化的了解，形成教育的合力，并通过对人民音乐家的了解，透射出中华民族文化的深沉精神追求，让学生看到挺起的民族脊梁，并以人民教育家聂耳和他的歌为主要内容，以文化主题课程为课程形态，努力达到铸魂育人的目的。因此，从这个意义上来说，文化主题课程的主题是文化主题、价值主题，说到底是育人主题。

其二，循着聂耳创作的轨迹，选取三首典型的歌曲，串联成一条文化主线，编织成主题内容框架。一首是《卖报歌》。《卖报歌》是聂耳创作的流传最广的儿童歌曲，将叫卖声放在歌曲中演唱，更富有童趣和生活气息。黄老师又让学生补充学唱了《卖报之声》：不等天明去派报，卖的是《申报》《时报》《新闻报》；晚上也要去派报，卖的是《号外时报》《大晚夜报》。两首歌曲"串烧"，在演唱中让学生不断加深体验。当老师问"小报童年龄和你们差不多大，你有什么要说的吗"的时候，孩子们从心底流淌出这样的话："我们今天真幸福！""新中国给了我们新生活，我们要珍惜！"另外一首是《码头工人歌》，更是让学生体验到"为了两顿吃不饱的饭，搬啦，搬啦，嘿伊哟嗬……"码头工人的艰辛，劳动人民命运的悲惨以及反抗压迫的呼唤，都融在号子声中。这样的歌词，这样的旋律，这样的演唱，撞击着学生的心灵，穿越了时代，穿越了历史，撞开了思维、思想和精神的闸门。此时，一个关于时间意义的观点在这堂课上再次被得到证明：时间"引导他进入存在"[①]，对孩子们来说，在音乐学习中，他们"便在时间里登记存在了"[②]。黄老师让孩子们有了真实的存在，在仿真的、优化了的情境中经历，有了真切的、深度的体验。

---

① 贝尔纳黛特·盖里泰-埃斯. 孩子与时间 [M]. 林晓轩，译. 北京：生活·读书·新知三联书店，2017：序言 1.

② 同上：序言 2.

其三，在梳理聂耳创作的轨迹中，抓住重要年份，凸显重点，了解《义勇军进行曲》从诞生到现代的发展历程，唱好国歌。黄老师说："《义勇军进行曲》是聂耳最重要的作品，从它诞生之日到为它制定《国歌法》，不仅有历史的沧桑、社会的进步，更有重大意义；唱国歌，是为了弘扬爱国精神，激发使命担当；唱好国歌，是每个公民必备的价值观、品格和能力，是基本素养。"于是，她通过几个关键年代，让学生了解国歌发展的历史和精神内涵：1935年创作《义勇军进行曲》——1949年，暂定为国歌——1978年，通过全曲最重要的警句"中华民族到了最危险的时候"要不要更换的讨论，用心体会其时代价值和现代意义——1982年，恢复原歌词——2004年，国歌写入宪法——2014年，中央颁布《关于规范国歌奏唱礼仪的实施意见》——2017年制定《中华人民共和国国歌法》。梳理这一时间轴是为了什么？是知识教育吗？是的，但已超出了知识教育；是历史教育吗？是的，但又不只是历史教育；是法制教育吗？是的，但不仅仅是。这是一个以新时代爱国主义教育为重点的民族精神教育，时间轴是文化主题轴，是爱国主义"硬核"力量的教育，其情感之浓、志向之坚、信念之强，都在其中了，其综合性也在其中了。

综上所述，与所有学科一样，音乐学科、艺术学科育人，都要落实在课程内容上，而内容的选择、开发、编排，都要从育人的目标出发，以育人为核心，编织教育的框架，让育人有整体的思考与设计，这样，育人的目标就实实在在地落地了。黄老师的文化主题课程具有校本性，又具有普遍的现实意义、长远的战略意义；具有丰厚的文化含量，充溢着文化的张力，让文化滋养儿童的心灵；鲜明的主题，具有情境性、综合性。这是一种极有创意的课程创造和有效育人的实现方式。

三、学科育人，要基于学科的特质，寻找切入口，把准核心、关键环节，开发教育细节，彰显学科育人的特色

学科育人既有共同的要求、路径和方式方法，又有体现学科个性特点的要求、探索不同学科育人的路径和方式方法。这样的理解，如此的实践探索，不是为了追求所谓的特色，而是寻找学科教学的规律；学科育人要将艺术性与科学性统一结合起来。学科育人要追求学科的个性，但不是为学科个性而追求

学科个性，相反，学科育人的特点与特色本身就内蕴在学科特质和内涵之中，这不是刻意编造的过程，而是自然生成的过程。

黄美华老师有厚实的音乐学科素养，又有扎实的音乐教育功底，加之她对学科育人的理解比较深刻，开发学科育人价值和课程资源的意识与能力都比较强，所以上了一堂富有学科特色的学科育人课。

让歌词拨动学生心灵的琴弦。聂耳经常去体验劳动人民的生活，有一天夜里，他来到长江边，听到一种声音，特别震撼。他说，我一定要用音乐把这种声音写出来。后来真的写了出来，就是《码头工人歌》。黄老师播放了《码头工人歌》。她问学生：你听，这是什么声音？孩子们说：这是号子的声音。紧接着黄老师极富感情地唱起来："沉重的麻袋、钢条、铁板、木头箱都往我们身上压吧！"一字一顿，好不沉重！"搬的是什么呢？""钢条、铁板、木头箱，还有麻袋！"钢琴弹奏出速度缓慢、低沉的声音，又唱出"为了两顿吃不饱的饭……"沉重的东西与"吃不饱的两顿饭"之间，具有这么大的反差，工人的辛劳、资本家的压榨，都满含在里面了。黄老师又说，这些物资是用来造枪造炮，是用来侵略中国的，工人们唱出的不仅是辛劳，而且唱出了内心极大的愤怒！从这些沉重、愤怒的歌词中，从低沉、缓慢的吟唱中，学生已置身于那情境之中。一切境语都是情语，歌词已有了生命，已附着在学生的生命之中，留下深深的刻印，将会永远伴随他们。

让音符、节奏、旋律点燃起情感的火焰。黄老师坚信音符、节奏、旋律是有生命的。音乐课上的唱歌，是生命的歌唱，在生命的歌唱中，小我融入历史，融入时代，融入大我。她向学生介绍，一位著名指挥家在指挥维也纳男童合唱团演唱《卖报歌》时，将"四二拍"的重音落在句尾，最后的"啦啦啦"往上扬了起来，表现出报童的年幼和他们活泼、天真、可爱的天性。《码头工人歌》中的号子主题出现四次，形成了"回旋曲式"，使劳动号子音调不断出现，不断冲击着学生的心扉。还有附点、切分音、三连音，唱准了，就会表达出不同的情感。在教学现场听到孩子们理解主题以后，怀着饱满的情绪歌唱这些音符、把握这些节奏、演绎这些旋律时，我们情不自禁地激动起来，因为这歌声像是一下下重锤敲打着我们。这一切，又像一颗颗种子播撒在孩子们和我们的心田里。

让歌曲唱出时代的最强音。教唱《义勇军进行曲》时，黄老师告诉大家，"中华民族到了最危险的时候"曾改成"一心奔向共产主义明天"。她问，为什么现在国歌仍用"中华民族到了最危险的时候"？她说，中华民族是伟大的民族，也是遭受过许多苦难的民族，经受过许多严酷的考验，成立了新中国，进入了新时代，中华民族复兴的征途上，永远有挑战，永远有考验。"中华民族到了最危险的时候"，这是最重要的警醒，我们要不忘初心，牢记使命。在唱国歌时我们要唱响这一句时代的最高音、最强音！当我们唱响时代的最高音、最强音时，就会挺起腰杆，站稳脚跟，充满时代的使命感。

让歌曲演唱充满仪式感。这堂课的高潮出现在全班齐唱国歌。她问学生，唱国歌时要肃立，什么是肃立？你们会肃立吗？她说：现在把我们肃立的姿态给台下的老师看一看，我们肃立、庄严地唱一遍国歌。这时候台下的老师也自觉地肃立，和孩子一起唱起了国歌。这种仪式感，是向国旗致敬，向祖国致敬，是发自内心的表达。但这何止是一种仪式感呢？仪式感是一种审美形式，审美具有崇高感、神圣感，当崇高感、神圣感洋溢起来的时候，我们的审美情绪便沸腾了，便燃烧了。沸腾着、燃烧着的情绪、情感将我们带进一个新的境界，心灵得到了升华。

黄美华老师的这堂课，是她开发的文化主题课程之一，是音乐教学育人的一种形式。从这个案例中，对学科育人我们至少可以有以下的基本应答：第一，学科育人是必须的。育人是学科教学改革的使命，也是改革的指南针和方向盘。对此，我们应当坚信不疑、坚定不移。第二，学科育人不是孤立的，要系统思考，要置于整个课程的系统中，相互渗透、相互支撑、相互影响、相互促进，脱离课程的学科育人会自我封闭起来，缺失课程关联融合的学科育人是单薄的。第三，学科育人不是随意的，更不是碎片化的，要设计育人的整体框架，把握核心领域和关键环节，并寻找切入口，逐步走向深入。第四，学科育人不能淡化学科，相反，基于学科特质，才会彰显学科育人的价值与魅力。总之，学科育人关键在于老师的创造，创造一堂堂好课。

回到教学改革的基本问题上去

一、教学的基本问题：教学改革中一个被忽略的重要问题

改革的历史与经验告诉我们，当我们向前走的时候，需要常常回过头来看看，审视自己曾经走过的路，从中可能会有新的发现。这就是反思。改革需要反思，反思让改革者更加理性更加成熟，让改革更深入更持久。在我们梳理教学改革成果的时候，不难发现有一个问题正在被大家自觉或不自觉地忽略，这就是教学的一些基本问题。教学、教学改革总是围绕教学的基本问题展开；任何教学、教学改革也总是在对这些基本问题的深刻认知与准确把握中推进的。反之，偏离了这些基本问题，就是偏离了正常的轨道，就可能导致教学改革陷入困境，或不理想，或不成功，甚至失败。倘若教学的基本问题被忽略，对它认识模糊，甚至丢失了它，教学改革的深入推进肯定是有问题的。

事实恰恰是，教学的基本问题正在被悄悄地忽略。从实践层面看，有以下一些现象。一是教学基本问题被遮蔽。当下的教学改革风生水起，一派繁荣景象，但是其中不乏热闹。热闹，不是真正的活跃，更不是真正的繁荣，而是在形式上对所谓创新的追求。一些地区、学校和教师进行教学改革，总是力求建构一个体系、一种模式，也总是力求与别人不一样，形成自己的个性。追求体系、模式的建构本身没有错，问题是体系、模式建构必定离不开对基本问题进行研究这一重要基础，况且，体系、模式本身就是对基本问题的深刻认知、把握和准确体现。同样，追求新意和个性也没有错，问题是教学改革应该是"大同小异"，而不是"大异小同"。所谓"大同"，是建基于教学基本问题上所形成的基本特征，我们应做足"小异"的文章，但不应以"小异"代替

"大同"。倘若缺乏这样的认识，所谓的体系、模式和新意，就会以表面的热闹和刻意的作为而遮蔽教学基本问题。二是教学基本问题被悬置。教学改革少不了教学手段、教学方法和教学途径的改革，教学手段、方法、途径支撑教学改革，其本身也是教学改革的应有之义。但是，千万不可忘记的是，手段、方法、途径毕竟是教学的技术，是形而下的"器"，即使是现代的教学技术也是为教学服务的，其本质的特征仍是文化。教学改革不能只面向技术，而把教学的基本问题悬置起来，忘掉了形而上的"道"，否则，教学改革就会失缺准绳。三是教学基本问题的被误读。教学基本问题是"基本"的问题，基本问题决不意味着陈旧和落后，也决不意味着过时或可有可无。今天，教学的基本问题不被提及，不被重视，其中一个重要原因是对它的误读所带来的误解，因而无意抑或有意地远离了它，让它处在教学改革的边缘地带。

从理论层面看，也同样存在类似的现象。20世纪80年代，人民教育出版社出版了由瞿葆奎先生主编的一套"教育学文集"。该套文集以新中国成立以来国内和国外的理论研究成果为主，共26卷，其中《教学》单独成卷，而且分为上、中、下三册（分为三册的只此一卷）。其上、中两册为教学的基本理论，下册为分科教学理论。上册第一篇就是胡克英的《教学论若干问题浅议》，其他所选论文也都在论述教学、学习、教学过程、教学方法、教学原则、教学策略等，其中包括江山野的《论教学过程和教学方式》、罗杰斯的《我的教与学的思考》、布卢姆的《对学习者的新看法》。专论教学过程的就有六篇。在阅读全书以后，我强烈感受到，那个时期对教学基本理论的研究如此重视，成果如此丰富；所谓教学理论问题，论述的其实是教学的基本问题。近30年过去了，教学理论有了新的发展，比以往更丰富，但是现在回过头看看，相比较起来，如今我们对教学基本问题的关注和研究是很不够的。从一些核心刊物和复印资料来看，教学改革的热点仍是具体的学科教学，介绍比较多的是学科教学的各种样式。其实，学科教学的背后、深处是教学的基本问题，遗憾的是对这些基本问题的开发很不够。这给大家的感觉是，教学改革似乎只是具体教学方法的改革和教学模式的建构。1997年，叶澜先生发表了《让课堂教学焕发生命的活力》，在全国引起了极大的反响。我以为，这篇论文是对教学基本问题的深度论述。遗憾的是，此后，这种论述有深度的文章并不多见。

教学基本问题的被遮蔽、被悬置、被误读，必然带来教学基本问题的被忽略。而被忽略的结果必然是教学改革不能紧贴根基，把握准绳，因而会发生不必要的漂移，偏离基本规律。如果不进行必要的纠正，很有可能使教学发生异化。我们不能因为走得远了就忘了从哪里出发，为什么出发。返本开新与改革创新往往需要回归。教学改革需要回到教学的基本问题上去，回到教学的基本问题上去恰恰是一种新的出发，一次新的改革。

二、教学的基本问题体现的是教学基本规定性，揭示了教学的基本规律

教学是一个复杂的过程。教学的复杂性表现在：教学具有地域和学校的差异性，不同的地域、不同的学校，由于对教学的理解不同、具体情况不同，表现出不同的教学过程、教学样式；教学具有鲜明的教师个性，教学是教师个性化的创造性工作，不同教师具有不同的呈现方式，表现出各异的教学风格；教学具有年段和学科的特性，不同的年段，学生有不同的学习特点，不同的学科也有不同的教学特质。地域学校的差异性、教师教学风格的独特性以及年段、学科的特殊性，带来了教学的多样性。教学的多样性中必定有共同的基本规定性，这些基本规定性往往通过基本问题来呈现，然后从中抽象出来而形成。正是这些基本问题所反映、体现的基本规定性，让教学呈现和而不同的生动状态，形成丰富多彩的气象。

也正因为此，许多教学研究论文，都在研究和描述这些基本问题和基本规定性。"只要是科学的东西，就得有一定的规定性。不要规定性，那就是只讲任意性；而只讲任意性，是反科学的。"[1] 施良方说："考察了教学理论的历史发展之后，我们再来思考教学的基本问题。教学的基本问题有哪些呢？这自然可以从多种不同的角度去考虑。"[2] 接着，他以教学实践活动的结构和长期以来各种教学理论流派争论的焦点为线索，从教学活动的参与者、活动的目标与

---

① 瞿葆奎. 教学（中册）[C]. 北京：人民教育出版社，1988：35.

② 施良方，崔允漷. 教学理论：课堂教学的原理、策略与研究 [M]. 上海：华东师范大学出版社，1999：18.

内容、活动过程与方法等方面梳理了教学的基本问题。布鲁纳在《论教学的若干原则》中，从教学论的角度概括了四个特点："应当详细规定最有效的使人能牢固树立学习的心理的经验……必须详细规定学习和教学过程中奖励和惩罚的性质和步调……"[①] 可以认定，一部教学论，实质上是对教学基本问题的理论阐释；一次教学改革，实质上是对教学基本问题的深度检验和发展的历程；教师的全部教学，实质上是对教学基本问题不断领悟、准确把握和探索践行的过程。当下，深入推进教学改革，其中一个重要的命题仍然应该围绕教学基本问题来深入研究，这一深入推进的过程正是深入研究的过程。

教学的基本问题不仅反映了教学的基本规定性，而且揭示了教学基本规律。规律是什么？如何认识规律？我们常常引用列宁的话："规律就是关系。……本质上的关系或本质之间的关系。"[②] 的确，厘清了本质的关系或本质之间的关系，往往也就把握住了基本规律。值得注意的是，这种关系，是教学过程本身所固有的。裴斯泰洛齐则认为，教学规律是"我们人类从混乱的感觉印象上升到清晰概念的那种认识形式"，教学目的"基本上是通过这种形式实现的。正是在这种形式中而不是在其他形式中使我们得以发展的"，同时，规律也是"从教学的机制转化而来的"。[③] 教学的基本问题—教学基本规定性—教学基本规律，三者有着内在紧密的逻辑联系，它们是从问题出发，寻找关系，形成形式，概括成规定性，建立机制，转化为规律的。

我们还可以从教学特性的角度讨论教学的基本问题。教学的基本问题具有根基性。教学、教学改革是从基本问题出发和发展的。回到教学的基本问题上去，也就回到了教学的发展上去。教学的基本问题具有普遍性。教学的基本问题超越了具体的学科和年段，是所有学科所有教学共有的，是它们都必须遵循的。教学的基本问题具有稳定性。尽管发生一些变化，但仍然不离其宗，因为稳定，才称得上是"基本"问题。教学的基本问题又具有发展性。佐藤学曾

---

① 布鲁纳. 论教学的若干原则 [J]. 邵瑞珍，译. 教育研究，1997（05）.

② 施良方，崔允漷. 教学理论：课堂教学的原理、策略与研究 [M]. 上海：华东师范大学出版社，1999：16.

③ 单中惠，朱镜人. 外国教育经典解读 [M]. 上海：上海教育出版社，2004.

讨论过"教育关系的重建：教与学的再定义"。他认为，"教与学的问题，可以解释为三个范畴构成的复杂的问题"，即"认识形成与发展的活动范畴""介于教与学的认知活动之间并促进活动的人际关系的活动""教师与学生的自身内在关系中构成的"。"以往的'教'与'学'的概念仅限于第一范畴（认知过程），而失落了第二范畴（社会过程）与第三范畴（内省过程）。"[①] 显然，关于教与学的关系、教学基本规定性已在原有的基础上发展了。教学的基本问题既是稳定的，又是发展的，教学才会发展，教学改革也才会深入。

综上所述，回到教学的基本问题上去，就是回到教学的基本关系上去，回到教学基本规定性上去，也就是回到教学基本规律上去。这样的"回到"，意味着教学改革不仅需要激情而且需要理性，不仅需要实践而且需要理论，不仅需要面向现代化而且需要回归传统，不仅需要解放而且需要规范。从深层次看，回到教学的基本问题，实质是教学要更注重科学化，这样，教学改革才会更成熟、更有序、更有效。

三、几个教学基本规定性的讨论

众所周知，夸美纽斯将大教学论阐明为"将一切事物教给全人类的无所不包的艺术"，而教学艺术应置于正确的基础上。接着他从"家长""教师""学生""学校"等几个方面作了具体阐述。[②] 其实，他是在阐释教学过程中的各种关系，处理好各种关系，才会厘清、把握好教学的基本问题和教学基本规定性，而这些基本问题和规定性又是在各种关系产生的矛盾中逐渐明晰和发展起来的。日本的斋藤喜博说："在教学中之所以会产生那些变化、变动、爆炸，是因为在教学过程中不断地产生矛盾，引起冲突和纠葛，因而是在不断地克服着矛盾的缘故；所以形成一步步的教学……克服了这些矛盾、冲突、纠葛，教师和学生就会发现新知，创造新知，进入新的境界。"[③] 尽管他所界说的是"发展的教学"，其实界说的也正是教学过程中普遍的各种关系。基本矛盾的解决

---

① 佐藤学. 课程与教师 [M]. 钟启泉，译. 北京：教育科学出版社，2006：153.

② 夸美纽斯. 大教学论 [M]. 任仲印，译. 北京：人民教育出版社，2006：5.

③ 柴田义松. 教学过程 [J]. 钟启泉，译. 外国教育资料，1982（03）：73.

由此带来基本规定性。今天，回到教学基本问题上去，同样应该厘清这些关系和矛盾。

1. 教学与教育

赫尔巴特非常明确地指出，"我想不到任何'无教学的教育'，正如在相反方面，我不承认有任何'无教育的教学'"。[①] "无教学的教育""无教育的教学"，说的是教学与教育的关系。其实，第斯多惠的话"任何真正的教学莫不具有道德的力量"，[②] 正是对赫尔巴特这句话最准确的解释。赫尔巴特还在他的《普通教育学》的绪论里说，要突出"通过教学来进行教育"这一基本思想，而且以"通过教学进行的教育"的句式来具体论述。夸美纽斯同样强调教学的教育性、道德性。他说，"如果在儿童或少年的教育开始时，没有把道德教育放在首位，那就表明严重缺失判断力。"叶圣陶也曾说，所有的课都是政治课。他的意思很明确，即所有的教学都应当进行思想品德教育。教育总是自然地、紧密地与教学联系在一起。因此，所有的课堂都应是道德课堂，所有教师都应是道德教师，加强道德教育和价值教育应当是教学改革的重要课题。

我们不必去争论中国道德究竟是"滑坡"了，还是在"爬坡"，道德、道德教育遇到了新的挑战，处于困境之中，是一个不争的事实，学生面临着多元文化、多元价值，产生道德迷茫和价值困惑，也是一个不可回避的问题。因此，当今的教学改革必须以立德树人为根本任务，所有教学都要自觉融入社会主义核心价值观教育，帮助学生扣好人生的第一粒扣子。而核心价值观就是德，既是个人之小德，又是社会、国家之大德。因此，教学改革要围绕社会主义核心价值观深刻把握教学的教育价值。所有教学都应加强中华优秀传统文化的教育，把教学改革根植于中华文化土壤中，从教学中锻造中国的"文化软实力"。进行道德教育，既要渗透道德、价值教育，又要认真开发课程内容的德育元素，在教学中帮助学生进行价值澄清，进行必要的价值引领。这一切都要从学科性质、任务、特点出发，也要根据学生的年龄特点和接受方式。无论是渗透还是开发，应该是一个自然融

---

① 张焕庭. 西方资产阶级教育论著选 [M]. 北京：人民教育出版社，1964.

② 吴建琛. 教育语录略解（上册）[M]. 北京：人民出版社，2007.

入的过程，这就对教师的自觉性、创造性、教育智慧和教学艺术提出了更高的要求。

2. 知识与核心素养

知识与技能是课程目标之一，任何时候都不应忽略知识和技能的教育。知识的重要性是不言而喻的。苏霍姆林斯基说："知识之所以是需要的，不仅是为了劳动，而且是为了享有一种与劳动并无直接联系的、丰富多彩的幸福的精神生活。"① 马克思也非常重视知识的学习和获得，不过他胸怀更宽广，目标更远大。他说"将自己的知识分享于全人类的事业"，是"做学问人们之第一要务"。② 科学家则说："作为科学家，内心最强烈的凤愿就是回归到获得重视的旅程中，细细品味探究知识所留下的印记。"③ 重视知识教学早已形成共识，问题是共识止于此是远远不够的，这远远不是教学应有的完整规定性。我们深知，知识与作为符号的思想并不是等同的，只有当这符号引起了关于知识获得过程的可靠性的研究时，它们才是等同的。长期的教学改革实践，尤其是课程改革以来，我们也已深深地认识到，重要的不是知识学习，而是基于知识寻找知识的源泉，把握学习、获取知识的方法，培养创造知识的能力，让知识成为人精神生活的因素，变为人的意义生活。这一过程，必然会关涉学生发展的核心素养。从知识走向能力，走向核心素养。走向素养，意味着聚焦于人，指向人的发展；走向核心素养，意味着聚焦于人发展的关键性能力和必备品格。总之，超越知识，以学生发展为本，这是知识与核心素养的根本关系。这是教学改革目标的重要走向，也是教学改革中必须处理好的基本问题。否则，教学永远把学生困死在知识的学习上，学生成为知识的奴仆，是工具，而不是目的；是被驱赶的牲畜，而不是发展中的人。当下，少数地区和学校提出的"只要学不死，就往死里学"，正是这一现象的极端典型，我们应坚决反对。

研究学生发展核心素养，将其置于课程教学改革的核心目标是世界各国

---

① 苏霍姆林斯基. 苏霍姆林斯基选集（第一卷）[M]. 蔡汀，等，编. 北京：教育科学出版社，2001.

② 马克思. 马克思箴言 [M]. 汪培伦，编译. 北京：中国长安出版社，2010.

③ 恩斯特·马赫. 知识与谬误——探究心理学论纲 [M]. 瞿飚，郭东，编译. 重庆：重庆出版社，2006.

尤其是发达国家、地区和重要的国际组织进行课程、教学改革的重点，几近成为国际教育改革的走向。据佐藤学的考证，素养这一术语早在1883年就使用了，它是伴随着公立学校制度的整顿而问世的。"其核心是读写能力"，它是"由非情景化的知识技能构成的"，"意味着参与社会公共领域的基础——共同教养"，^① 所以学校要致力于通识教育。公共性、共同性、共通性，应是核心素养的重要特性。由此看来，核心素养并不神秘，它早就蕴藏在课程、教材、教学中，早就影响着，甚至决定着学生的终身发展。但是，不应忽视的是，随着时代的进步，核心素养又有更新的内涵，呈现出时代的要求和特点，要求在继续重视以往学生核心素养发展的同时，更要重视学生的创新精神、创造性思维和探究能力的培养。因此，其关键性、发展性、时代性的特质尤为明显。

核心素养是个结构，在研究把握上位的即一般性的学生发展核心素养的同时，还必须研究把握学科核心素养。学科核心素养是学生发展核心的具体的学科体现，学生发展核心素养既要引领学科教学，又要落实在学科素养的发展上。只有将上位的核心素养与学科核心素养结合在一起，并真正贯穿在整个教学过程的时候，核心素养才能落到实处，才能走进学生的素养结构，成为学生的素养，引领学生一生的发展。学科核心素养的研制与把握，我以为在学生发展核心素养的统领下，重要的是"三个基于"。其一，基于学科特质。不同的学科有着独特性，学科特质要求学科有着不同的素养要求。其二，基于学科核心任务。学科的课程性质也决定着不同的学科有着特殊的任务，教学任务里"隐藏"不同的核心素养，核心素养又影响着课程内容和教学任务的完成。完成学科核心任务，才能培养和发展学生核心素养。其三，基于学科的实施方式。学生的学习方式实质是学生学科核心素养的外在表现，同时学科核心素养、核心任务要求有适应的学习方式。核心素养结构的合理性、良好性必将推动学科教学改革，也必将促进学生核心素养的整体建构与发展。

3. 教与学

教与学是教学中的一对基本关系。它们不是对立的。这一基本关系处理不当，就会影响整个教学过程，影响教学本质的体现和落实，甚至使教学发

---

① 佐藤学. 课程与教师 [M]. 钟启泉，译. 北京：教育科学出版社，2006：154.

生异化。长期以来，正是在这一基本问题上我们翻来覆去，没有得到真正的阐明，一些教师头脑里实际上还是比较糊涂的。

理论和实践早就给这一基本关系以非常明确的回答。无论是哲学家海德格尔的"让学"①，还是教育家夸美纽斯将大教学论定义为"使教员可以少教，学生可以多学"②；无论是语义发展中的"'教'字来源于'学'字，……教的概念是在'学'的概念的规定性中又加了一层规定性"，③还是陶行知的"先生责任不在教，而在教学，教学生学"，④都指出教学的本质是教学生学，学会学习是教学的核心。为此，联合国教科文组织指出，"现代教学……应该使它本身适应于学习者"，"学习过程现在正趋向于代替教学过程"，⑤布鲁斯·乔伊斯直截了当地说："教学模式就是学习模式。"⑥

糊涂的原因是比较复杂的，一是教师没有真正认识教学的本质和核心，总以为教学就应该以教为主；二是长期以来形成的思维定式与行为模式难以改变，总是顽固地按着原来的轨道走；三是在实践操作中缺少具体办法，尤其是小学和初中，特别是小学的低中年级。确实，以学会为核心应随着年段的上升，即随着学生成熟度的提高，应该有不同的要求和做法，而我们现在还没有进行具体和深入的研究。此外，总是在"先学后教""多学少教"的教学程序上、教学时间的分配上兜圈子，而缺乏其他途径和方法，这也是教学改革难以突破的一个原因。看来，正确处理好教与学的关系永远是一个探索的过程。

当下处理好教与学这一基本关系，又出现了一些新问题，那就是有的地方和学校有"去教学化""去教师化"的现象。有的学校提出"无师课堂"就

---

① 海德格尔. 人，诗意地安居 [M]. 郜元宝，译. 桂林：广西师范大学出版社，2002.

② 夸美纽斯. 大教学论 [M]. 任仲印，译. 北京：人民教育出版社，2006：24.

③ 施良方，崔允漷. 教学理论：课堂教学的原理、策略与研究 [M]. 上海：华东师范大学出版社，1999：19.

④ 同上：20.

⑤ 联合国教科文组织国际教育委员会. 学会生存：教育世界的今天和明天 [M]. 北京：教育科学出版社，1997.

⑥ 乔伊斯. 教学模式 [M]. 荆建华，宋富钢，花清亮，译. 北京：中国轻工业出版社，2002.

是其中一个突出表现。尽管这还未成为一种倾向，但应该引起我们足够的警惕。教学是一个完整的概念，应当建构一个完整的教学过程，以学为核心，并不排斥更不否定教师的教，恰恰相反，在课堂教学的范畴中没有教师真正的教，就没有学生真正的学，没有教师高水平的教，就没有学生高水平的学。那正是海德格尔断言的：教比学难。问题在于为什么教和教什么。为什么教，当然教是为了学；至于教什么，叶圣陶早就指出："教是为了不需要教"，① 我将其概括为"不教之教"。其实，教什么的实质仍是个为什么教的问题。不教之教，说到底是教学生学习方法，培养学生的学习能力，提升学生的学习品质，让学生有带得走的智慧。因此，要着力研究学生的意义学习和深度学习。还需要说明的是，教师的不教之教，也让教师成为学习者，所谓以学习者为中心，也应包括教师在教学过程中获得的身份变化和意义的建构。师生都成为学习者，教与学的关系才会真正得到解决，而且才臻于崇高的境界。

4. 教学的科学性与艺术性

在教育改革历史上，曾发生过教学的科学性与艺术性之争。这一争论形成两派。"艺术派"认为教学是一门艺术，而不是一门科学。其主要理由是，教学是教师个性化创造性劳动，没有共同的规则可循。"科学派"则认为，教学有规律可依凭，既有科学理论，又有科学方法，还可以进行科学评价。两派争论的点很多，这里不再赘述。争论的结果之一，是催生了"有效教学"。面对这一争论，我们到底应采取何种态度？有专家从教学的规定性去讨论："教学是一种科学，又是一种艺术……的确，应该肯定，教学是一种艺术，是一种创造性劳动。但是，如果过分强调了艺术性、创造性的一面，忽视了最根本的科学性、规定性的一面，那就会使很多教师感到无所依凭、难以捉摸，因而也就很难保证基本的教学质量，更谈不上大面积提高教学质量了。"② 显然，他们更赞同教学的科学性，因而强调规定性。熊川武从理性、反思的角度去讨论这一争论。他说："这些观点本身也许有继续探讨的必要。但人们想到要澄清教学到底是艺术还是科学，其深刻和高明之处已远远超出了直接描述教学事实本

---

① 叶圣陶. 叶圣陶教育箴言 [M]. 福州：福建教育出版社，2013.

② 瞿葆奎. 教学（中册）[C]. 北京：人民教育出版社，1988：24.

身。因为这是人们对自己理论的怀疑和初步反思","工具理性与人文理性开始显露融合势头。……对教学过程及各个方面进行整体性研究。"① 显然，他主张两者的融合，强调科学与艺术的整体性研究。

我更赞同熊川武的观点。科学性、艺术性都应是教学的特性，两者都有存在的理由，不可偏废。但是，只强调科学性，教学就会陷入工具理性的泥淖，而无教学的个性，也无教师的教学风格；只强调艺术性，教学就无科学规律遵循，而偏向价值理性，甚或是随意性。科学性与艺术性的融合，工具理性与价值理性的统一，才是完整的教学规定性。此外，也不能认为，只有把教学当作艺术的时候，教学才有创造性，认定教学是科学时，教学同样具有创造性；当科学性与艺术性结合的时候，教学的创造性才会充分得到开发。

这一基本规定性对当下的教学改革特别有启发意义。从总体上来看，不少教师和教研人员偏向了教学的艺术性，教学中过度的精致、生动等，就是其突出的表现；从学科来看，文科类的教学偏向艺术性，而理科类的则偏向科学性，这固然体现了学科的特点，不过，无论是文科还是理科教学都应将科学性与艺术性统一起来。这样一来，也就为教学评价提供了整体性、合理性的标准。

5. 规范与变革

教学的基本问题带来的教学基本规定性，必然要求教学建立必要的教学常规。比如，必要的备课制度、听课制度、评价制度，还有课堂教学中必要的规则、秩序和制度。这是必需的。不过，教学常规的建立，不能抑制教学的变革与创新。其实，不应把教学的规范性与变革性对立起来，教学既需要规范，也需要变革和创新。这二者同样不是对立的，只有将它们结合起来才会完整地建构教学，也才会切实有效地推动教学改革，达成改革的目标。

规范与变革的结合，其关键是对二者关系的深切把握。常规、制度等规范，只是一种手段，不应是目的，最好的规范是为大家提供改革、创造的条件与机会，因此，规范应为改革、创新服务；而改革、创新又催生新的秩序、新的纪律、新的规范。正是在规范与改革的积极互动中，教学向着核心处、向着深处走去。此时，我们对规范的尊重实质是对改革、创新的尊重，而对改革、

---

① 熊川武. 反思性教学 [M]. 上海：华东师范大学出版社，1999.

创新的追求正是对规范的尊重和遵守。

当下的教学改革，在建立教学规范方面还不够，必要的纪律、秩序、制度还没有进一步建立起来。其原因之一，是两者的关系很难准确把握，新的情况又不断出现，不容易拿捏。这也很正常，但是，建立教学规范绝不是从零开始，传统的教学规范，有的还应保留，有的可以改造、优化，不应一概否定。比如，教学卫生，应当引起大家足够的重视。开窗，让空气流通；灯光配置合理，保证采光充沛；座位排定后应定期调整，离黑板应保持一定距离；学生板书时应防止粉笔灰飞扬；读书、写字应保持正确的姿势，保证学生休息、运动的时间；等等。这些基本的常规应当坚持，切实促进学生健康发展，而不因改革，把这些也改掉，否则，就违背了教学的基本规定性。

教学的基本问题还有很多，不过，我以为以上几个方面是很基本的，也是当前改革中比较突出的，因而显得更重要些。回到教学的基本问题，决不意味着否定改革、创新，恰恰相反，回到基本问题，更有利于改革、创新，而且，其本身就是改革、创新。因此，更要知道如何回到教学的基本问题上去。

四、以研究的态度和方式回到教学的基本问题上去

1. 教学本体的研究

教学与课程的关系问题，是一个长期争论不休的基本问题，人们对课程与教学的关系的认识主要有以下三种：教学论包括课程论；课程论与教学论并列；课程论里包括教学论。讨论这些关系的目的是搞清楚"课程和教学的关系是很密切的。课程的实施有赖于教学，讲课程论的时候必然会接触到教学问题；教学的内容就是课程，离开课程而空谈教学，往往会不切实际"。[①] 可以说，课程质量、水平影响着学生的素养，课程结构影响着学生的素养结构。可喜的是，随着课程改革的深入，教师的课程概念已逐步建立起来了，课程的意识增强了，教学的课程背景开阔了。可以说，课程研究也是教学的本体性研究，但与此同时，教师还得更突出教学本身的研究，研究教学原则、教学策略、教学过程、教学方式以及课堂教学评价等。从课程回到教学，必定会有新

---

① 陈侠. 课程论 [M]. 北京：人民教育出版社，1989：10.

的发现，再从教学回到课程，也必定会有新的体悟。正如对待教学的艺术和科学之争问题，所有的教学改革都应当从整体上研究，与摒弃非此即彼的简单的二元对立思维方式，以辩证的思维对待教学及其改革。这样，我们才真正地立足于教学进行改革，才会有新的突破，这是需要研究的。

2. 优秀的教学传统的研究

回到教学的基本问题上去，从某种角度看，就是回到教学的传统去，研究和进一步发掘优秀的教学传统。何为传统？"传统是围绕人类的不同活动领域而形成的行事方式，是一种对社会行为具有规范作用和道德感召力的文化力量，同时也是人类历史长河中的创造性想象的沉淀。"① 因而，一个社会不可能完全破除其传统，而只能在传统的基础上对其进行创造性改造。同时对传统予以时代的阐释，传统才会成为现在时或未来时。

中国的教学改革应该融入中华优秀传统文化血脉中。中国古代就有极为丰富的教学思想和经验。众所周知，儒家从长期教学经验中总结出来的教学过程，主要是"学—思—行"；《中庸》总结了先秦儒家的教学过程，规定为"博学之，审问之，慎思之，明辨之，笃行之"五个步骤，其基本的教学原则是"端正学习态度、及时施教、由博返约、学思结合、启发教学、循序渐进、因材施教、温故知新、亲师乐友等。"这些都闪烁着教学思想的光芒，孕育出现代教学理念，至今都是先进的。当然，也应扬弃其中一些落后的东西，呈现开放状态，借鉴国外先进的教学理论和经验，丰富自己，提升自己。重温我国古代的教学经典，应当进入教师的专业阅读和专业发展框架。从优秀的传统思想和经验出发，应答时代要求，面向未来，教学改革才会走得更好更远。

3. 教学中的儿童研究

儿童是教学的对象，也是教学过程中的主体；儿童不仅是资源，也是课程、教学的建构者。教学要从儿童出发，基于儿童、依靠儿童、发展儿童。因此，儿童研究是教学研究的重要课题。

长期以来，我们总是把教学研究和儿童研究分隔起来，教学研究和儿童研究变成两回事。美国的艾莉诺·达克沃斯把儿童发展心理学的成果成功地运

---

① 爱德华·希尔斯. 论传统 [M]. 傅铿，吕乐，译. 上海：上海人民出版社，2009.

用到教学改革中，提出了教学研究与儿童研究一体化的主张。^① 教学即研究，也应是教学改革的重要走向。在教学改革深入发展的今天，我们还要厘清教学研究和儿童研究的关系，将儿童研究融入教学研究，在教学研究中认识儿童、发现儿童，教学改革才会进入新的境界。

教学即儿童研究，聚焦在一个主题上：学生究竟是怎么学习的。研究学生的"在学习"，调动学生学习的兴趣，让他们有积极的学习状态；研究学生的"真学习"，面对问题和困难，真情地对待，以真实的学习促进自己真实的发展；研究学生的"会学习"，让他们有办法、有能力去自主学习、合作学习、创造性学习。而这一切，都要让学习看得见，看得见学生的学习方式、学习过程，看得见学生的思维活动。所谓"看得见"，一定要让学生在丰富的情境中展现。教师要看得见学生的学习，首先心中要有学生，同时要有观察的能力和判断的智慧。让学习看得见，才会引导学生去进行深度学习。学习看得见了，学生看得见了，教学改革才会成功。

---

① 爱莉诺·达克沃斯. 精彩观念的诞生——达克沃斯教学论文集 [M]. 张华，等，译. 北京：高等教育出版社，2005.

性相近，习相远：基本问题与独特性的文化表达

一、"性相近，习相远"：教学改革基本问题与独特性的文化表达

教学改革是课程改革的一个重点。这已形成了共识，而且大家都在积极探索课堂教学改革的方向、思路以及操作样式，不断地进行教学创新，寻求教学的特色，表现出改革的自主性和创造性，这是非常可贵的。但是，与此同时，学校和教师也表现出一些困惑、疑虑，有的教师甚至这么表达自己内心的纠结：这个口号，那个口号，这个模式，那个模式，这个理论，那个理论；一会儿翻转课堂，一会儿慕课……我们摸不着头脑，无所适从，连课都不会上了。事实正是如此，老师们开始对一些模式、口号感到厌烦了，甚至反感了，随之而来的是这样一种心理——随你们怎么改，我上我的课。这样的状况令人担忧。

现象和状况是客观存在的，责任当然不在教师，是我们对教学、对教学改革没有认真研究好，随意性还是比较强的。教学改革的"准星"究竟在哪里？课堂教学究竟怎么改？需要继续深入研究、悉心指导。一般来讲，研究与指导有两种思路和方法。一是针对具体问题进行，要"接地气"，要切实解决问题；二是稍稍离开一些具体问题，抑或说，既从具体问题出发，又超越具体问题，厘清、框定一些基本问题，同时厘清、框定教学个性，彰显差异性、独特性，形成特色，比如教学风格等问题。两种思路和方法都重要，都需要。第二种思路和方法，不会很具体，也可能不"解渴"，显得"形而上"些。不过，当前的教学改革亟须这样的"形而上"。"形而上者谓之道"。道，思路也，规律也，无限的创造力也。不在寻道上下功夫，只在具体问题上、在技艺上下功

夫，离开"道"去建构模式，恐怕不能从根本上解决问题。其实，所谓的各种口号、各种理念、各种模式，都有共同的"道"可寻，它们都从不同的角度和侧面探寻着并反映着规律，我们应当对此进行总结、概括和提炼。

用什么样的话语来概括、描述教学的基本问题和独特性问题呢？可以有很多表述，笔者想到孔子，想到了中华优秀的文化传统。中华优秀文化传统有着丰厚的教育资源，蕴藏着至今都是科学的先进的教育理论和经验，我们应当去发掘和利用，然后"照着讲"又"接着讲"（冯友兰语）。孔子说："性相近，习相远。"大家都明晓，这是对人本性和行为习惯特点的描述。性，人或生命先天具有的纯真本性；习，后天习染积久养成的习性；人先天具有的纯真本性，相互之间是接近的，而后天随着不同生存环境的变化，人所习得的天性，却是相互之间差异甚大。我以为，用"性相近，习相远"来表达教学改革的基本问题和独特性问题是很合适的：性相近——教学的基本问题，指向教学的本质与核心，它们具有鲜明的共通性、共同性，各种教学模式、方法之间是很接近的；习相远——教学的独特性，指向教学的差异性，具有鲜明的个性、特点，各种教学模式、方法相互之间的差异又是明显的。教学改革既要准确把握这些基本问题，又要准确地把握独特性、个性问题。而且，又正是因为独特性，促使教学改革，在体现共性的同时彰显个性，呈现"习相远"丰富多彩、生动活泼的局面。为此，教学改革实际上就是促使"性"与"习"两者相互联系、相互渗透、相互支撑、相辅相成，教学改革才能向整体、向深处发展，臻于理想境界。这是一种文化阐释和迁移。教学改革需要这样的文化表达和合理的迁移，尤其是需要中国文化的表达。

二、寻求"性相近"：有效解决教学改革的基本问题，体现教学的共同特性

何为教学？这关涉教学的共同特性。对这一问题的回答是多样的。但是不管哪种回答，都有一个共同的指向：教学必定指向学生的学。教学，即有教的学（余文森语）。教是为了学，帮助学生学会学习，是教学的核心。这是教学最基本的问题，是根本性问题，如果这一核心都不能把握准、解决好，还称得上是教学吗？但事实是，从总体上看，这一问题并没有真正解决好，课堂教

学还没有发生根本变化，以教为主、学生被动地学的现象仍然普遍存在着，这样的局面没有从根本上打破，可以说，真正的学习还没有发生。即使是特级教师和其他一些名师，也只是在教学的局部和技艺上作了改进。这是十分遗憾的事，让大家十分揪心。

问题究竟出在哪里呢？我以为，在认识上这已经不是什么问题了，用大家惯常的话来说，就是我们不缺理念。我们真的不缺理念吗？这一问题，本文不想再去讨论。那么，问题的症结究竟在哪呢？是惯性使然，还是惰性所致？恐怕两者兼而有之，难怪有专家说，要让旧习惯、旧方式"断气"。"断气"，意味着决裂，而现在我们决裂的决心不大，"决裂点"也不是非常清楚。总结起来，有以下几点。

在理念上，要真正确立起教师和学生都是学习者的概念，并转化成信念。提到学习者，总认为是学生，没错，学生当然是学习者，而教师也应当是学习者。面对着新课程，面对着新知识，面对着"互联网＋"，面对着大数据，面对着正在变化、发展中的学生，教师怎能不是学习者呢？当教师的学习者身份出现的时候，他肯定不是自己去讲，自己去教，也肯定不是简单地告诉，而是和学生一起学，互相讨论、探究、启发。所谓学习的共同体，恐怕要首先建构共通体，相互沟通，相互理解。而共通体应建立在学习者的基础上。

在结构上，要按照以学定教的理念重新设计、安排教学结构。结构往往决定着教学的进程，决定着学生学习的时空和状态。以教为核心的教学结构，肯定是以教为主线的，是控制型的，学生的学习是被动的；以学为核心则完全相反，学会自觉地走在教的前头，学也会坚定地贯穿教学的始终。这样的教学结构需要教学活动来支撑。以学为核心的教学活动，其实质是学习活动，真正的教学是由一个个学习活动串联在一起，编织了教学结构，展开了教学过程。因此，备课时、进行教学设计时，我们应当关注教学的结构，认真设计学习活动，促使课堂教学发生真正的变化。

在学习方式上，仍要坚持将接受学习与发现学习结合起来。各种学习方式都不是孤立的，相互之间也不是割裂的，因此，要综合运用多种学习方式。尤其是随着改革的深入，应用混合式学习方式已成为一种趋势。学习方式没有好坏之分，但一定有适合不适合之分，也一定有不同的功能定位。不同的学习方式在很大程度上反映了学生学习的意愿、学习状态和学习水平，反映了不同的价值追求。当前仍要进一步提倡自主、合作、探究的学习方式。学生的学习有没有真正发生，学生究竟是怎么学习的，往往聚焦在学习方式上。因此，变革学习方式应当是实现以学为核心的切入口和突破点。

在教学管理上，应当将研制学习制度、学习规则提到改革的日程上来。课程改革不是不要制度，不要规则，改掉的应是旧制度、旧规则。纵观当下的教学改革，教学制度、教学规则的建设显得滞后和薄弱，制度、规则还不能支撑教学改革。与教学的核心是学生的学习一样，教学制度、教学规则的核心仍然是学生的学习制度和学习规则；而学习制度、学习规则的核心又是要有利于学生学会学习、创造性学习。制度、规则对教学改革的支撑，说到底是对学习的支撑，是对学生学会学习、创造性学习的支撑。值得关注的，制度、规则不是教师制定后教给学生执行的，而应让学生参与到制度与规则的制定中来，制度与规则应成为他们的庄重承诺和自觉行为。有了制度和规则的保障，教学以学生学习为核心，这一目的是能实现的。

三、寻求"习相远"：追求教学个性，在教学的独特性上有所突破

从教学的基本问题出发，我们还需要寻找教学的独特性，即教学的个性。假若，只把握教学基本问题，只关注教学的共性，而忽略了教学的独特性，即忽略差异性、个性，那么教学很有可能会同质化起来，多姿多彩的教学很有可能回到以往千课一面的状态去，这既不是教学的原意，也不是改革的初衷，更为重要的是很可能抹煞教师的创造性。所以，在坚持"性相近"的同时，还要追求"习相远"。其实，"习相远"是从"性相近"的根上"长"起来的，而"习相远"又丰富了"性相近"；"性相近，习相远"的结合，才能构建教学改革的良好生态。

"习相远"，"远"在何处？

"远"在教学特色和模式。模式是理论化的实践，也是实践化的理论。模式实际上是一种范式，库恩认为，"范式一改变，这世界本身也随之改变了。科学家由一个新范式指引，去采用新工具，注意新领域"。因此，建构教学模式是相当重要的，又是非常艰难的。库恩又提出范式的不可通约性，所谓不可

通约，他认为是"两个人以不同的方式感知同一情形，而又使用同样的词汇去讨论，他们必然以不同的方式使用这些词汇"。[①]我理解，不可通约性即独特性、个性。拥有了不可通约性，才具有鲜明的独特性，教学模式才会有个性。建构教学模式，不应只在名称上下足功夫，相反，应当在模式的不可通约性上下更大的功夫。但是，如前所述，建构模式谈何容易，因此，不妨从教学的特色去实现"习相远"，比如，不同的教学内容，不同的教学结构安排，不同的活动设计，不同的评价策略，不同的资源开发方式，等等。同时，注意不要以一种模式"绑架"所有年级、所有学科、所有教师，一旦"模式化"了，教学个性就消失了，"习相远"就不可能了。

"远"在教学风格。有许多谚语描述风格，描述的重点往往是风格的独特性。老舍先生就用花来作比：风格是这朵花、那朵花，这朵花的色彩、香味与那朵花的色彩、香味是不同的。独特性应当是风格的本质特征。追求教学风格，实际上是追求教学的独特性。但是，值得注意的是，独特性不只是教学的技艺和方法，其背后或深处是其思想性。教学风格的独特性实质是教学理念、教学见解的独特性，而教学理念、教学见解的独特性我称之为教学主张。教学主张是教育思想、教学理念的个性化和具体化，不同的教学主张带来不同的教学风格，不同的教学风格诠释着、丰富着不同的教学主张。由此看来，所为教学风格的独特性，所谓"习相远"，其实质是对教育、对学科教学有独特理解和个性化的阐释。教学风格还具有鲜明的实践性，它是在教学实践中磨练出来的，无教学实践必定无教学风格可言。而教学实践，对教师而言，主要是课程的不同的实施方式，不同的实施途径，有可能形成不同的教学风格。因此，实践的创造性可以促使教师教学风格的逐步形成。课程改革时至今日，提倡教师的创造性已有多时，若还不提倡教学风格，是不合时宜的，也是会阻碍教学改革深入的。让教学风格闪烁"习相远"的异样色彩吧，让"习相远"引领教师的教学个性吧。

"远"在教师的研究与创造。"性相近，习相远"原本就是对人性与行为习惯的揭示与描述，是与人紧密相联的；教学，是教师的主体行为，不同的教师

---

① 托马斯·库恩. 科学革命的结构 [M]. 金吾伦，胡新和，译. 北京：北京大学出版社，2003.

定会有不同的教学模式，因此，讨论教学的基本问题与独特性，实质是讨论教师的创造性。教师的创造性从哪里来？从解放来，从自由来。只有真正信任教师，解放教师，让他们处在自由的状态，他们一定会创造出教学的精彩来，才会真正地"习相远"。遗憾的是，这一理念至今还没有牢牢地树立起来，教师本身也没有将这一理念转化为信念。其原因是复杂的。但是不管怎么复杂，激发教师的创造性任何时候都不应放弃。至今我都很赞赏窦桂梅老师"三超越"的教学主张：站稳课堂，超越课堂；用好教材，超越教材；尊重教师，超越教师。也十分赞赏南京市琅琊路小学周益民老师，在教好现定教科书的同时，自己开发教材，从民间文学寻找语文的源头，回到话语的家乡。他们都在创造，虽不能改变大环境，却在改变小环境，改变自己，因而绽放自己的独特色彩。

第三篇　学校的未来逻辑与现实节律

教育是对未来的定义。规划、构建未来学校是所有学校发展的必然走向。从铸魂育人出发，学校才会有未来的逻辑和现实的节律。

篇 首 语

未来学校的哲学追问

"我是谁？我从哪里来？我要到哪里去？"如果将这一哲学的基本提问，用在未来学校的讨论中，那么就可以演化为这样的提问：未来的学校究竟在哪里？未来的学校怎么走向未来？因为这些问题是未来学校讨论的基本问题，折射出未来学校发展的基本规律，因而是根本问题。对这些问题的讨论，是关于未来学校的哲学提问与思考。

一、问：未来学校的未来在哪里

1. 未来学校的未来总是隐藏在历史的文化追溯之中

未来不是虚空的，更不是虚无飘渺的，它一定有个落脚的地方，也一定有个出发的地方。出发的地方就在它的根部，就是它的根，用文化的阐释来说，未来之根正是文化的本来。而文化的本来，正是文化传统。

传统具有稳定性和持久性，在人类历史的长河中，传统常常成为我们依恋的对象。为此，希尔斯甚至提出这样一个命题：现在、未来"总处在过去的掌心之中"。[a]这绝不是怀旧，更不是复旧，恰恰表现为一种理性的认识和态度。显而易见，一个新时代的到来，不是从零开始，而是对传统文化的接续、突破和发展。未来学校建设正是这样，从历史深处走来，沉淀文化记忆和文化思考，延续传统的文化血脉。倘若，未来学校对传统文化拦腰一砍，甚或连根拔起，砍掉的和拔起的是文化的命脉，那么，永无未来可言，即使走向了未来，未来也必定在空中飘荡，而无落脚之地。中国未来

---

① 爱德华·希尔斯. 论传统 [M]. 傅铿，吕乐，译. 上海：上海人民出版社，2009.

学校的建设，必须建基于中华悠久的历史之上，植根于中华传统文化的土壤之中，才会有中国特色、中国品格、中国气派的未来学校。我们坚信，未来学校一定具有未来性，但未来性一定不是同质化的，而是要彰显显著的文化差异，形成鲜明的文化特色。我们应当警惕这样的现象和可能：用所谓的未来性遮蔽民族性，切断传统的根脉。这万万使不得。

2. 未来学校的未来总是在现在，即在现实建构中

我们对未来总有庄重的承诺，这种承诺就是把一切献给现在。未来从历史传统走来，必定在"现在"作一停留，而且这样的停留绝不是"稍作"。道理同样不复杂：未来必须从现实开始，如果没有现在，没有现实建构，就肯定没有未来，或者说未来只能在未来。但我又相信，不是所有的现在都能走向未来，如果现在缺少明天性，缺少未来元素，那么现在只能是现在。我们的态度应当是：将现在链接传统，又指向未来。指向未来的现实建构才会让我们去追逐未来，所谓承诺的庄重，既在于现实建构是一种行动，又在于行动的扎实，还在于行动的明天性，而这一切都凝聚在创新上。创新是现在走向未来永不衰竭的动力。我们同样要警惕：用所谓的未来性遮蔽现实性，想着远方，坐而论道，一味空谈，而无实际的行动。这万万使不得。

3. 未来学校的未来总是在对未来深情而又深切的瞭望中

未来总是在召唤我们，期待着我们，我们要听从召唤，向着未来瞭望。这种瞭望，首先是一种向往和想象。未来总在想象中，没有想象就没有未来。有想象才会有追求，有追求才会有机遇。这种瞭望，其次是一种预测与预判。未来总会呈现出一种发展的趋势，教育理念、教育内容、实施方式、所用技术等会发生改变，对趋势的预测作出预判，可以提前作好出发的准备，在把握趋势中把握未来。这种瞭望，是一种学习和借鉴。未来学校在发达国家已有了雏形，摸索、创造了一些经验，为我们作了些铺垫；国内也有学校进行了未来学校的建设，一些跨区域、跨国界的未来学校联盟，也提供不少可供参考和借鉴的理念和做法。深情而又深切的瞭望，让我们不断去触摸到未来学校。只看现在，不瞭望未来，也万万使不得。

总之，未来学校既遥远而又现实，立足现实，面向未来，从这个角度看来，未来已来，未来不是我们要到达的那个地方，而是正在创造的过程。

二、问：未来学校永恒不变的特质是什么

学校总有永恒不变的特质，超越时空，亘古不变，即使到了未来，它仍然存活、闪亮；反过来说，假若这些特质改变了，那么学校就不成其为学校了，即使是未来学校。特质让学校不变形不异化。尽管美国著名社会批判家、教育思想家伊万·伊利奇对现代学校进行了无情的批判，认为"学校……正陷于四面楚歌之中"，"学校教育既不可能推动学习，也不可能促进正义"，[a] 因此，呼吁"废除学校"，但这只是一种呼吁而已，是学校在自我反思后的改变，即使千变万变，我相信，其特质是不会变化的。

说到这儿，伊利奇这本著作中结尾所引用的一首诗倒是值得我们关注、思考。诗中有一部分，题目是"人"："凡人皆有其趣，人之命运犹如星辰秘史；凡人皆有特点，恰如星斗个个相异……凡人皆有自己的世界，这世界中美好的瞬间，悲惨的瞬间，皆为他自己的瞬间。"[b] 之所以引用，主要原因有二：一是《去学校化社会》透出未来社会的味道，也透出了未来学校的激情构想。二是这首诗恰恰道出了未来学校的特质——人。人是永不变的教育的核心主题。这首诗与我们的议题是吻合的。

其实，人与人的发展是古今中外所有学校的特质，当然也是未来学校的特质。众所周知，学校是由人组成的，现在叫作"教师""学生"也好，未来可能唤作"学习者""指导者"也罢，总之，没有人的存在，就不会有学校存在；即使学校被"废除"了，人是废除不了的，教育的使命——人的生活、发展是废除不了的，也毋庸置疑，人不仅是教育的对象，更重要的是教育的主体，人要站立在教育的核心位置，过去如此，未来更是这样。人从核心地位的撤退，肯定不是真正的教育，肯定不是未来学校。同样，不言而喻，人还是教育的目的，而不是工具，不是技术，不是手段，教育的异化，正是目的的异化。未来学校，以人为目的，这一核心的理念将会愈来愈坚定，愈来愈鲜明，愈来愈凸显。

未来学校又将这一特质聚焦于人的价值。人有最高价值，人的最高价值正是人本身。而最高价值又具体体现为人各有异，即上述那首诗所描述的：皆有其趣，皆有特点，以及皆为他自己的瞬间。未来学校对人的尊重将从对类的尊重走向对每一个人的尊重，对人的差异性的尊重；未来学校对人的尊重将从外部走向人的内心，走向每个

---

① 伊万·伊利奇. 去学校化社会 [M]. 吴康宁，译. 北京：中国轻工业出版社，2017.

② 同上。

人的内在世界；未来学校对人的尊重将从课程生活走向人的日常生活，走向生活的瞬间，从瞬间发现真实的微妙。这诸多的尊重，目的是开发人的价值，即开发人的可能性。可能性是人的最伟大之处，开发人的可能性，正是让每个人认识到自己的伟大，让每个人都伟大起来。而可能性往往"潜伏"在现实性中，从现实性中发现可能性，教育从关注现实性走向可能性的发现和开发，将会成为未来学校的使命，也让人的最高价值得到最充分的体现。

人的特质在未来学校中将会呈现在各种关系中。在师生关系中的呈现是，从管理者与被管理者或设计者与被设计者的关系，转变为多维的协商关系。未来学校中，只有两种人：学生的教师、教师的学生。只有两种角色：学习者、指导者，而学习者不只是学生，教师也是学习者；指导者不只是教师，学生也是指导者。因此，师生关系在未来学校中逐步多维起来，而且逐步模糊起来。这种师生关系的多维性、模糊性也带来教与学关系的多维与模糊，呈现为教与学的互动，表现为对话、协商、共享。但不管关系怎么变，人是目的，这一特质永远不会变。相反，这一特质表现得更为丰富、更为生动、更为深刻。这就是未来学校的魅力。

三、问：未来学校的课程该怎么变

坚信未来学校仍会有课程的存在。但是未来的课程一定会发生变化，不过，未来课程也会有不变的。变与不变的逻辑正是未来学校课程的"变之道"。

1. 未来学校课程的不变

未来学校课程的不变，当是关于课程的基本规定性。课程的基本规定性常常体现在关于课程的隐喻中：课程是跑道，课程是透镜，课程是桥梁等。

课程是跑道。这一原始的比喻，道出了课程的两个方面的规定性：道——有目的、有计划、有规划；跑——实施的过程，是探究、体验、发现、生成的过程。道与跑的结合与统一——规范与创生的统一、静态与动态的统一、过程与结果的统一。这一隐喻所表达的规定性相信未来不会变。

课程是透镜。这一原初的比喻，也道出了课程三个方面的规定性：透镜，把千百万年来人类的知识与文化，收集、梳理、聚焦，产生燃烧，燃烧后进行淬化；透镜，透视了教育与生活中的问题，又透射出课程的精神价值、思想价值、文化价值，也透射出工具价值、方法价值；透镜，让学生在镜前发现自己，照亮了自己，用自己的光驱散了黑暗。坚信这三个方面的规定性未来也不会变。

课程是桥梁。这一后生的比喻，道出了课程的规定性是显而易见的：课程如桥梁，一头搭在校园，另一头通向社会和人生；一头基建于现实，另一头把学生引向未来。未来的桥墩会更加坚实，桥的长度更长，桥面更宽广，学生的选择会更多元。这些喻义其实也是课程的规定性和特点，坚信在未来变的可能性很小。

隐喻比逻辑更有效。隐喻所深蕴的正是一种逻辑。未来学校课程会遵循这一逻辑。

2. 未来学校课程的变

变是必然的，即使那些规定性中的关系也会发生变化，更强调过程、生成、弹性、创造等。更为重要的是，未来主义会促使未来学校课程发生一些重大改变。

未来主义起源于20世纪早期意大利的一种艺术和社会运动，"它强调并赞美各种与未来相关的当代概念主题，……未来主义运用每一种学术媒介，包括绘画、雕塑、陶器、电影、文学、音乐、建筑等，运用各种艺术创造方式，包括平面设计、工业设计、室内设计、城市设计等，甚至利用美食学，来实践其对未来的构想"。[a] 不过，未来主义的定义、内涵正在发生变化，不断扩大和丰富。显然，未来主义关注点在于对未来的前瞻，在于对未来的预判、计划、构想以至塑形能力的培养，更关注社会实践。这些当然会影响课程理念、课程形态、课程内容、课程实施，以及实施中的现代技术，以及课程资源。这些改变是一定的，绕不开的。这些是改变的方向，而不是确定的变化的形态。未来的不确定性、不可捉摸性等，很难对课程的改变作出确定性的预判和设计，但是沿着未来主义指出的方向和重点走下去，未来学校课程的改变会渐渐明朗、清晰起来。

3. 未来学校课程改变的最高境界是让教师和学生成为课程的研究者和创造者

课程是人创造的。教师正经历着角色的变化：从课程的执行者走向课程的参与者，又在参与的过程中成为研究者和创造者。未来学校课程，一定是教师更密切地关注社会发展的需要，从适应并促进社会发展以及自身发展需要出发，更主动、更积极

---

① 王馥芳. 共享教育学，教育科学发展新趋势 [N]. 中国教育报，2017-09-07（06）.

地研究课程，开发课程，不断调整不断改进，成为课程的创造者。在这一过程中，教师鼓励并引导学生参与其中，学生与教师共同研究和开发课程，也会成为课程创造者。伊万·伊利奇说："学校的课程界定着科学，其自身也由所谓的科学研究来界定"，[a] 其更深层的意思是，人正是科学研究者，是课程的界定者。也许，未来学校课程的最高境界在于此。

关于未来学校还有不少的哲学提问与思考，以上只是其中的几个问题。笔者以为，未来学校的哲学提问与思考是无法穷尽的，但是总得有个起步。此外，也不要以为哲学提问、思考可以解决一些问题，但总得有个开头。还是用"也许"来表达吧：也许，未来学校恰恰首先是个哲学问题，永远伴随着诸如此类的哲学提问与思考。

---

① 伊万·伊利奇. 去学校化社会 [M]. 吴康宁，译. 北京：中国轻工业出版社，2017.

理想国：未来学校的理想形态

"未来教育""未来学校"是当下教育改革的热词。这是必然的，因为我们总要走向未来，况且，未来正在向我们走来，未来正在我们的脚下。但是，走向未来的时候，我们还要回望过往，回望过往中所蕴含的未来学校的理想形态。道理很简单，回望，既是回顾又是反思，既是回到事物的原点，又在回到原点的路上有新的想象、新的发现，开始新的创造。

我们多次回望过往。回望中，惊喜发现，在很久很久以前，人们早已在构想未来学校的理想状态了，而且有不少的构想在今天仍是适用的，具有前瞻性。足见，未来是个相对概念，是个过程。同样，今天，再次构想未来学校的理想形态，还是在回望中发现，在前瞻中创造。这就是走向未来的历史逻辑。

一、回望柏拉图的《理想国》，未来学校应当是"理想国"的美好形态

《理想国》是柏拉图在 40 多岁时完成的著作。非常有意思的是，柏拉图的原名是阿里斯托勒斯，意为"美好"。看来，由"美好"的柏拉图来写《理想国》，是未来赋予他的旨意，是他名字中美好的文化隐喻带来的使命。还有非常有意思的是，"柏拉图"是老师赠予他的雅号，意为"博大精深"。看来，由"博大精深"的柏拉图来写《理想国》，《理想国》一定是非常厚重的、深邃的、宽博大度的。难怪有人说，《理想国》很难读，但其实它看起来琐碎，实为深刻，必须仔细咀嚼，悉心领悟。

柏拉图心中的"理想国"是什么样的呢？他对教育、学校的理想追求是什么呢？又对我们今天讨论未来教育、未来学校的理想形态有什么美好启示呢？

其一，柏拉图阐述了"教育是国家的事业"。他说，"'教育和培养'是国

家当政者应当注意的大事，国家当政者对教育这一大事不能等闲视之"。① 在 2500 年前，柏拉图对教育有这样深刻的认知难能可贵。再读读全国教育大会上习近平关于"教育是民族振兴、社会进步的基石，是功在当下、利在千秋的德政工程，是国之大计，党之大计"等论述，心中便有个重要想法在翻腾：未来学校无论是何种形态，都是"国家的事业"，权且将之称为未来学校的"国家性"，想必是恰当的，也是必须坚守的；未来学校不管建在何处，不管有多么宽广的世界性，但它一定是"有祖国"的，从根本上看，未来学校的形态折射出国家意志和民族发展的文化愿景及文明形态，甚或可以说，未来学校形态，在本质上是"国家形态"。

其二，在强调教育是国家事业的同时，柏拉图还指出，实现"理想国"必须有工具，教育正是"理想国"的工具。教育这一工具，可以实现"理想国"，维持"理想国"，发展"理想国"。② 于国家而言，这一工具具有战略意义，具有奠基性，全局性；这是一个特殊的工具，透射出国家、民族的文化特性，具有精神性、思想性；工具的价值超越了工具本身，将工具理性与价值理性结合在一起，统一在一起。应当有这样的历史判断：有什么样的教育，就会有什么样的国家和未来，使用、创造工具的精神是具有专业力量的工匠精神，工具的形态影响着国家未来学校的形态。

其三，在对待这一国家事业和工具大事上，必须进行制度变革。柏拉图的制度变革聚焦于他所憧憬的美好社会蓝图的构建上。他认为理想的社会应当由三个阶层构成，他分别用金子、银子、铜和铁描述这三个阶层，即哲学家身体内含有金子，军人身体内含有银子，农民和手工业者身体内含有铜和铁。这三个阶层具有不同的美德，即智慧、勇敢、节制和正义，而理想国的社会秩序的稳定需要这四种美德；人人推崇这四种美德的社会，就是一种理想的美好社会。③ 从柏拉图隐喻式的描述中，可以想见，理想的教育形态，包括学校形态是由美德构筑起来的，学校需要培养各种人才。

① 单中惠，朱镜人. 外国教育经典解读 [M]. 上海：上海教育出版社，2004：16.

② 同上：17.

③ 同上：18.

其四，柏拉图提出了一个完整教育体系的设想。柏拉图建构的是终身教育体系，并将终身教育大致划分为几个阶段，每个阶段有不同的培养目标和任务。他尤为重视婴幼儿的学前教育，主张儿童 3 岁时就应当进入附设于神庙的游戏场；6-18 岁，分别进入国家开办的学校接受普通教育，这一阶段的教育属于普及教育；之后，未来的农民和工匠就离开学校务农做工去了，未来的军人和哲学家则进入高等教育机构学习；然后将 30 岁、35 岁划分为两个阶段，其中，从 35 岁到 50 岁的出类拔萃者再经过 15 年的实际锻炼，才最终完成其教育，成为哲学王。[①] 显然他是以培养哲学王为教育最高目的，但精英教育中包含着可贵的民众教育思想。从中我们领悟到，学校的理想形态应置于终身教育的宏大背景下，体现不同教育阶段不同教育的性质和特点。

其五，柏拉图主张教育的任务是训练身体和陶冶心灵。他说，"教育就是用体操训练身体，用音乐陶冶心灵"，其间要"用故事教育孩子们"，而故事必须优美高尚，他特别郑重地指出，充斥谎言的荒唐故事不能说。他追求的是美好的教育。他有一段十分精彩的描述："用大才美德开辟一条道路，使我们的年轻人由此而进，如入健康之乡，眼睛所看到的，耳朵所听到的，艺术作品，随处都是；使他们如坐春风，如沾花雨，潜移默化，不知不觉之间受到熏陶，从童年时，就和优美、理智融合为一。"[②] 理想国不是空洞的，理想的教育形态不能脱离教育的宗旨和愿景，教育形态绝不是一种纯粹的形式，假若没有崇高的教育目的和美好的教育内容，所谓理想的学校形态只是一种面具而已，毫无意义。

综言之，柏拉图希冀用理想的教育构筑理想国，抑或说，柏拉图的理想国正是理想教育的形态，理想国是理想教育的代名词。历史证明，任何时代都在思考并追求未来教育的理想形态，而任何时代的未来教育、未来学校的理想形态都应回到"理想国"这一灿烂的概念和美好的世界中去；同时我们以为，未来学校的理想形态是永远追求的过程，未来永远是"永远"的。正是这"永远"，未来教育、未来学校形态充满着神秘而极富想象的美感。为此，我们要

---

① 单中惠，朱镜人 . 外国教育经典解读 [M]. 上海：上海教育出版社，2004：19.

② 同上：20.

去追寻、构建未来教育、未来学校的美学形态。

二、未来学校的美学形态

当今是个开放的时代，世界是平的。尽管《理想国》诞生于西方，但它却和同样久远的中华传统文化走到一起来。今天讨论未来学校的理想形态，构建未来学校的理想国，完全可以从中华文化土壤里寻觅答案，尤其是未来学校的美学形态及其美学特征，可以从中国美学中去寻找、开发与构建。

一是从中国美学中去寻找、开发、构建"天下一家"的学校形态的大格局。

自古以来，东西方都十分重视美育，柏拉图所提出的四种美德，诠释了美育对育人的价值和作用。中华优秀的传统文化更是如此，在这丰厚的文化土壤中孕育并深蕴着宝贵的美学精神，贮藏着立德树人的美学思想。上古时代，中国便已出现诗、乐、舞三位一体的乐教；西周建立起礼乐文化制度，传承至今，影响着新的时代。春秋时期，孔子提出"兴于诗，立于礼，成于乐""志于道，据于德，依于仁，游于艺"等思想，构建了美育尤其是艺术教育的体系。孔子不仅是教育家，而且是美学家，他的美育思想及美学精神，为后世的美育、美学精神发展奠定了重要的基础。战国时期孟子提出了"充实之谓美"；宋明理学广泛吸收佛道理论之后，中国的美育理论进一步体系化、精致化。及至近现代，王国维的《论教育之宗旨》，蔡元培的"以美育代替宗教"，朱光潜所强调的美育对个体心灵解放的理念，丰子恺等艺术教育新理念的践行，等等，无不说明，基于中华优秀传统文化的又善于借鉴西方美学思想的中国美学，在理论与实践的结合上，使中国现代美育体系初步架构起来了。"中国现代美学思想对传统的最大超越之初，是形成了以个体独立之'人'为本位的思维方式，重视'人'的价值及其在社会、历史发展中的作用，并从'人'的心理结构出发，讨论与美育相关的一系列问题。"①

值得关注的是，中国美学中这一关于人的本位思维及独特价值，体现在关于"天下体系"思想的论述中。"中国传统天下体系是一个美学化的时空体系，它是一种想象性建构"，"又从自然时空的审美认知层面，试图以礼乐为

---

① 吴为山. 以美育提升人文素养筑牢文化自信 [N]. 光明日报，2019-02-01（11）.

原则进行审美再造。"①尽管传统文化、美学中的"天下"，与当今的"天下"还不完全是一回事，但这一美学时空体系启发我们，未来学校的理想状态的架构，必须有大视野、大格局，应以"天下兴亡，匹夫有责"为使命担当。若此，未来学校的理想状态当是厚植家国情怀，攀登"天下一家"的大境界，心系"人类命运共同体"。这一理想形态，不仅是意识形态层面的，而且是美学层面的，具有独特的自由、丰富的想象，人的价值在更广阔的时空中飞扬、驰骋，其过程是审美化的。这种具有美学特征的学校形态更富魅力，学生更喜欢，审美体验更愉悦，也更有深度。我们坚定地认为，不管未来学校是什么样的形态，审美化、学生喜欢，这是无可非议的理想形态，是理想国应有的形态。

二是从中国传统文化美育与德育的相互融通中寻找、开发、建构道德意义的生长的学校形态。

中国传统文化既十分重视美育，又十分重视德育，而且美育与德育不是分离的，更不是分割的，恰恰是相互关联且相互融通的。它们相互渗透、相互支撑、相互促进，结果是相辅相成的。

回到王国维的《论教育之宗旨》上去。王国维说，"古今中外教育无不以道德为中心"。这是毋庸置疑的。但是蔡元培、朱光潜等对王国维的观点作了补充。蔡元培在《关于新教育的意见》里说，美育是德育的基础，在此基础上，又进行了阐释："美育是德育之助，审美教育乃是物质境界与道德境界之津梁也"，即美育是德育之途径，之手段。朱光潜认为，从伦理上看，美是一种善；从美感上看，善也是一种美。朱光潜还认为，孔子的育人之道"始于美育，终于德育"。反复强调，高尚道德养成要从怡情养性做起，"美感教育的功用就在怡情养性，所以是德育的基础功夫……"②其实，中国美学思想既植根于中华文化土壤中，又是开放的，尤其是到近现代，中国美学吸收并借鉴了西方美学理论。这样的吸收与借鉴可以将美育与德育相融通的状态概括为：道德是美的基石，美是道德的象征。

---

① 刘成纪. 论中国美学的天下体系 [J]. 新华文摘，2018（08）.

② 杜卫. 中国现代美学中美育德育融合论 [N]. 光明日报，2018-06-25(15).

需要指出的是，中国美学思想中美育与德育的融通，为落实立德树人根本任务奠定了理论基础，并提供了方法论的策略。翻开中国文化大典，跃入眼帘的是"立德"与"树人"的思想精髓。古人所提倡的人生"三不朽"，其之首便是"立德"。据此，习近平鲜明地指出，"国无德不兴，人无德不立"，而社会主义核心价值观就是德，将中华传统文化的本色与底色——伦理道德阐发得尤为深刻。中华传统文化又有非常鲜明的"树人"思想精髓："一年之计，莫如树谷，十年之计，莫如树木，终身之计，莫如树人。""立德"与"树人"的自然契合，表达了中华民族育人的初心，成为中国教育改革发展的根本任务，这本身就具有美学的特征。中华文化中美育与德育的相互融通，为落实立德树人根本任务奠定了理论基础，搭建了一个极具审美化特征的育人平台。

由此我们不难得出这么一个结论：学校的理想形态，无论是过去，还是现在，或是将来，都具有道德性，充满着道德生长的意义。倘若用杜威的观点"道德教育是教育的最高的、最终的目的"来诠释，那么学校的理想形态应是以道德教育为最高最终目的形态，是道德的形态，是道德意义生长的形态。显然，丢失道德意义的未来学校形态，便是抛却了教育的基石，美也便成了毫无意义、价值的装饰，立德树人的根本任务也就无法落实。

三是从中国美学"情本体"的理论中去寻找、开发、构建有温度有美好表情的学校形态。

中国美学中有一个重要的理论：情本体。所谓"本体"，李泽厚作了十分明确的界分："'本体'，是'本根'、'根本'、'最后实在'的意思。"[①] 那么什么是中国传统文化的"本体"呢？抑或，什么是中国美学的"本体"呢？李泽厚毫不含糊地说，是"情本体"，即"是以'情'为人生的最终实在、根本"。为此，他作了一个基本梳理："在中国，先秦孔孟和郭店竹简原典儒学则对'情'有理论话语和哲学关切。'逝者如斯乎'、'汝安乎'（孔子）、'道始于情'（郭店）、'恻隐之心'（孟子），都将'情'作为某种根本或出发点。"接着他说，"此'情'是情感，也是情境"。[②] 他还引用一些著名学者的观点来佐证，比如

---

① 李泽厚 . 人类学历史本体论 [M]. 青岛：青岛出版社 ,2016：58.

② 同上。

引用梁漱溟的观点，"周孔教化，亦不出于理知，而以情感为根本"；比如引用钱穆的观点，"中国儒学思想则更着重此心之情感部分""知情意三者之间，实以情为主"。他还主张"道始于情"，而非"道始于理"。从这一角度出发，李泽厚还认为，"历史本体论的关键是'情理结构'"。[①] 而且，他主张"情本体"应在哲学中占有重要地位，并判断"情本体"就是哲学。

接着这样的思路，我们需要追问的是，究竟什么是"情本体"？李泽厚认为，"'情本体'是人类学历史本体论所讲中国传统作为乐感文化的核心"。[②] 中国传统文化是一种乐感文化，而"情本体"是乐感文化的核心，可见"情本体"具有何等的文化价值和哲学地位。因而，乐感是教育应有的文化自觉和价值追求。

其实，艺术教育、审美教育本质上是一种情感教育，是有温度的教育，以情为纽带，以情为磁石，带动学生的认知、思维，促进学生深度体验，并获得深度体验中的审美愉悦。同时，"情本体"之"情"亦为情境，教育也应回到人世间的各种具体情境中，使认知、思维具体化落实到人世的情感中来，让学生快乐起来，以快乐的心情来学习。这样，"情本体"从情感与情境两个方面论述了中国美学的又一特征和品格。

"情本体"理论观照和关切下的学校形态呢？答案是非常明确的：学校绝不是一个物理的概念，不是一个冷冰冰的空间，它应当是以人为核心的共同体。共同体好比是冰雪天中的火炉，温暖每一个人的心；好比是大风大浪中的港湾，让漂泊的船只有了安全感、幸福感。这样，学校形态，尤其是未来学校的理想形态，超越了物理，超越了技术，让这一文化符号有了温度，有了快乐的表情，具有了美学特征。在充溢着真实的情感陪伴下，在丰富的情境中，学生的核心素养得到培育与发展。

四是从中国美学"儿童是美的"理论中寻找、开发、建构以儿童为主体的学校形态。

中国美学中儿童有着重要的地位。儿童是真的。李贽认为"童心也，真心

---

① 李泽厚. 人类学历史本体论［M］. 青岛：青岛出版社，2016：71.

② 同上：58.

也，真心也，真人也。若失去童心，便失却真心，失去真心便失去了真人"已成为经典的儿童观，而"真为美"又是中华美学的又一理念。丰子恺认为，儿童犹如星辰。1928年，三十而立的丰子恺在故乡石门湾写下散文《儿女》，文章结尾这么说，"近来，我的心为四事所占据：天上的神明与星星，人间的艺术与儿童。小燕子似的一群儿女，是在人世间与我因缘最深的儿童，他们在我心中占有神明、星星、艺术同等的地位。"儿童是丰子恺画作创作的源泉，是其画作真率之趣，进而构筑了他自己和儿童的人格。儿童有自己的最伟大之处，这伟大之处，陶行知的"小孩不小歌"说得特别深刻、精彩：别看小孩小，人小心不小。若把小孩看小了，便比小孩还要小。"心不小"是一种伟大的志向，是无限的可能性。可能性是儿童的未来性、发展性和创造性，是儿童梦想驱动下令人惊诧的想象力、批判精神和创新能力。儿童的可能性往往在他发光的双眼中，在他发呆的那一刻。儿童是小的，又是"大"的；儿童是稚嫩的，又是深刻的。儿童是美的。

童心可以超越年龄。老子认为，人最终在精神状态上复归于婴孩。而这一切，又都化归、凝练为四个字：童心母爱。儿童教育家斯霞将童心母爱化作自己的信念，成为人格的显著特征。当然，她的母爱是将母亲之爱、教师之爱、祖国之爱凝为一体，具体落实在另外四个字上：教书育人。"教书育人"是纯粹的中国话语，将"儿童是美的"这一中国美学与教育学统一起来、融通起来，化作学校最为丰富、最为生动、最为精彩的形态，又化作最具中国特色的气象。讨论学习形态，离不开儿童。此时的儿童，已不是年龄上的界定，而是让校园里所有人，包括教师，包括员工，都是儿童。儿童们的对话，编织了学校美丽的形态。相信这一形态，在未来定会放出意想不到的光彩。

北京中学：核心素养与未来学校

上有灵魂的课，应当根植于良好的文化生态中，筑基于未来学校的构建中。北京中学为我们树立了榜样。

教育是对未来的定义。规划、建构未来学校是所有学校发展的共同的必然走向。

教育需要定义。对教育已有不少的定义，由于视角不同，因而有不同的表述。在诸多定义中，有一表述为大家所关注：教育是对未来的定义。其旨意十分明晰：教育可以定义未来，亦即可以创造未来；有什么样的教育就有什么样的未来。道理也是为大家所认同的：教育是一个国家、一个民族发展的战略，具有基础性、全局性；教育引导面向未来，应当为国家和民族的未来担负起应有的重任。

教育是对未来的定义，帮助我们建构起一种逻辑：所有学校都要走向未来，走向未来不是少数精英学校的专利；只有所有学校都去办未来学校，我们的未来才会更加美好。因而，这一逻辑走向形成了一个重要命题：所有学校从现在起就要作好准备，站在现在瞭望未来，用未来审视现在、改变现在，规划未来、设计未来，一步步走向未来。

这一命题是教育的重大使命。问题是：什么样的学校才能走向未来？什么样的教育才能创造未来？这两个问题暗含着另一个问题：未来在哪里？这似乎是个伪命题——未来当然在未来。其实，这是个真问题，因为未来不是虚空的，未来总有出发地，总有落脚的地方。

北京中学，一所新的学校，只有八年的历史。它有传统文化的密码吗？八年，也是历史，何况，北京中学期望上承北京大学，下接北京小学。"北京"

本身意味着宏大的召唤和深远的期待。可以说，中华民族悠久的文化就应是她的文化背景，北京中学应根植于中华文化的土壤中，她的脉管里应流淌中华民族的文化血液。校长夏青峰说，北京中学要办成北京风格、中国气派、世界胸怀的学校，这既是学校现在的定位，又是未来学校的定义，也正是从中华文化的基因里寻找到的密码，给学校一种悠远而又实实在在的文化力量和召唤，北京中学积极应答着。

北京中学在行动。办校之初，就研讨学校文化理念系统，顶层设计育人模式，"世界因我更美好"是他们的校训；"学生全面而自由地成长"是他们的核心理念；"和而不同，乐在其中"成为他们的校风……北京中学积极进行课程、教学改革，改变学生的学习方式。捧读或翻阅学校的材料，心中自有一个想法：北京中学提出建构未来学校就是用实践去兑现的。北京中学告诉我们，其实未来学校就在我们的行动中。

未来学校的一切行动都要以人的学习为中心，都要聚焦于学生发展核心素养的培养。

学生发展核心素养的研究、制订，是世界上几乎所有发达国家和重要国际组织的共同命题，其主旨是解决培养什么样的人以及怎样培养人的问题，以核心素养引领学生未来的发展。比如，2002年美国指定的21世纪核心素养框架（2007年发布了该框架的更新版本）；比如1997年至2002年世界经合组织进行的"素养的界定与遴选：理论和概念基础"研究计划，认为核心素养不是特定专业或职业生涯所要求的素养，也不是特定社会场域、民族或国度所要求的，而是人类的未来社会生活要求个体所需具备的最为关键的素养。中国在发布学生发展核心素养时，明确指出，"根本出发点是将党的教育方针具体化、细化，落实立德树人根本任务，培养全面发展的人，提升21世纪国家人才核心竞争力"。显而易见，核心素养都指向并聚焦于未来人才品格与能力的培养，因此，建构未来理想学校应当以学生发展核心素养为总领为目标为核心，否则，未来学校的建构丢失了魂，丢失了方向，很可能变成物质条件的改善和丰富，即使也进行课程改革、教学改革，但缺少了改革的重大准则，很可能将课程改革、教学改革技术化、工具化，甚至应试化。

核心素养是关于人的，是属于人的，是以人为主体培养和发展起来的，讨论核心素养必须讨论人的发展，未来学校建构，必须以核心素养来统领。以核心素养统领，说到底是以人的学习和发展为中心，以人的学习和发展来统领。新加坡于2010年研制的学生发展核心素养就是以人为中心的，着力培养四种人：有自信的人、有学习能力的人、乐于奉献的人、心系祖国的公民。新加坡以人为中心展开了学生发展核心素养的多维设计。最近韩国修订了初中等教育学生发展核心素养，突出了共同体素养的培育，仍然是凸显人在当今世界中的责任担当和博大胸怀。有的核心素养的研制似乎没有凸显人，其实不然。经合组织从"能互动地使用工具、能在异质群体中进行互动、能自律自主的行动"三个维度形成核心素养框架，每个维度的主体都是人，都是学生。中国学生发展核心素养更是以"全面发展的人"为核心，从三个方面、六大素养进行整体建构，具有鲜明的中国特色。以上一些情况的概览，让我们看到了核心素养中人的身影，也必将看到人在课程、教学中的闪耀。道理非常明了：没有人的课程不是真正的课程，没有人的教学也不是真正的教学，同时，核心素养既是指向当下学生的，又是指向学生未来发展的，是要促进学生现代化的。因此，没有人的现代化，就不可能有未来学校、未来的美好。换个角度说，未来学校就是要进一步培育、发展学生的核心素养，让人站立在未来学校的制高点上。总之，未来学校是为了人的，是面向人的，是以人为主体的，未来是人们创造出来的，舍此，无所谓未来学校，也就无所谓未来。

"以学习者为中心"，已成为教育改革的重要主题，其根本任务是落实立德树人。立德树人这一根本任务，引领我们探索、建构具有中国特色的育人模式，推动教育的转向：从知识、分数、成绩、升学率转向人的培养，从知识、能力、态度三个维度加以整合，以综合体现的方式使三维目标走向核心素养。这一育人模式的探索、建构的核心环节和途径是立德。知识不全面，可以用道德来弥补，而道德不健全，知识是无法弥补的；道德是人全面发展旅程中的光源；道德，应是课堂上空永远飘扬的旗帜……无论怎么论述，道德在育人模式中的价值地位都是不过分的。因此，当我们十分关注人的关键能力的时候，千万别忽略人的必备品格。

立德树人根本任务下的"以学习者为中心"的育人模式，还应探索建构课程模式、教学模式、评价模式、管理模式。正是在这些方面，北京中学进行了可贵的探索，给我们以智慧的启迪：核心素养并不神秘，它原本就存活于学生的学习活动和生活中，只是以往我们并不自觉，中国学生发展核心素养发布后，北京中学的态度更鲜明，行动更自觉。核心素养应当有校本化的表达，北京中学的表达是学会学习、学会共处、学会创新、学会生活。核心素养应当落地，北京中学的课程改革、教学改革都有具体的落实方式。论坛上，北京中学的学生与校长夏青峰同台汇报，学校把舞台、机会让给了学生，学生在校园的任何地方都有自己的平台，所有的平台都向未来学校展开。

学校课程应有未来性，要搭建通向未来学校的桥梁。

课程是通向未来的桥梁，桥的宽度、长度，桥墩的支撑度、坚固度影响着人才的素养结构和质量。课程改革要听从核心素养的召唤，用核心素养来审视、改进、优化学校课程，让通向未来的桥梁基础更厚实、桥面更宽广、桥的一头伸向未来更长更远，学生在桥上行走找到适合自己的方式，和伙伴一起，沟通交流、合作互助，走得快乐、扎实，有新的梦想、新的发现、新的创造。总之，学校课程应关照现实性，更应关注未来性。

核心素养召唤和引领下的学校课程应着力在以下几个方面进行改革。一是要十分重视国家课程的高质量实施。当下不少学校把课改的重点、兴奋点放在校本课程开发上，轻慢，甚或忽略了国家课程的实施。国家课程规定了国家对学生素养的基本要求，保证并提高国家课程的实施水平，提高教学质量是我们的核心任务，对此，不能有任何的摇摆。但是，国家课程的实施，也应当在课程综合的视野下进行跨界学习。实施好国家课程，学生才有更良好的基础，背上智慧的行囊走向未来。二是校本课程开发要提高课程品质。校本课程对于培养、发展学生核心素养有着不可替代的作用。校本课程开发要坚持，不能后退。不过，作为课程，要具备应有的规定性，这样才具有课程的意义。当下校本课程开发中，存在着随意、盲目的现象，在开发的宗旨、程序、实施的途径，也包括以教材形态代替校本课程等方面还存在一些突出问题，校本课程的品质和水平有待进一步提高。有品质的校本课程才会有效促进学生的个性发展。三是课程的综合要有更科学的把握。课程综合是课程改革的重要走向。课程的综合化包括综合课程的开发，对于学生核心素养的培养、发展所起的作用越来越大，课程综合化的开发与实施的任务也越来越重，这应当作为改革的重点。但是，对课程综合的认识还需要进一步澄清，即综合既是课程形态，也是方式和过程，更是理念，我们不能只在综合的课程形态上下足功夫，而忽略方式、过程和理念。事实证明，确立了综合的理念，把握了综合的方式，优化了综合的过程，教师是可以自觉地创造性地进行综合的。讨论到这儿，我们可以有了基本判断：课程的未来性也并不神秘，它就在课程的基础性、整体性、综合性和选择性上，坚持这"四性"，课程会带着学生和学校走向未来的。

随着课改的深入，教学改革的重要性也日益凸显。我以为，在课程及其改革的诸多环节中，教学改革是具有实质意义的。这道理并不深奥：所有课程都要在课堂里聚合，聚合实质上是创造性整合，是通过教学来完成的，高品质的课程只有在高水平的教学中才能立起来，课程的理念、目标、要求、原则才能真正得到落实，其间，学生的核心素养才能得到培育和发展。因此，应当非常明确地将课堂教学改革作为课改深化的一个重点，而且应当坚信不疑、坚定不移。这是其一。其二，课堂教学改革也应当在课改的语境下展开，应当充分体现、落实核心素养的理念和要求，让课堂教学成为学生的核心素养培育、发展的基地和孵化器。

笔者深以为，核心素养召唤、引领下的课堂教学改革，应当进一步厘清思路。一是要真正确立教学育人的核心理念和宗旨。应当好好领会苏霍姆林斯基对一位物理老师讲的话：你不是教物理的，你是教人学物理的。意思非常明白：教学，不只是教知识，甚至也不只是教能力，在教学过程的所有方面、所有环节的背后、深处，都应有人，都应有学生。人是人的最高价值，教学的最高价值当然也是人，是学生价值的体现和提升。只有将教学聚焦于人，认识学生，发现学生，促进学生发展，核心素养才会进入学生的心理，形成新的文化结构，外化为良好的行为习惯。这样，"知识就是力量"才能改变为"核心素养才是走向未来的力量"。二是要坚定地将教学的本质置于学会学习这一核心上，促使教学有根本性变化。实现这一变化，应当改变教学结构，但我们已开始意识到"……改变形式结构不同于改变规范、习惯、技能和信念"。[①] 改变结构很重要，但不能从根本上解决问题。我们的另一思路是：设计学习活动，

---

① 帕梅拉·博洛廷·约瑟夫，等. 课程文化 [M]. 余强，译. 杭州：浙江教育出版社，2008：187.

在学习活动中变革学习方式。教学活动其实质应是学习活动，用学习活动来贯穿教学过程，以学为核心的目的才能得到落实。三是让思维伴随学习过程。"学习就是要学会思维。"[a] 而思维的发展，才可能让学生在学习中有精彩观念的诞生。四是让学习回到真实的丰富的复杂的情境中去，智慧是对情境的认知、辨别和顿悟。从某个角度看，智慧是核心素养的代名词。五是用现代信息技术支撑、改变教学，让学生在更广阔的世界里学习，进行创造性学习。

北京中学，正在憧憬并走向未来学校，以"享受幸福人生，做中华栋梁"作为学生的成长目标，以"智、仁、勇、乐"和"学习能力、共处能力、创新能力、生活能力"为学生的必备品格与关键能力，开发课程的基础性、拓展性、潜能性，形成阅历、学院、服务等课程系列，并促进学生的个性化学习、联系性学习、体验性学习。正是通过这些改革举措，探索课程育人、教学育人的实现方式，寻找核心素养落地的力量。通过课程这一桥梁，学校将走向更诱人的未来。

---

① 杜威. 我们怎样思维·经验与教育 [M]. 姜文闵，译. 北京：人民教育出版社，2004：71.

成志教育：儿童发展的价值坐标与行动方案

　　立德树人是教育改革的核心目的和根本任务。落实这一根本任务，我们应当有强烈的责任心、使命感，还应当有紧迫感。随之而来的问题是如何遵循这一方向，在学校里得以落实，尤其是如何从儿童的需求和特点出发，在小学教育中有效实现。这是个极具挑战性的重大课题。值得注意的是，清华附小旗帜鲜明，经过八年的潜心研究，深入实践，对这一课题作出了积极而又成功的应答，寻找到了立德树人根本任务的实现方式，基本上构建了育人模式。这是清华附小的又一重大进步和重要贡献。正是在这一根本问题上，清华附小引领着小学教育改革的方向，并站在更高的平台上，与世界进行了深度对话。

　　清华附小是从理论、实践两方面来解答这一难题的。他们在实践与理论的互动中，生成并确立了一个主张：成志教育。这一主张的内核是：聚焦于志，着眼于成志，着力于成志教育的过程和方式，用成志教育与立德树人进行准确对接，让成志教育成为立德树人的切入口，并以此为突破，搭建新的生长点。这样的对接在逻辑上是合理的，在理论上是深刻的，在实践上是具体的、行动化的。因此，成志教育是一把金钥匙，是一座金色的桥梁，在社会主义核心价值观的指引下，在成志教育的过程中，让儿童站在金色的大桥上，用金色钥匙打开未来之门，从此岸摆渡到彼岸，向着中华民族复兴的中国梦永远前行，而自己也成长起来，成人、成才。

　　成志教育在理论上有新的理解和阐释。窦桂梅校长和她的团队形成了这一见解：志，是儿童发展的价值核心，立志就是立德，立德需要立志，成志是立德树人的关键。成志也是立德树人的重要途径和方式，从成志走向立德，在立德中成志，从成志教育走向立德树人，路径清晰，方法具体。成志教育还是立德树人的境界，在成志教育过程中，充满着崇高的审美意义，让儿童充溢着审美的愉悦，因而成志教育闪烁着中华美学精神。这是其一。立志、成志，具有鲜明的儿童特点，符合儿童发展的规律和需求，它点击并点燃了儿童的想象、憧憬和梦想，儿童在志向的天空里飞翔，飞向理想，飞向未来。这是其二。值得关注和思考的是，立志、成志，理想、信念，在当下受到物质利益至上、个人中心主义膨胀、道德困境、正确价值观缺失的严峻挑战。如何让理想、抱负、信念、信仰成为儿童成长的核心追求，如何让生命为祖国而澎湃，成为时代命题，成志教育更具现实意义。这是其三。总之，成志教育既是个理论命题，又是个实践命题；既是个关于理想的问题，又是个现实问题。清华附小在社会主义核心价值观的引领下，根据立德树人根本任务，提出成志教育，是重要的、必要的，也是科学的，既表现了他们强烈的社会责任感，也表现了他们准确的判断力、决策力，还表现了他们的理论勇气。

理论上的进步带动了现实的突破，实践探索经验的丰富也带动了理论的生成和理性思考的深刻。在理论与实践的双向建构中，清华附小建构了儿童发展的坐标。这一坐标叫作成志教育，坐标的上空飘扬着社会主义核心价值观的旗帜，坐标的根本任务是立德树人。坐标的核心位置即轴心是儿童。清华附小的核心理念"让儿童站立在学校的正中央"在坐标上熠熠闪亮。假若没有人，假若儿童核心地位缺失，便无成志可言，也无真正的教育可言。如今，"让儿童站立在课程（课堂、活动）正中央"，已成为小学教育的共同理念，这正是从清华附小开始的。儿童立场彰显了教育价值，但儿童立场决不仅是儿童个人的价值，儿童发展价值要与国家价值、民族振兴价值即社会主义核心价值观统一起来，相互融通，双向关照。因此，成志教育的坐标是一个价值坐标，价值坐标形成儿童未来发展的价值格局，是人生的价值坐标。清华附小对社会主义核心价值观有个校本化的表达，以"为聪慧而高尚的人生奠基"为愿景，以"身心健康、成志于学、审美雅趣、学会改变、天下情怀"为具体的素养要求，以"健康、阳光、快乐"为儿童的形象特质，这些元素成为横坐标上的价值要点，成志教育坐标成了价值闪烁的天空，照耀着儿童的一生，而儿童则从价值认知走向价值认同，并认真践行。

在这一坐标上还满溢着智慧实践的光彩。成志教育，这一坐标还是行动方案。清华附小用几根支柱组成了纵坐标，可贵的是，这几根支柱在成志教育的引领下发生了价值转向和跃迁。比如"1+X"课程，绝不仅仅是课程形态，也绝不仅仅是课程结构，而是从课程模式转向育人模式。其"1"指括的是素养、能力基础，"X"指括的是素养的拓展、个性化关键能力的提升，"1+X"课程的深处是儿童，成志教育赋予"1+X"课程更丰富更深刻的价值内涵。比如，"主题教学"，绝不只是从语文教学合理拓展到各学科教学，而是将主题教学定位于价值主题，是社会主义核心价值观化为的一个个具体的价值主题，让学生在学习中经历价值体验，进行价值澄清，进而作出价值选择，促进价值内化，又在外显的过程中形成价值信念以至信仰。事实证明，主题教学在成志教育的价值判断与引领下，引导学生攀登价值的阶梯。比如，学生六年的素质报告，这是一种评价的呈现方式，更是评价理念、制度、方法的综合，真正回到评价的本义上——价值判断和价值发展方向，如此等等。这些支柱已成了儿童发展的基石。

成志教育是一棵文化大树，无志无以成广学，它深植在中华优秀文化的土壤中；厚德载物、自强不息，成为祖国的栋梁之才，它承续着清华的文化血脉；从小学习立志，从小学会创造，它又听从着时代和未来的召唤。成志教育披着历史的风云，又沐浴着中华民族复兴中国梦的阳光。历史的纵深感、清华的文化厚重感、时代的使命感，汇聚为成志教育坚定的方向感。方向感是一种确定性，方向感又与获得感紧密相连。成志教育，这一儿童发展的价值坐标与行动方案，犹如当今的"少年中国说"。清华附小这一切的一切，都在立德树人的实现方式中，都在育人模式的建构与完善中。我们应为之而欢欣而学习而继续向前，因为历史只眷顾坚定的奋进者与踏实的建设者，因为时代需要有创新思维的开拓者和创造者。

走向成功的"巴小逻辑"

重庆市巴蜀小学校(以下简称"巴蜀小学")获得了第二届基础教育国家级教学成果特等奖,在全国各地引起了极大的反响和广泛的关注。"基于学科育人功能的课程综合化实施与评价"为什么能获特等奖?其后,笔者由对获奖项目本身的关注,开始转向对学校的关注:巴蜀小学凭什么能获特等奖?作为中西部地区的学校,究竟是什么原因让它走上最高领奖台?关注、追问还在不断深入。

追问,是一种深度关注和研究,这种深度关注、研究,让我们想到了一些更为深层次的问题,借用莎士比亚的哈姆雷特式的提问,我们可以这样表述:获不奖获奖不重要,重要的是获得的是什么奖?获什么奖不重要,重要的是为什么获奖?为什么获奖也不重要,重要的是学校今后的发展,学生更好地成长。巴蜀小学正是这么去思考和对待的。这是一种思考、探究问题的逻辑,按这样的逻辑会寻找到"巴蜀小学逻辑"。这样的逻辑,让我们对"基于学科育人功能的课程综合化实施与评价"进行深度透视,以不同的角度、不同的侧面去发现"巴蜀小学逻辑",使之具有普遍意义,这正是成果奖评选的真正目的。

一、弘扬学校文化传统:择高处立才能扎得深,也才能走得远

在巴蜀小学的校史馆里探寻巴蜀小学办学的原点,会发现一则日记:"巴蜀园,幽趣甚多,随处有小林,有泉石,可憩坐而观玩……蝉声、泉声而外,绝无他响,殊觉享受非凡。"这是学校时任国文教师叶圣陶先生日记中描述的景物与感受。他描述的是巴蜀小学的校园环境,是环境对他心灵的滋养,"享受非凡"是他切身的体悟。如今,项目的获奖,可以说是对"殊觉享受非凡"

的一个具体而生动的注脚。由此，我们相信，"非凡"的环境才会让人拥有"殊觉享受非凡"。

在巴蜀小学的校园里，你还会听到清亮童声的诵读："巴山映古今，蜀水刻春秋，小时见未来，学问要创造。"稚嫩的童音里有一份美好的憧憬，有一种自信和执着。而且，在大气厚重中也藏有深邃的洞见。这是一首学校名称的藏头诗，巴蜀小学的获奖原因就藏在诗里面。"小时见未来"，不仅指小学生，也指向当年年轻的学校。如今，项目获奖，正是对预见的一种证明，正是对期待实现的一份欣喜。由此，我们相信，未来的愿景是一个巨大的预言。

的确，巴蜀小学在开办之初就是有愿景、有目标、有追求的。而今，初心也依旧蓬勃在巴蜀小学人的心中，成为"巴蜀小学逻辑"的起点。首先，人的发展是教育的核心。学校的史册上写着几个鲜亮的大字："教育永远指向人的发展。"教育之伟大，是因为人的伟大；教育之闪亮，是因为人的闪亮。马宏校长和她的团队一直这么认为："审视今日之巴蜀小学，要顺应素质教育导向，顺应人的发展规律，强化巴蜀人系统理性的教育思考和自我觉醒，通过优质师资带动学生全面素质提升，促进学校科学发展。在未来的时日中，这绝没有止境。"他们坚定地认为，人是教育的核心，人的发展规律规约着教育的规律，教育规律要顺应人发展的规律，人的发展规律与教育的规律交织在一起，凝练为素质教育。于是，素质教育成了教育的核心，而素质教育培养的人，一定会顺应社会发展的规律和要求，并推动社会发展。就是这样，巴蜀小学以学生发展为本，将学生身心发展规律、教育发展规律、社会发展规律统一在一起，让人在良好的生态中健康成长，成为一个完整的人。从更深层次上看，是教育让人真正成为人，而人的发展与创造又让教育成为真正的教育。对此，巴蜀人铭记不忘，初心在心，牢记宗旨，绝无止境，永远奔跑向前。

其次，培养手脑并用的人。以学生发展为核心，关键是让学生成为什么样的人。巴蜀小学就此确定了教育原则，也规定了培养目标。其中教育原则即"教养兼施"和"手脑并用"。最早使用"教养"概念的是 18 世纪俄国启蒙教育家诺维柯夫，教养倡导并强调把知识、技能与认知能力形成世界观结合起来。^①20 世纪 30 年代，巴蜀小学将"教育"与"教养"兼施作为教育原则是深刻的，具有前瞻性。"手脑并用"是在手与脑之间建立关联性的、互动性的关系，强调科学思维基础上的实践操作，不仅具有针对性，更具有对人发展完整性的认识。根据这两条原则，规定的培养目标非常简明："希望我们的学生，头脑是科学的，身体是劳工的。"据此，对培养目标进行了阐释，规定了八项指标，包括"深明基本原理""习得探讨方法""实践集体生活""服务公众之观念""乐群敬业之始基"等。显而易见，培养的是身心健康的儿童，具有丰富的心智，具有健康的身心，一切都在"始基"，一切都在让学生首先成人，从成为普通劳动者开始。也显而易见，当下巴蜀小学"做的哲学""与学生的脉搏一起律动"，其深远的基础在哪里——这是回归原点上生发的哲思。

再次，让学生过三重生活。生活是教育的源泉。巴蜀小学在建校之始，就创立了儿童的三重生活观。《重庆市私立巴蜀小学宣言》中指出，学校生活应当是学生的生活，而学生的生活不是单一的，也不是单薄的，更不是片面的，而是要过好三重生活："上学时过的是学校生活；散学后回家，过的是家庭生活；家里玩得不够了，跑到社会上去，便接近社会生活。"巴蜀小学不仅明确解决了培养什么样的人的问题，还明确解决了怎样培养人的问题，即要把培养人置于人的生活中实现。在生活中，才会体验人存在的意义和生活的价值；在生活中，人才会学会生活，学会生长，学会创造。完整的生活，才会成就完整的儿童，才会在完整中建构起完型的世界图像，让儿童真正认识世界、走向世界，而学校教育与家庭教育、社会教育相结合才会有完整的生活，这样的生活才能建构起大教育。可贵之处还在于，巴蜀小学还提出三重生活的"转换观"："我们不能使家庭生活转成学校教育，但我们可以使学校生活转成家庭生活。"意思很明确，家庭生活不能学校化，但学校可以成为家庭生活的延伸，让学校成为一个生活的大家庭，学校应当更有亲情，更和谐，更温馨，是个精神家园。这里还隐含着另一个意思，学校要倡导家庭生活，家庭生活要丰富学校生活，家校合育，共同培养儿童。回到生活里去，回归教育的原义，让今天的巴蜀园里幽趣甚多，生机盎然，朝气蓬勃，犹如人间四月天。在这样的

---

① 教育大辞典编纂委员会. 教育大辞典（第二卷）[M]. 上海：上海教育出版社，1990：4.

生活情境里，脉搏是律动的，是共振的，一切奇迹都可以发生。

最后，"小时见未来"。教育要面向未来。儿童的名字叫今天，儿童的名字又叫明天。有什么样的儿童现在，就有什么样的儿童未来；有什么样的儿童，就有什么样的民族，有什么样的民族未来。"小时见未来"让教育有了方向感和未来感，有了战略性和前瞻性。这样，巴蜀小学的视野是开阔的，格局是宏大的。此外，"小时见未来"还蕴含着以下的深意：一是教育不但要关注儿童的现实性，还要关注儿童的未来性，要从现实性走向未来性，以未来性引领现实性；二是要引导、帮助学生有梦想、有理想、有追求，要为未来夯实基础，有良好的"始基"。理想与现实结合，理念与行动统一。一个"见"字道破了教育的真义与真谛，一个"见"字让我们在前行的时候不断回望初心，一个"见"字实质是一种预见。

育人，是巴蜀小学的原点与初心，是择高而立的选择，是巴蜀小学的神圣使命与战略智慧。用这一原点与初心来观照"基于学科育人功能的课程综合化实施与评价"，我们不难看到"原点"的神秘、初心的伟力。一切从原点出发，"巴蜀小学逻辑"就此开始了伟大的征程。

二、"做"的哲学和律动的智慧：做在深处才能推动巴蜀小学走向教育的内核

择高而立，必须落实，必须把工作和研究做在深处。深处在哪里？深处是什么？回答是明确的：是学校的教育哲学。

1. 校园环境建构中汇聚"巴蜀小学逻辑"

日本有位哲学家、思想家中江兆民说过这样的话："哲学是挂在国家客厅里的一幅字画。国家客厅，国家的中心，国家的形象，国家的标识也。"巴蜀小学的广场就是学校的客厅。那33级台阶，暗隐着文化的进阶；那石梯中部平台中央的下行脚印，暗喻着一步一个脚印的踏实；那风铃墙上，随风轻轻摆动的风铃，体现了"山虽无言，但非无声"的情怀；那小篆书法飘逸流动的线条勾勒成的校徽，闪耀着"发扬文化，扶植思想"的学校精神；那"发扬墙"前的师生风采，展示了学校的精、气、神；还有那"巴蜀大舞台"，显现的是

巴蜀小学的审美风格……这一切，构成了巴蜀小学的客厅，汇聚了学校的文化，彰显了学校的整体风貌。

客厅里挂着的是什么呢？1932年的《重庆市私立巴蜀小学宣言》开篇就有一个提问："教育有成功的那一天吗？"这一提问的深处是：教育总有一天会成功的，我们应当自信，应当努力，应当奋斗；在追求成功的过程中，有些问题必须提醒，必须警惕，必须反对，比如惰性，比如无追求，比如浮躁，比如功利等。

2. 从"思想实验"出发，在"做"中使"巴蜀小学逻辑"更具深度

在提问的同时，"宣言"作了回答："创造一个新的学校环境，实验一些新的小学教育。"后来又提出办一所"思想型的学校"。回答中有两个关键词，一是实验，二是思想型。两者的结合便是"新的小学教育"。这便是巴蜀小学建校之初播下的一颗种子，奠定了学校发展的方向，进而成为巴蜀小学的教育信条。从中我们可以有这样的领悟：巴蜀小学的生命力之所在，便是实验，无实验便无创造，无创造便无新的小学教育。进而言之，实验需要在思想引领下进行，实验的是新思想，实验会诞生新思想。"办思想型的名校"是在实验中实现的，在改革中站立起来的。历史也证实了这一点，巴蜀小学一直沐浴着时代风云，追随着时代的步伐，实验着时代的命题。实验，不仅是教学改革实验，也不仅是教育改革实验，更是"思想实验"。

如今，在历史渊源的沃土里已生长起巴蜀小学人自己的哲学——"做的哲学"。加里·考克斯在《做哲学：如何更清晰地思考、写作和争论》导言里提出："哲学，与其说是一个知识体系，不如说是一种行动。""因此，至少在最基本的层面上，你要成为一名哲学家只需开始做哲学就好。"考克斯的"做哲学"，意思是哲学是做出来的，不做就无所谓哲学。所谓"做"，他有两种解释。一是"做"就是要思想。他引用维特根斯坦的话来印证："没有哲学，思想便模糊不清。哲学的任务是使思想清晰，赋予思想鲜明的边界。"二是行动。哲学绝不只是坐而论道，冥思苦想，而是要像"打球"，把球打过去。当然，这样的行动是概念引领下的行动，准确地说就是概念引领下的思想行动。

巴蜀小学提出的"教育是'做'的哲学"与"做哲学"在理念上是相通的。

关于"'做'的哲学",他们有自己的解释：我们信奉哲学，是哲学让我们登上制高点；但我们信奉的是"做"的哲学，只说不做，不是我们需要的哲学，甚至它不是哲学；"做的哲学"是要"做起来，做出来"，做固然重要，做出来更重要；要不断地做，"持续地做"；做做停停，需要时做，不急迫时不做，这不是"做的哲学"；要"大家一起做"，虽不能否定一个人做，但大家做才会做出文化，做出哲学来；要在做中有追问，"带着思想去实践，实践中出思想"，要"以学术的方式守候生命的静好"。

"'做'的哲学"的结果，让学校的优秀文化传统，从"过去时"成为"现在时"，还能成为"未来时"。可见，"'做'的哲学"是"做哲学"的另一种表述，是对"做哲学"的演绎；"'做'的哲学"使"做哲学"的内涵更丰富、更具实践性。如此看来，"'做'的哲学"是校本化的概念，却道出了哲学的基本共同性，具有普遍的意义，这是毋庸置疑的。

由此，我们不难理解，"基于学科育人功能的课程综合化实施与评价"，是在"做的哲学"指导下，"带着思想实践"的结果，是以学术方式做出来的。项目中有着充分的研究含量，闪烁着学术思想的光彩。

3. 实践中的"律动"让"巴蜀小学逻辑"更生动

巴蜀小学已推开了哲学的门，与学校哲学的童年相遇。无论是哲学的童年，还是童年的哲学，总要走进儿童生命，与儿童的心灵相契合、相激荡，让"巴蜀小学逻辑"更具深度。马宏和她的团队认为："巴蜀教育的原点在于'人'，巴蜀小学的生活在于'真'，而巴蜀小学的生态在于'动'。"他们还认为，"在'动'的状态与生态中，实现人的发展，让儿童成为有生命的人，有创造力的人，成为真正的人"，"'动'是巴蜀小学的生命力之所在"。基于这样的认识，巴蜀小学提出了律动教育，"与学生的脉搏一起律动"成为学校教育的核心理念，生发着学校教育的多彩智慧。

巴蜀小学对律动教育存着自己的内涵规定："律动，是有节奏的跳动、有规律的运动，是一种审美的境界"，"它源于人与生俱来的冲动，是生命活力的象征"。他们还认为律动是自由精神、创造精神、审美精神。于是，巴蜀小学自然地把律动与审美联结起来，建构以"动与美"为特征的教育，提出律动教育的旨归是"因生而动、各美其美、美美与共";"与学生的脉搏一起律动"是滋养儿童生命的教育,并提出要秉持"儿童思维"等,他们对律动教育的认知具有深刻性、独特性,对"与学生的脉搏一起律动"的建构具有系统性、实践性。"律动教育"让"巴蜀小学逻辑"更生动。

我深以为,巴蜀小学的"律动教育""与学生的脉搏一起律动",之于巴山蜀水有着天然的印合,与儿童的生命有着内在的契合,与审美境界有着必然的融合。这是一种智慧,一种大智慧。同时,律动教育与"做"的哲学互相呼应,即把哲学做在儿童发展上,让儿童生命成长起来,在律动中自由起来、生动起来,显现审美的节律,顺应儿童生长的规律,让儿童生命走向审美的境界。如此,做的哲学便成为儿童哲学,哲学的童年编织了童年的幸福生活。这一切都会自然地投射在学校的生活中,当然会投射在学校的课程改革、教学改革中。择高处立,这便是巴蜀小学的深刻之处。

三、在改革研究中生成优秀的团队:就平处坐,向宽处行,才能生长起学校核心发展力

在巴蜀小学常常被感动,被振奋,被鼓舞。置身巴蜀小学,看到一群活泼泼的儿童,也会看到一群忙碌而又从容工作着的教师;会看到一个个工作坊,工作坊里安静又充实;会看到大大小小的会议室,会议室里还在酝酿一个个新的设想和规划;会看到图书馆,图书馆向你推荐最新的书目;尤其是巴蜀小学的广场,是教师们和孩子们展示的平台,33级阶梯的攀登,风铃墙下的歌唱,发扬墙上新的图片,校史墙前驻足思考的教师,还有学生和伴随着的家长……一切都在律动,仿佛听着生命勃发的歌唱,又一次传来"小时见未来"的诵读声,会"殊觉享受非凡"。

请允许我以上"很文艺"的描述,因为,这是我的亲身感受,是所谓的理性无法表达的。在理性的论说中有点"抒情"也许还不错,因为米盖尔·杜夫海纳说,感性是灿烂的。之所以如此表述,最为重要的,是因为在获奖项目的背后我看到了人,看到了巴蜀人,看到了一个优秀的团队。巴蜀人创造了一系列项目,创造了律动教育,创造了"基于学科育人功能的课程综合化实施与评价"这一特等奖。"巴蜀小学逻辑"的创造者就是巴蜀小学的教师团队。

学科育人，之于巴蜀小学而言是在学科教学中育学生，也在学科教学中育教师，在学校的所有方面都让育人放射出独特、耀眼的光彩。这是学科育人的完整意义。如果作些概括，巴蜀小学培育教师队伍主要有四个特点。

第一，高度地尊重教师，信任教师。马宏校长常说："巴蜀教师是可爱的，可敬的。"管理者只有尊重他们、信任他们，才能让学校生长起并拥有核心发展力。她也一直坚定地认为："一所学校，就是在发扬文化、扶植思想中培育人。"因此，"做"的哲学是教师的哲学，是教师们一起做的哲学。没有教师，没有教师的"做"，就不可能有"做"的哲学，而且不可能有哲学。即使有，也不会有什么真正的价值意义。在她看来，"律动教育"是师生间、教师间的相互滋养。教师的脉搏贴近学生的脉搏，才会捉摸到学生的心灵与生命，教师创造性的律动才能引发学生脉搏的律动，才会有生命的共振，才会有真正的教育。在她看来，"学科＋"的综合化实施，关键是教师心中应有一盏明灯，照亮了自己，才能照亮课堂，也才会照亮学生。"学科＋"的实质是"人＋"，即教师与学生建构一个学习的共同体。此时的"＋"绝不是数学计算中的加法，而是心灵的互相敞开，师生成为对话者。而这一切，都基于对教师的认识和发现。教育的奇迹就在对教师的尊重和信任中，而这样的尊重、信任是无限的。

第二，培育"精神与行动并举"的管理文化以促进教师发展。巴蜀小学有一个信条：文化的实质是人化。人是文化的体验者、享用者，人又是文化的创造者。他们一直奉行并践行"宣言"中的规约："我们更愿意许多优良的教师能集中精神、兴趣于本校的教育……对于教育发生兴趣，便会有创造的精神，研究的精神，还愁教育不前进吗？"从宣言中，马宏和她的团队又延展出动人的学校管理文化的神韵来："管理是精神的引领，管理是行动的支撑，管理是情感的沟通。"正因为此，巴蜀小学着眼于教师成长核心价值观的塑造，让他们精神灿烂起来，有理想、有抱负、有追求。与此同时，他们又着力于教师行动力的培养，包括课程的开发力、教学的设计力、学习的反思力。教学活动有创意，引导学生发展有创造，班级管理有创新，教师成了"'做'的哲学"和"律动教育"智慧的统一者、结合者、践行者和创造者。

第三，用团队精神来培育教师的发展共同体。巴蜀小学一直在倡扬团队精神，他们的理念是：一个团队就是在组织一种让生命增值的生活。其中含义是多重的，且是深刻的。其一，包括巴蜀小学在内，任何一所小学的改革、发展不是依靠某一个人，而是依靠团队的整体力量。其二，团队文化的实质是过一种生活，这是生命的增值，指向生命增值的团队文化才是进步的力量。其三，要由团队走向共同体。早在19世纪中后期马克思就对共同体的基本形态作了论述，"在那里，每个人的自由发展是一切人自由发展的条件"，这才是真正的共同体，而不是"虚幻的共同体"[①]。真正的共同体是一切人的自由发展。在巴蜀小学，团队精神培养的方式多种多样，主要是通过教师工作坊的方式，组建不同的课题组，以项目任务来推动，落实"做"的哲学，将"基于学科育人功能的课程综合化实施与评价"，通过"学科+"的方式来落实。巴蜀小学用集体的力量推动了研究，又以项目研究锻造了一个个优秀的团队。

第四，以学术精神和研究的方式成长，让教师走得更高更远。小学教育是一门大学问，需要研究，需要提倡学术精神。从这层意义上看，小学就是一所大学。巴蜀小学勇敢地提出学术和研究问题，以此真正落实"宣言"的承诺："创造一个新的环境，实验一些新的小学教育。"创造、实验离不开学术，离不开研究。巴蜀小学建校之始，就在校园里埋下了学术研究的种子，如今已由小苗长成了一棵树，并铸造了教师的学术精神品格，养成了教师研究的方式。巴蜀小学以自己的实践告诉我们，学术并非高深莫测，研究可以成为教师的工作方式。

值得注意的是，巴蜀小学的学术精神和研究方式，不是让他们躲在书斋里，离开课堂，相反，学术就在教育教学活动中，研究就在课堂里。他们不是要求教师成为学者，而是成为"'做'的哲学家"，成为有思想、会研究的实践家。

从巴蜀小学获奖项目背后我们发现了人，发现了教师，发现了团队。他们择高处立，做在深处，就平处坐，又向宽处行，成为获奖的最大的奥秘。"巴蜀小学逻辑"由此显现出的力量，是值得我们关注和借鉴的。

---

① 朱丽君. 共同体理论的传播、流变及影响 [J]. 山西大学学报（哲学社会科学版），2019（03）：84-90.

快乐做主人：小学发展素质教育范式的时代建构

但凡一种教育改革实验，需要坚守、深入，一以贯之，又要与时俱进。在此基础上，必须长期积淀、反思、改进、完善、概括、提炼，才能逐步建构起一种教育模式，没有几十年的砥砺，是万万形成不了的。

南京市琅琊路小学以自己的实践，为教育改革实验研究树立了一个榜样。近40年的锲而不舍，不断深入，不断完善，建构了小学发展素质教育的范式：快乐做主人。"快乐做主人"，诞生于伟大的改革开放40年，又在新时代，彰显了新的理念，探索了立德树人在学校教育中的实现方式，正在为培养时代新人打好基础，并在这一时代主题上，开始新的出发。

一、快乐做主人：小学教育的基本命题，直抵教育的核心
——素质教育

"快乐做主人"主题的形成，经历了两个阶段。上个世纪90年代，以小主人教育为改革研究的总课题，培养学习的小主人、集体的小主人、生活的小主人。当时国家教委在全国七所学校进行"愉快教育"的试验，琅琊路小学是试点之一。进入新世纪以后，尤其是近十年，学校将两个研究主题整合在一起，形成了"快乐做主人"的主题。这一整合，意味着研究的深入，也意味着改革中的超越。我们以为，这是一个小学教育的基本命题。

第一，快乐做主人，是以人为本的理念在教育中的个性化、具体化的落实。教育学是人学，教育就是关于人发展的教育。快乐做主人，首先再次确证学生是人，而不是物，不是工具，不是技术。康德反复强调，人永远是目的，而不是手段。但是，一个不可回避的现实是，在应试教育体制下，学生成了知

识的附庸、分数的奴仆，成了工具、成了手段。教育中，人不见了，人成了碎片化的存在。人的不在场，人被知识、被分数、被片面追求升学率所驱赶，这还是教育吗？快乐做主人，让作为人的学生回来，让人在教室里、课程中、活动中、生活里站立起来，活跃起来，直抵教育的目的与本质。显然，快乐做主人揭示了小学教育以至整个教育的基本问题，亦即指向了根本问题。

第二，快乐做主人，是以人民为中心的思想在教育中的具体落实和生动体现。党的十九大明确提出，"坚持以人民为中心"，"必须坚持人民主体地位"，"坚持人民当家作主"。人民为中心，人民主体地位，人民当家作主，绝不是一句口号，更不是一句空话，必须坚持并落实。而人民当家作主，必须从小学教育开始，落实在小学教育过程中。快乐做主人正是对这一思想的积极回应和具体践行。只有从小学习做集体、学习、生活的小主人，将来才会热爱祖国、心系祖国、奉献祖国，当家作主，成为国家的栋梁。小主人与未来的大主人自然而紧密地联系在一起，他们都是国家的主人，都能当家作主。

第三，快乐做主人，是让儿童成为教育主体理念和要求的具体落实和生动体现。儿童是教育的对象，儿童发展是教育的目的，从儿童发展的已有经验和需求出发，是教育的必然逻辑，为了儿童，基于儿童，依靠儿童，让教育成为儿童自己的教育，是教育的儿童立场。儿童成为主人，首先意味着儿童作为教育过程中主体存在的实现。快乐做主人，不仅确认儿童是人，而且确认儿童就是儿童，儿童是教育的主体力量。唯此，让儿童站立在学校的正中央才能得以实现，并得以彰显。与长期以来人的缺席一样，教育中儿童是不在场的，儿童被知识、被分数、被技术所遮蔽，以至被异化，教育已不成其为教育。快乐做主人，让儿童站立起来，成为教育的核心，揭示了教育的本质与宗旨。

第四，快乐做主人，是对中国传统乐感文化的坚守和弘扬。乐感文化虽在上世纪 80 年代才提出来，却长期存活在中华传统文化中。乐感文化"引导着中国人去过一种充满内心喜乐的生活，而这种生活就是一种'乐感'的生命存在方式。这样的一种存在方式不仅使我们的生命充满喜乐，让我们的生活充满感恩和乐观豁达，而且揭示了中国文化的一种深层精神"。[①] 完全可以这样

---

① 郭齐勇. 忧患意识与乐感文化 [N]. 光明日报，2018-04-22（06）.

认定，快乐做主人是在中华文化土壤里长出来的，是对乐感文化的坚守，是乐感文化在教育中的转化落实和弘扬。快乐做主人，在乐感文化引领下，培育学生自强不息、乐观积极的精神状态，提升了儿童的文化自信和文化自豪感。

第五，快乐做主人是对"愉快教育"内涵的界定，也是对当下认识误区的改正。儿童是快乐的种子，快乐是儿童应有的权利和需求。同样，儿童的学习应是一种愉悦的审美化体验，快乐地学习才会发生真正的学习，学习也才会有效。这些理念、观点是被无数的实践所明证的，也是无需去争辩的。但是最近有种质疑、反对的声音：凭什么让学生学习快乐？这是一个伪命题，是对当下儿童发展现状的误判，是对"快乐""愉快"的误读，因而是对儿童教育、儿童发展的一种误导。"快乐做主人"之"快乐"是指儿童内心的审美化体验、感受，包括对勤奋、刻苦以及挫折、困难的经历、体验、感悟，由内而外生成的兴趣、喜乐、愉快等。快乐做主人绝不是一味地轻松、享受，绝不是放弃严格、放弃规则、放弃意志的培养。它是有自己内在逻辑的严谨结构的。

综上所述，快乐做主人揭示了小学教育、基础教育的本质与核心，遵循了儿童身心发展的规律与特点，呈现了儿童应有的生动活泼的发展状态与表情，它是小学教育的基本问题、根本问题。同时，它也回应着培养担当民族复兴大任时代新人的召唤与要求，是对有理想、有本领、有担当的建设者、接班人的校本化表达与体现。而这样的校本化表达，又极具普遍意义，是在公共话语平台上的一种呼唤。中华传统文化给了快乐做主人最为丰厚的土壤和最为深层的精神支撑。快乐做主人，这一小学教育的基本命题，既有长期实践经验的明证，又有多种理论的支撑；既有极强的针对性，又有长远的未来意义；既有现实指引性、牵引性，又有时代性、前瞻性。

必须指出的是，习近平关于教育改革一系列的理论阐述中有个十分重要的判断："素质教育是教育的核心。""快乐做主人"坚守并践行的正是素质教育，它所蕴含的核心要义与素质教育的理念、要求完全是一样的，准确地说，"快乐做主人"直抵教育的核心——素质教育，是在素质教育引领下诞生、展开和发展的，它一直运行在素质教育的轨道上。经过近40年的积淀与凝练，已成为小学发展素质教育的一种范式。我们为之而击掌，并期待有新的发展。

二、"快乐做主人"：小学发展素质教育范式的价值愿景以及理论实践的突破

"快乐做主人"，这一小学发展素质教育范式，内涵很幸福、充实，有许多鲜明的特点，彰显了极为可贵的优势；同时，在理论、实践两方面都有突破。

第一，理念的坚守与突破。"快乐做主人"从教育核心理念走向了教育的理想和信念。库恩在《科学结构的革命》中说，范式是种世界观。[①] 尽管他自己对这一观点后来有点犹豫，但在我们看来，这一观点不无道理，而且深刻。换种表达方式，范式的核心是价值观问题。"快乐做主人"正是琅琊路小学的核心价值观，是琅琊路小学的最大公约数。可贵的是，他们将"小主人教育"与"愉快教育"有机整合后，形成了教育的核心理念，既是对小主人教育审美化的提升，又是对愉快教育内涵的丰厚，所构建的"快乐做主人"是对小学教育规律、特点的整体把握，有境界、有内涵、有形态、有温度，也有路径。这一校本化的核心价值观映射着社会主义核心价值观，构筑起坚定的儿童立场，成为对学生、对教师、对家长的核心关切。全校师生员工和家长都十分认同，已不仅是教育的核心理念，而且成为理想照耀下的教育信念，坚信不疑，坚定不移，也已成为校长和老师们的人格特征，正朝着更加美好的价值愿景前行。

第二，培养目标校本化表达的突破。他们凝练了小主人的核心素养，并将着眼点抬升到培养担当民族复兴大任的时代新人上。发展素质教育范式，离不开培养目标的设定。"快乐做主人"以国家的培养目标为根本依据，将目标准确地聚焦于德智体美劳全面发展的社会主义建设者和接班人上，同时以中国学生发展核心素养为基本遵循，结合"快乐做主人"的特点，凝练成小主人发展的三大目标：主人意识、自主能力、快乐体验。这一框架是科学的、合理的、严谨的，有三个突出的特点。一是凸显了小主人、愉快教育的特质，个性鲜明，色彩明朗；二是凸显了学生发展的核心素养，是中国学生发展核心素养的琅琊路小学表达，从主人意识到自主能力到快乐体验，对应了价值观念、必

---

① 托马斯·库恩. 科学革命的结构 [M]. 金吾伦，胡新和，译. 北京：北京大学出版社，2003：101.

备品格和关键能力；三是凸显了社会情感技能，用社会情感技能推动认知的发展。尤为突出的是，"快乐做主人"已将培养时代新人作为着眼点，将使命定位于为培养时代新人打好基础上。这样的跃升是有突破的。

第三，课程教学改革的突破。他们将"快乐做主人"的理念、目标、要求落实到课程教学中，把所进行的课程教学改革的重点放在一体化设计上。发展素质教育范式少不了课程教学改革，课程教学改革是发展素质教育的核心任务、重点工程。"快乐做主人"的课程教学是一体化设计的。课程与教学本应是一体化的，但在改革实践中，往往各自为战，造成了课程与教学分离和割裂。所谓一体化设计，注重课程理念、结构、原则与教学的内在一致性，在课程的框架下设计教学；注重学科间、学科与综合实践活动之间的关联与整合，注重课程教学与生活的关联性、融合性、互促性。同时，根据"快乐做主人"的需求、特点，开发了生活馆、工程院、梦剧场三类校本课程。一体化课程教学设计的背后或深处是一种思维方式的变化，走向了关系思维、系统性思维、复杂性思维和主体性思维，这是长足的进步。

第四，学生自主学习指导上的突破。他们将课程教学一体化设计进一步聚焦于学习，让学习真正发生、深度发生。教学的核心是学生的学习，真正的学习是学生的自主学习，同时，学习既是个人的努力，又是集体共同展开的过程。琅琊路小学"快乐做主人"有以下有创意的举措。一是将学习划分为三种类型：基础性学习、专门性学习、独特性学习。基础性学习，是国家课程的高水平实施。学生的高质量学习，重在基础；专门性学习，是主题性、专题性学习，重在探究性；独特性学习，满足不同学生不同的认知风格和需求，重在个性的发展。二是帮助、指导学生形成自主学习样态。琅琊路小学提出了12字的要求："早知道、会安排、能落实、有反思"。这是学生自主学习的路线图，是学生学会学习的方法论指导。三是为学生学会学习、自主学习创设了小主人个性化学习平台和三种工具——学习计划书、学习进程表、学习评价单，分别对应学习路线图。有了平台，学生可以站在其上与伙伴及世界对话；有了工具，才能撬动学习，使用并创造工具也培育了学生的现代素养。琅琊路小学"快乐做主人"在学习指导上有了突破性进展。

第五，进行评价制度和方法改革有了突破。他们打破小主人自主学习的瓶颈，在"最后一公里"上下功夫。小主人成长由内而外的体验、感悟往往有自己的表现，既有言又有行，既有口头又有书面，既有共性又有个性。从某种意义来看，将自己表现出来是儿童的特性，是儿童的内在需求，因此"快乐做主人"主要采用表现性评价。他们以四个维度来设计评价指标：自助自律，合群合作、乐学乐创、善学善思。每一个项目都从这四个方面评价，最终就能表现学生的发展水平。表现性评价，让小主人的快乐成长真实地、鲜活地呈现在我们面前，相互赞赏、相互发现、相互激荡、相互促进。

以上五个方面的突破，概括不一定全面，也不一定准确，但它们有个鲜明的特点：理论与实践的结合、融通。因此，"快乐做主人"小学发展素质教育范式，是理论化的实践，也是实践化的理论。

三、快乐做主人：孩子们的一个美的历程，臻于审美境界

"性乐做主人"这一小学发展素质教育范式的时代建构，体现了时代特征，其重要标志是"快乐做主人"教育的审美化，逐步迈向审美创造的境界，让孩子们有了一个美的历程。

首先，"快乐做主人"是孩子们的一个美的历程，这样的认定是有理论依据和支撑的。首先是马克思主义理论的依据和支撑。马克思的观点是："按着美的规律来塑造。"原话是这么说的："人类却可以按照各种各样种类的尺度进行塑造，并且可以随时随地用对象内在固有的尺度去衡量对象。"因此，可以说人是按照美的规律进行塑造。[①] 儿童是爱美的、追求美的，儿童本身是美的；教育也应是美的，可以塑造美，可以用美塑造人；快乐是美的一种形态，快乐是美的内心确证，追求美，应当是快乐的事，是快乐的过程。"快乐做主人"印证着马克思关于美塑造人这一规律的论述，又在马克思的"按美塑造"理论指导下展开。换个角度说，"快乐做主人"正是按照美的规律进行塑造的结果，是美的规律开出的鲜艳的花朵。

其次，"快乐做主人"回应着世界美学的新转向。世界美学的转向，"以20世纪后期崛起的环境美学、身体美学、生活美学、形式美理论四种新型美

---

① 马克思. 马克思箴言 [M]. 汪培伦，编译. 北京：中国长安出版社，2018：22.

学为代表"。①回到生活中去，回到日常生活中去，回到人的身体上去，这一美学的转向，为生活、为身体穿上了美学的衣裳，塑造了生活美好的灵魂，让生活与身体审美化起来。学习、集体、生活的小主人，严格来说，归结起来就是做生活的小主人。生活是美好的，教育就是要帮助学生创造美好生活。这种对美好生活的追求及"快乐做主人"对美好生活的创造，回应着"日常生活审美化"的美学转向，由此带来"灿烂的感性"。在"灿烂的感性"引导下，他们对"快乐"有了深度体验与认识，可以增强快乐的信心和决心：射虎未成重练剑，斩虎不断再磨刀。审美生活化是"快乐做主人"的又一理论依据与支撑。

再次，"快乐做主人"是中国"乐感文化"的依据和支撑。如前文所述，中华文化中"乐感文化"的存活，影响着中国人的精神品格，而且"乐感"这个颇具中国文化属性的标识性概念，可以概括美的基本性能和追求喜乐美学的走向。同时，"快乐"这个概念也颇具中国文化的特点，有着独特的意蕴。我们知道"快乐"与"幸福"之间不能画上等号，但是我们坚信快乐是幸福的表征，对幸福的追求完全可以从快乐开始。如果以"快乐做主人"为主题写一本小学教育学的话，那么，它一定是以快乐为基调，以幸福为宗旨，以喜乐为表情的教育学。

孩子们的成长已告诉我们，"快乐做主人"是孩子们一个美的历程。这究竟是一个什么样的美的历程呢？讨论这一问题可以建立以下这些视角。

视角一：从美的道德性去认识。道德是美的基石，美则是对道德的象征；从伦理上看，美是一种善；从美感上看，善也是一种美。有学者还认为，孔子的育人之道"始于美育，终于德育"。中国文化中美育与德育不仅不是分割的，恰恰是融通的，道德与审美相辅相成，这一特性告诉我们，"快乐做主人"这一孩子们美的历程，是道德学习的历程，是道德意义生长的历程；"快乐做主人"充满着道德价值判断，是一种道德责任和使命的担当。在这样美的历程中孩子们可以成为有道德的人。

视角二：从美的崇高性去认识。毋庸置疑，美具有崇高性，即美让人崇高起来。朱光潜说："心里印着美的意象，常受美的意象浸润，自然也可以少

---

① 张法. 世界美学的新转向与中国美学的新发展 [N]. 光明日报，2018-02-05(15).

存些浊念。"①他还引用苏东坡的诗来说："宁可食无肉，不可居无竹。无肉令人瘦，无竹令人俗。"结论是，"一切美的事物有令人不俗的功效"。②"快乐做主人"，孩子们美的历程，是追求高尚、美好、崇高的人格修炼的过程，是坚定自己理想、信念的过程，从小就志向远大，从小知道要知书达理，让自己的精神饱满起来，让自己的心胸开阔起来，让自己的格局大起来。美的历程帮助孩子们逐步成为高尚的人。

视角三：美的情绪具有沸腾性。被称为美学之父的鲍姆嘉通明确指出，"审美学说本身就包括'一切美的教养'"，"熟悉了这种教养，通过日常训练而激发起来的美的天赋才能，就能成功地使人兴奋起来，并教化为情感的审美情绪"，而审美情绪应当"沸腾"起来。③情绪沸腾，这是人的精神兴奋、激情澎湃、渴求升华的状态。让孩子们在"快乐做主人"的历程中，情感饱满、情绪高涨、精神振奋，这是教育的精彩、神圣的时刻。美的历程帮助孩子们成为有情怀有情操的人。

视角四：美的解放性。黑格尔早就指出，"审美带有令人解放的性质"。④审美，解放儿童，让自由成为孩子们创造的保姆，孩子们在美的历程中一次次得到解放，便不断地去想象、去创造。

"快乐做主人"，这一小学发展素质教育范式的时代建构，走向审美化，走向美学精神，臻于解放、自由、创造的境界。这一范式，很美。

---

① 朱光潜 . 朱光潜谈美 [M]. 上海：华东师范大学出版社，2012：23.

② 同上。

③ 朱立元 . 西方审美教育经典论著选 [M]. 南京：江苏凤凰教育出版社，2015：总序 2.

④ 黑格尔 . 美学 [M]. 朱光潜，译 . 北京：商务印书馆，2017：147.

从传统文化深处走向未来的大成教育

马克思说，环境可以塑造人。

在江苏，有全国第一所公立小学，江苏省如皋师范学校附属小学。走进学校，只见厅前悠悠泮池水，园内巍巍大成殿。漫步在泮池畔，仰望大成殿，心中升腾起中华文化的精神。这样的环境塑造了人，塑造了如师附小人。

马克思又说，人类也可以塑造环境。

泮池水、大成殿，在附小人看来正演化为一种文化、一种精神、一种教育的核心理念。这就是大成文化、大成教育。这样的文化、精神、理念，是附小人从文化土壤里生长出来的。如师附小人塑造了环境，弘扬、创造了文化。

正是大成，串联起人与环境的关系，联接起文化与教育的内在逻辑。具有文化使命感、文化敏锐性、文化自觉的附小人，从关联中，从文化的逻辑中，提炼出大成育人的教育核心理念，又升华为学校的教育哲学，也让我们看到了最美校长——朱爱华。

一、理想与信念：深推中华传统文化，努力办中国的小学教育

扎根中国大地办教育，让中国教育特色更鲜明。如师附小人，在朱爱华的带领下，正是怀着这样的理想、信念，并使之从幼小走向成熟，从坚定走向博大。问题自然而至：中国教育特色从何而来？中国小学教育从哪里迈步？

如前文所述，站在泮池畔，仰望大成殿，朱爱华总觉得是一位文化之辈、哲思的智者在向他们讲述着什么，诉说着什么，又昭示着什么。这样的思考与想法来自文化的深处。那1500多年的泮池水，恰似给学校的脉管里注入中华文化的血液，流淌、奔涌；那近500年的大成殿，恰似给学校挺起了中华民族

的脊梁。耸立崇高，这种充满文化性的想象其实是价值体现，是价值体现后的价值追求。这样的价值体现与追求，让大成文化成为附小的文化基因和胚胎，成了学校之魂之根。正是追求，让传统这一过去时，在传承中成为现在时，又在弘扬中成为未来时。大成教育从中华文化的深处走来，具有持续的生命活力，走向未来与世界。如师附小，坚定寻找到灵魂，把握住思想精髓。办具有中国特色的小学教育，是他们在坚定理想与信念后的战略选择。中国的教学，中国的校长和教师尤要竖起理想、信念，担起我们应有的责任。

大成教育，大成育人的理想、理念，既来自中华传统文化的价值启迪，又来自对教育现状的深刻反思。教育当是一个完整的体系，自有科学的规律可依；儿童更是一个整体，自有身心发展的规律可循。当教育与儿童，在完整性上相遇的时候，教育才是充满人性的；当儿童与教育，也在完整性上相约的时候，儿童才会是整体的、合理的，才是美丽的；教育规律与儿童身心发展规律相融合，教育才会走向发展的境界。所以，教育与儿童互相成就，这样的"成"才是"大成"。可严峻的现实是，教育产生了断裂，各自划定边界，造成壁垒。更为严重的是带来儿童发展的窄化、片面化，以至碎片化。不完整的教育，不完整的儿童，怎么可能成就创新的人才？教育，太需要"成"了；儿童，太需要"成"了。两"成"的相互呼唤和合作才能化作"大成"。正因为此，钱学森将智慧唤作大成智慧。大成教育当是大成智慧教学，大成育人当是育大成智慧之人。由此看来，对教育现状的反思与分析，其根本在文化传统之上，中华文化是观察教育现状的一把钥匙，一种思想方法和反思的力量。

值得注意的是，大成育人又不是个封闭的系统，不仅向后凝望，实行育人的回归，而且要向外瞭望，观察世界教育的风云变化，触摸国际教育改革的脉动，把握教育研究的方向与走势。大成不只是一个区域里、一个国家之大成，还理所当然地要与国外教育相联系、相融通，相互交流、相互支撑而至大成。如师附小正有这样的视野和格局，本土化与全球化、中国特色与世界潮流在大成教育体系中都得到落实。美国著名课程论大家小威廉姆·E·多尔就曾经到如师附小考察、交流、指导过。他说，"希望你们已经取得和即将获得的进步持续鼓励其他教育家"。大成教育既扎根中国大地，深推中华文化土壤，又向外开放，吸引人类文明成果，让中国教育与世界教育交相辉映，在现代化中深呼吸。从另外一个角度看，大成教育将为世界小学教育、基础教育提供一份"中国方案"，为教育这一共同利益而非公共利益作出探索和贡献。

以上三个方面都是在一个轴心上汇聚：育人。如师附小的大成教育是个坐标，坐标体系中，横坐标也许是儿童发展的年段学段，也许是儿童生活的不同领域；纵坐标也许是儿童发展的元素及水平程度。横纵两轴线，编织的是儿童发展的时空，构造了一个具有大成意义的时空结构。这一时空有无限的大，这一时空结构也有无极的美，用"大成"去描述恰如其分。往深处讲，这一坐标体系是在大成理念、大成哲学的照耀下逐步建构起来的。朱爱华校长和她的学校，在泮池畔，在大成殿前，讲述着中华文化的历史故事，向人们讲述着大成教育的育人故事，向世界讲述着中国小学教育的改革、发展故事。讲述着便是创造着。如今，大成教育的理想、大成育人的信念已发出了声音，如师附小获得国家基础教育教学改革一等奖。正是他们理想信念的闪耀，为大成教育之殿堂又添加了一块基石。

二、大成育人的特质：学以成人，在儿童的品德修养上下功夫

大成观，古已有之。《周易》曰："元吉在上，大成也。"大成，既指大的成就，又指集大成的思想、方式，其核心是成就人。孔子的"元吉在上，大成也"又与他的另一思想相一致、相融通：学习的思想。人之所以成为人是学习的结果，集大成的过程是学习的过程，学习可以集大成，学习可以成就人。为此，孔子说到了学习的目的："古之学者为己，今之学者为人。"荀子解释说，"为己之学"是"君子之学""美其身""一可以为法则"，而"'为人之学'是'小人之学'"，为满足他人胃口甘当"禽犊"。用现在的话来说，"君子之学"升华自身，以自律为普遍的行为法则；而"小人之学"媚俗取宠，骗取名利。《论语》中的"学"有多层含义。有学者认为，孔子论学可分为循序渐进的五个阶段，其第四阶段是"'成人'之学"，所谓"'成人'不等于'成年人'，而是成熟的、完全的人格"。在此基础上才进入第五阶段段，即"修己安人"。"大成教育""大成育人"有魂有根。

如师附小确立大成育人的理念、目标，对其丰富、深刻的内涵，还作了一番较为深入的分析，力求从整体上把握。

其一，朱爱华提出："教育首先要以人为本，以小孩子的生命成长为本，无论课程怎么改，无论教育怎么改，这个初心、核心不能改。"显然，"成人"，首先是有"人"的意识，人永远是目的，育人是"大成教育"的初心，是课改的核心。而在小学，一定要有儿童的意识，儿童要在场，进而要确立并坚守儿童立场。在如师附小，学生永远是主体，呈现出生动活泼的状态。课堂里，思维碰撞；操场上，生龙活虎；课外、校外多彩的跨界学习，接受各种挑战；在大成殿前，"大成华韵"开笔礼、"泮水流韵"成长礼、"你好，时间"大成毕业礼……中华文化滋润儿童的心灵。"我是中国人""三人行必有我师焉"，从大成殿里飞出来，从孩子的心灵里飞出来。"大成育人"，让人、让育人的意识更强烈，目标更鲜明，视野更宽阔，格局更宏大，文化更浓郁。如师附小，显得很大气。

其二，朱爱华提出，"大成"是育大写之人。大写之人，有如下的描述，"大德大爱、大智大行、大美大成"。这12个字绝不是词语的堆砌，也不只是串联成的路径，而是有着内在的逻辑和深刻的意蕴：以大德大爱为核心，以大智大行为策略，以大美大成为境界。就"大德大爱"看，将德聚焦于爱，大德一定要有大爱，大爱是一种大德，大德从大爱开始；就"大智大行"看，大智体现在行动上，而且大智是在行动中生长起来的，行动应当是智慧的，应当是智慧的行动，而智慧的第一行动应当是爱，爱他人、爱集体、爱祖国、爱世界，也爱自己；就"大美大成"看，大成教育的目标是成为大写的人，这样的人是美的，而且大成育人的过程是审美的过程，臻于"大美"，"大成"便达到了最高境界。再换个角度看，"大德大爱、大智大行、大美大成"相互关联、相互渗透，又相互影响和支撑。比如，大智与大德相伴而行，"缺德"就没有大智，大智者是有大爱大德的人；比如，大德与大美，大德是大美的基石，而大美是大德的象征。内在逻辑的一致、相融、相通，彰显了"大德大爱、大智大行、大美大成"的思想张力。

其三，对小学教育中实施大成教育的进一步思考和解释。小学教育是打基础的教育，打基础要从小的地方开始，打好基础才能走向"大成"，才能奠基"大成"。这些认识如师附小都不会忽略，也不会含糊，反而越来越坚定。但是，他们对大成教育，对大成育人，对培养大写的人，有自己的理解和认识。首先，他们认为，小学教育要注重"小"，注重"小"，就是要着力于基础，但应当有个着眼点，那就是要着眼发展。着眼发展、着力基础才是对"小"的完整理解与把握。如果没有"大成"的理念和目标的引领，那只能就"小"谈"小"，"小"就会变得狭窄，甚至会狭隘起来。其次，对基础教育的"基础"的认识。基础，具有根源性，具有生长性，基础不是"死"的，不是一成不变的。德、爱、智、行、美、成，正是"成人"的根源，从"根"上可以生出"大"来。如果把基础只盯着基础知识、基础技能，那学生就不会有大发展。课标中将基本经验、基本思想列入基础的范畴，正是对基础内涵的丰富和完善，也是对基础认识的发展。从这个视角来看，"大成"之"大"之"成"，并非高深，并非高不可攀。当然也不是离开小学教育的性质、任务去任意拔高，而是引导学生立足基础走向"大成"，让"大成"成为基础的要义。再次，我们应当确立正确的儿童观。通俗地说，儿童观就是如何正确地看待儿童、对待儿童。儿童是谁？儿童的本质是什么？苏霍姆林斯基将儿童比作"人类光辉史诗的草稿"；诗人沃罗申将儿童看作"未被承认的天才"；陶行知在诗中说孩子人小心不小，假若把孩子看小了，便比小孩还要小；加拿大教育学者马克斯·范梅南直截了当地说"对待儿童就是对待可能性"。的确，儿童就是一种可能性，是伟大的，教育儿童、培养儿童，就是开发他的可能性，不仅走向"大成"，而且就是承认他是天才的，是伟大的，是应该"大成"的，也是可以"大成"的，"草稿"终成伟大的史诗。这样，如师附小就是将中华传统文化中的"大成"思想与关于儿童可能性的现代思想对接起来，让"大成""大成育人"闪耀时代的光彩。这是一种创造性的转化、创新性的发展。

在党的十九大召开以后，朱爱华和她的团队对大成育人的认识又有了新的提升，那就是大成育人要育能够担当民族复兴大任的时代新人。培养时代新人的教育当是"大成教育"，时代新人当是"大写之人"。同时，他们又自觉地将大德大爱、大智大行、大美大成与有理想、有本领、有担当联系起来。他们有了更大的自信：从中华传统文化的深处走来的大成教育、大成育人，正在走向新时代，走向未来，方向是光明的，选择是具有战略意义的，价值立意是高远的。大成教育、大成育人，是如师附小的大追求形成了小学教育的大气象，告诉大家：小学不"小"。

三、课程整合、跨界学习：培养新时代儿童的创新特质

大成教育、大成育人，不仅是理念、目标，而且应当是行动，尤其是课程行动。对此，朱爱华说得非常好："大成教育创造了适合学生健康发展的课程情境与学习的共同体，……是一种突破性创新式实践，为改变越来越碎片化的现行教育模式开辟了新的思路：改变了课程内容和课程组织形式，使学校教育更加贴近了学生发展的需求；改变了学习角色，使学校资源也成了学习内容。而所有这一切，正是为了构建一种更为合适学生核心素养发展的学习内容和方式，为了作为'人'的幸福成长。"这段话，是如师附小大成教育引领下教育教学实践改革的总设计，也是总概括。其要义是：大成教育下的教育教学改革是一种创新性实践；这种创新性实践体现在三个方面的改变——课程内容和课程组织形式的改变、学习方式的改变、学习角色的改变；如此的改变，具有鲜明的针对性——改变越来越碎片化的教育模式；其重要策略是用大成教育的理念、思想和方法进行课程整合；其核心旨归是——培养完整的儿童，培养儿童的创新特质。如师附小课程改革的逻辑线索十分清晰，将大成教育有效落实在课程改革的全过程中，同时，用大成教育进一步提升课程品质和水平。

大成教育下的课程整合，既体现了整合的本义，又克服了当下课程整合中存在的一些问题，具有规范性、引领性，特点鲜明，其他学校可以借鉴。

特点之一：坚守并彰显国家课程的主导性，用"学科＋"的方式加强融通。

课程综合有利于培养学生的创新精神，整合是改革的重要走向。但是，国家课程是国家意志的具体体现，也是对学生发展基本要求的规定，同时，依据国家课程标准所编写的教材，也体现了课程整合的理念，为学生的综合学习创造了空间，提供了综合学习的机会。因此，课程整合必须坚守并彰显国家课程的主导性，保证国家意志和要求得以落实，而不是在所谓的整合中，使其淡化、弱化。当下，一些学校的课程改革中，这样的问题是存在的，应当警惕、克服。如师附小的课程整合提供了一条正确的思路：基于学科，用"学科＋"的方式来融合。具体做法是：学科内要素联通，形成"结构思维"；学科间领域打通，寻找两个或多个学科之间的共同点，促进内容的相互联系；学科与生活的融通，引导学生在真实、丰富的生活情境中生动活泼地学习。"学科

+"打开了知识的边界、学科的边界，"学科+"引导学生运用所学的知识，发现问题、提出问题、研究问题、解决问题；"学科+"引导学生在关联中学习，培养创新性思维、创造性学习。

特点之二：探寻并把握课程整合的本质，引导学生跨界学习，开阔学习的视野。

课程整合的内涵是丰富的，形式不是单一的：课程整合是一种理念，是一种方式，是一个过程，也是一种课程形态。当下的课程整合，往往在课程形态上下功夫，而忽略了理念、方式与过程。如师附小则不然，他们将内涵的四个方面加以整合，在整合的本质——跨界学习上下功夫，主要策略是设计主题活动，进行有机统整。需要围绕儿童成长需求，设计系列主题活动，将常规性活动、学科综合实践活动、综合类活动进行整合设计，形成相应活动课程。所谓主题，是价值主题，而价值主题落实在生活中；所谓跨界，是知识与儿童生活经验进行联结、组合，让学生进行探究、体验、发现，拓宽视野，变革学习方式，成为交界上的对话者。可见，如师附小的课程整合既有课程形态的整合，更有理念引领下的方法、过程的整合，通过跨界学习，将知识、经验整合起来。有了跨界的意识、能力和方法，学生在任何情况下，都可以比较自觉地去学习，因而培养了学生创新精神和创新能力，可以在"跨界学习"中走向"大成"。

特点之三：大成小秀，让"大成"在"小秀"中闪耀，让"小秀"折射"大成"的光彩。

"大成"在高处，但总有落脚的地方，否则会悬空、虚化起来，"小秀"正是"大成"的载体，是平台，是机会，是瞭望的地方，是起飞的助力。同时，"小秀"更符合儿童发展的需求和特点，"小秀"可能是一次小汇报、小展演、小讨论、小探究、小发现、小创造，儿童发展正是从一个个"小秀"开始的，一个个"小秀"不仅是现状，而且是一种种可能。因此，"小秀"并不"小"，从"小秀"走向"大成"，"小秀"为"大成"搭起智慧的桥梁，为儿童未来奠基，为中华民族的伟大复兴奠定坚实的基础。

按照美的规律塑造学校

当下有个很热的话题：未来教育与未来学校。我以为，这是个说不清、道不明的问题，也许你能说出那么几条几点来，但却无法触及未来教育、未来学校的本质。还是"未来是我们创造出来的"才是最准确的判断。

江苏省南菁高中正是这样的判断者，因为他们正在用自己的教育哲学，创造一所朝向未来的最美学校。这所学校之美，美在用马克思"按照美的规律进行塑造"①，重构校园生活，让校园生活审美化。无疑，他们的创造暗含着他们对未来教育、未来学校的认知、追求和表达，显然，结果有了美的表达。而这一切，又都是紧紧围绕一个主题：在学校发展素质教育。

可以先对南菁中学的创造作一个大致的梳理和简单的概括：130多年的办学史给学校留下清晰而深厚的命脉——审美基因，及其所带来的人文、创新的书院风貌；命脉延续，在历史的风雨中，越发坚定，以美其校，成为不懈的追求。随着新时代的到来，以审视的目光回望历史，又瞭望未来，终于发现，南菁中学悠久的办学之路、教育追求，原来是漫漫的美的历程。如今，美的历程要在传承的同时，进行时代转化，而这必须聚焦于发展素质教育上，体现在校园生活中，让高中学生的生活走向美的境界。这种审美追求臻于美学，用美学之光照亮课程、照亮生活，塑造美的心灵，塑造新人。于是，自然诞生了审美化的教育哲学。

梳理、概括后不难得出这样的结论：南菁中学不断加强优化审美教育，以美育为切入点，以美为纽带，推进教育方针的落实，进而逐步构建起发展素质教育的范式，探索了落实立德树人根本任务的实现方式。当然，南菁中学发

---

① 马克思. 马克思箴言 [M]. 汪培伦，编译. 北京：中国长安出版社，2010：22.

展素质教育的方式，实现立德树人的方式，具有鲜明的校本特色，不妨称作"南菁范式"。但是，因其彰显的规律性、时代性以及较为深刻而丰富的学理性，又具有重要的普遍意义，又不妨称作"一般范式"。无论是校本特色，还是普遍意义，既指向当下，又指向未来。由此，我的随想是，讨论、推介一所学校，最终的旨趣应当超越学校本身，而朝向其他学校，以至让所有学校都能春暖花开，都能发展素质教育，这是多么美好的气象啊！

那么，江苏省南菁中学在办好普通高中、发展素质教育、落实立德树人方面，对我们究竟有哪些重要的启示呢？我们从中能获得什么，又有什么样的基本遵循呢？

其一，南菁中学持续地追问、深刻地反思，确立审美立意，表现为深度的文化自觉。

首先，他们从沉浸中的日复一日、年复一年的日子里抽拔出来，对高中教育进行追问与反思。他们的追问是：一所普通高中究竟该怎么办？高中教育的宗旨是什么？是进行素质教育还是与应试教育所谓"合流""难舍难分"？南菁人负责任地回答："高中阶段是学生世界观、人生观、价值观形成的关键时期。然而，由于长期深受应试教育的影响，我国普通高中教育的育人价值不能很好实现。"他们的结论是：普通高中不能只关注升学率，必须推进学校变革，落实素质教育，为学校创设一段丰富美好的教育经历。其次，他们又站在教学之外再看教学，对教学育人本质进行追问与反思。其命题本身就是对教学本质的揭示与认同：教学育人。但是，这一本质被应试教育、被分数遮蔽、异化了，学校教育趋向功利主义，育分代替了育人，其实育分也在育人，但育的不是完整的人、健康的人。这样必定偏离培养社会主义建设者、接班人这一党的方针和目标。他们的结论是：教学应当发生重大转向，回到育人这一根本宗旨上去。再次，他们一次又一次徜徉在校史馆里，一次又一次面对校园里的文化景象沉思，对学校美育进行追问与反思。南菁中学的血脉里流淌着美的血液，美的基因不断壮大，从胚芽几近胚胎，如今，对美育现状的追问与反思是必然的。他们用"弱化""窄化""格式化"以致"边缘化"来描述当下学校普遍存在的美育现状。如此的现状使学校陷入了一个魔咒：艺术教育、审美教育空洞缺位，他们的结论是：美育现状必须改变，否则，"南方之学，得其精华"

的命脉就会断裂，使命不能实现，党的教育方针难以全面落实，素质教育难以发展。

追问是持续的，反思是深刻的，结论是准确的，表现了南菁中学的使命感、责任心，表现了作为知识分子的良知和文化自觉。追问是研究的方式，反思是前行深入的品格，正是追问和反思，让南菁中学逐步地摆脱狭隘的视野和陈旧的思维，直抵教育的本质，浸入普通高中教育的内核，站到时代的高度，对普通高中重新认识、重新定位、重新定向。于是，他们提出一个极为重要的命题："如何破解普通高中的发展困境。"破解的思路是开阔的，途径是多样的，问题是哪种思路、哪种途径最具切入性、突破性，因而最具生长性。南菁中学又一次回到校园，从历史中去寻找。正是命脉中美学基因的活跃与澎湃，让学校回到一个教育原点，寻找到一个逻辑起点，那就是审美，那就是审美教育，他们自己的认定与判断是："在历史和现实抑或未来之间，寻找教育的可能，力求在对百年书院文化精髓的提炼、化育和升腾中，找到教育美学的起点。"他们认为，对于南菁中学的未来来说，育人是学校教育的原点，审美教育是学校发展的逻辑起点，美育是发展的纽带，从美出发，走向育人。这是南菁中学的必然选择，因为这里隐含着一个育人的逻辑，合理而又清晰：以美育德，立德树人，以美其身，教育臻于文化进步的最高境界——自由与创造。这就是南菁中学的破解之道，是南菁中学的文化建设之道，说到底是南菁中学的育人之道，其间，他们还有不少关于以美育人的认知，下面还会论及。

说到这儿，我还想说的是，不少普通高中的教育的确陷入困境，但如果都能像南菁中学一样去那么追问，那么反思，那么寻找，那么破解呢？真的，人是意义的创造者，学校是一批追梦者的共同体，行动起来吧，一定会改变的。

其二，"按照美的规律进行塑造"，要聚焦于生命的尊严、完整、自由，在审美追求中形成美学表达，建构起学校教育的哲学。

先摘录一段话："悠悠的过去只是一片漆黑的天空，我们所以还能认识出来这漆黑的天空，全赖思想家和艺术家所散布的几点星光，朋友，让我们珍重这几点星光！让我们也努力散布几点星光去照耀和那过去一般漆黑的未来。"[①]

---

① 朱光潜. 朱光潜谈美 [M]. 上海：华东师范大学出版社，2012：序 3.

这段话是朱自清在为《朱光潜谈美》一书所作的序里，特意摘用的朱光潜自己的话。美，是黑夜里的星光，虽只有几点，但却照耀漆黑的过去，也照亮未来。但一定要"努力"，努力去寻找星光，努力去保护星光，努力用星光去照耀。所有的努力，马克思作了深刻的判断："按照美的规律进行塑造。"马克思是将人与动物的生产方式作了比较后得出的结论。他说，"人类却可以按照各种各样种类的尺度进行塑造，并且可以随时随地用对象内在固有的尺度去衡量对象。"① 显然，认识并按照美的规律去塑造，这是人类的根本尺度。

马克思的思想理念成了南菁中学变革学校、发展学校的信念，这一信念之根源在130多年前所闪烁的星光里，又在新技术蓬勃发展的今天，让星光再次闪耀。难能可贵的是，南菁中学从来没有停留在以往的经验上，而是在文献研究的基础上进行梳理，进而概括，形成校本化的表达，让星光聚合，发出更闪耀的光。其要义主要有以下两个方面。

在美与人的生命关系上，南菁中学的美学立意是关注师生生命的幸福，如黑格尔所言："美的生命在于灵魂。"② 美是有生命的，美的生命与人的生命紧密关联在一起，而这种关联在于用美与自己、与他人、与世界的"和解"③，这一观点和马克思关于人的论述相联系相统一："人，并不是跪在世界之外的抽象的存在。人，意味着人的世界，意味着国家，意味着社会。"④ 人的世界离不开人的生命与灵魂，正因为此，南菁中学的美学观照有一个十分重要的价值主张："从促进人的全面发展这一价值出发，探寻师生教育生活的审美表达。"他们的思考并没有止步于此，而又将生命生活定位于三个美学特性。一是生命的完整性。这种生命的完整性表现为从学生的"身心分离"到追求"身心一体""身心愉悦"的美学立意，生命的完整性才能塑造完整的人、完整的学生，促进学生的全面发展。这是生命美的状态。二是生命的和谐性。生命和谐相处，各种生命之间相互"和解"，在对话中相互理解、相互尊重、相互依存、

---

① 马克思. 马克思箴言 [M]. 汪培伦，编译. 北京：中国长安出版社，2010：22.

② 黑格尔. 美学 [M]. 朱光潜，译. 北京：商务印书馆，2017：10.

③ 同上：124.

④ 马克思. 马克思箴言 [M]. 汪培伦，编译. 北京：中国长安出版社，2010：38.

相互支撑、相互促进。生命的和谐是生命之美的第二个特性。三是生命的自然性。黑格尔认为，"自由是心灵的最高定性"，"就是按照这种形式的定义有了自由，一切欠缺和不幸就消除了"。① 毋庸置疑，南菁中学的学校审美表达是以"办师生生命幸福的教育"为旨归的。在南菁中学，生命永远在美的追求中。

在美与人的生活关系上，南菁中学的美学立意是师生生活的审美化。按照美的规律进行塑造，必定要求师生的生活要审美化，让师生生活充溢着审美的意义和享受，美可以塑造生命，当然也可以塑造生活。况且没有生活的审美化，怎么可能有生命之美的特性彰显？于是朱光潜说"人生的艺术化"；吕凤子说"学校的生活应当是'爱与美'"，并以此作为正则学校的校训。值得注意的是，审美、美学正在发生重大的转向，即转向日常生活。这一美学转向提示我们，假若生活与美相隔离、相疏远，那么，美就失去了源泉，缺失了深度的意义与价值；反之生活便失去了光彩，而流于中庸，甚至沦为低俗，美让人既在世俗中，又在世俗之外，这就是超越。

南菁中学以美的敏锐性，紧随审美的转向，鲜明地提出，用美育重构校园生活，并且归结为一个价值定位："探寻全部教育生活的审美表达。"南菁中学用美育重构了什么样的生活呢？他们所追求、所建构的很明晰。一是过有道德的生活。美是对道德的召唤和象征，道德则是美的基石。审美离不开道德，从伦理学和美学理论看，美即为善，善即是美，无论是西方还是中国文化，概莫能外。南菁中学的审美化的生活应当是过有道德的生活。二是过有理想、有信念的生活。审美是种价值追求，而价值永远听从理想的召唤，有理想、有信念当是具有审美意义的，我甚至认为理想、信念是生活意义之魂，亦是审美之魂，这就是所谓的价值"立意"。三是有过有感情的生活。李泽厚的"情本体"论，论说的正是审美的，甚或是人最后的实在就是情感。审美与情感对高中生活来说尤为重要，因为情感可以让学生心理健康起来、积极起来，真正的情感沸腾，应当是用阳光心理照亮心灵。从以上的分析来看，南菁中学将美与真、善自然融为一体。

总而言之，按照美的规律进行塑造，南菁中学的教育站到了一个高点，他

① 黑格尔．美学 [M]．朱光潜，译．北京：商务印书馆，2017：124.

们将此归结为学校的教育哲学，这是水到渠成的结果。我们应当为之而击掌。

其三，"按照美的规律进行塑造"，要落实在课程建设上，普通高中大美育课程的建构，让美育得以落实，成为学生的心理文化结构。

南菁中学有一个十分精彩的观点："在价值取向上将课程视为一种美学。"对这一观点又从三个维度进行阐释："从课程实施的美学情境出发，赋予课程以美学旨趣"；"从课程价值的美学关怀出发，将美育定义为人的全面发展的教育"；"从艺术教育本身出发，阐释艺术教育的审美特性"。三个"出发"，实际为课程的三个"抵达"。从出发到抵达，仍然是课程建设、课程学习的美的历程。可见，南菁中学寻找到学校课程建设的另一个视角，正是这个独特的视角，对学校课程改革有了独特的建构。

首先，将学校课程统称之为"大美育课程"。所谓"大美育课程"，不只是艺术课程，用艺术教育家赫伯·里德的话来说，实质上是"通过艺术的教育"[①]，即用艺术、审美来改造、优化课程，让课程具有美学特质；所谓"大美育课程"之"大"不是限于美育，而是以美育为纽带，带动学校课程的统整。"大美育课程"指向了学校的整个生活。

其次，构建了"大美育课程"实践模型。这一模型称为 Y 模型，即以学生发展为中心，尤为重视学生的审美个性的发展；将课程分为上层与下层，形成了"两轴五域三类"体系。值得关注的是，从 2015 年开始，南菁中学将"中国美学精神的传承与弘扬""培育与践行社会主义核心价值观"作为学校美育的两大基石，非常明确地把"以美育重构校园生活"的核心价值定位于发展素质教育、落实立德树人这一根本任务上。

再次，重构美育课程建设最终要通过课堂教学改革去实现。在南菁中学，"整合式""融合式""综合式"成了课堂教学常态。这既是艺术的课堂，又是审美化的课堂。南菁的所有课堂，显现着美，生长着美，享用着美，又创造着美。从课堂出发，抵达远方的地平线，那里的上空星光闪烁，未来更加明亮、美好。

---

① 赫伯·里德. 通过艺术的教育 [M]. 吕庭和，译. 长沙：湖南美术出版社，2002.

南菁人始终把黑格尔的那句话"审美带有令人解放的性质"^①奉为圭臬。解放，让"按照美的规律进行塑造"有了无穷的魅力和崇高的境界。毋庸置疑，南菁中学的用美育重构校园生活，是发展素质教育的美学范式，其核心是解放，是解放中的自由，由自由带来创造，这就是"按照美的规律塑造"学校。

———————
　　① 黑格尔. 美学 [M]. 朱光潜，译. 北京：商务印书馆，2017：147.

小学立德树人的审美范式

立德树人是教育改革与发展的根本任务，是学校教育的根本目的、改革研究的总主题。立德树人的内涵十分丰厚，其实施策略、途径、方式也是多种多样的，不同的学校要从学校的实际出发，努力探索具有学校个性特点的切入口、突破口和生长点，并逐步建构起校本育人范式。这样，立德树人之花将会开满校园，形成生动活泼的育人格局和气象。

南通市通州区实验小学就是这样的学校。在校长、特级教师王笑梅深入思考、精心设计与带领下，十多年来坚守并弘扬"以学愈愚"的校训，以中国美学精神为引领，发挥审美教育的独特价值，形成了"以美育人"的教育主张，以"以美育德"为切入口，以"生命语文"的实验推动"儿童生命美育课程"的开发，积极探索并逐步建构了立德树人的审美范式，创造性地深化了课程改革，树起了素质教育的一面旗帜。

立德树人审美范式，是个极富文化特色和深刻意蕴的育人范式，值得深入研究和推广；王笑梅校长和她的团队，值得大家关注和研究。

一、以美育德：让立德树人在审美中鲜活、美丽起来

南通市通州实小的立德树人审美范式，有个独特的切入口：以美育德。王笑梅对此有深刻的思考，进行了智慧的抉择。

首先，这一抉择是基于对道德与审美内在关联性的思考。立德树人，对道德的育人价值作了准确的判断，是"国无德不兴、人无德不立"的生动诠释。以立德来树人，王笑梅他们是坚信不疑的，也是坚定不移的。但是，他们又进行了更深层的思考，那就是立德树人也是可以有不同的切入口的，从道德与审

美的关系去思索和寻找。找寻的结果是，他们发现道德与审美早就自然地联系在一起，两者相互依存、相互支撑、相互渗透、相互促进，形成一个相辅相成的结构，这一结构本身就是很美的。他们发现，在中华文化的土壤里早就有两颗种子，一颗叫道德，一颗叫审美，而这两颗种子互相包孕，形成一股向上的力量——种子的力量。确实是这样。孔子是教育家，也是美学家，他有自己的美学思想。孔子以为"里仁为美"，[①] 即以"仁"为邻才会美，才是美。从这一思想出发，孔子进一步阐发自己的美学理想"尽善尽美"；[②] 所谓尽善尽美，是说美与德、善与美是统一的，仁是美的灵魂与基础，美则是善的温度与境界。据此，李泽厚提出了"以美储善"的美学观点；[③] 要以"审美仁爱的天地境界（悦志悦神）来度此人生……实现道德"。[④] 通过这番学习与思考，可见王笑梅提出的"以美育德"是有理论依据的，"以美育德"彰显了中华美学思想。

其次，这一抉择基于美的规律是可以塑造人的思考的。立德树人，首先是人，教育的根本任务是树人；人的成长，树人的宗旨，总有规律可循。用立德来树人是规律，而美的规律也可以树人。也许王笑梅对马克思的观点有深切的理解。马克思在将动物的生产与人的生产作了比较后，得出的结论是："因此，可以说人是按照美的规律在进行塑造。"可以按照美的规律来塑造人，是因为美有令人解放的感觉，解放的感觉必将引导人创造；是因为美意味着崇高，美可以让人崇高起来，让人成为精神的存在。美的规律可以塑造人，当然可以塑造道德。马克思主义的美学思想具有普遍的指导意义。王笑梅提出"以美育德"的主张，正是对马克思主义这一思想的实践，并以此展开，形成以下教育核心理念的框架：美，是看得见的生长力；未来教育走向美学化；校园里激荡"美的旋律"；学校特色彰显"美品的质"；学生的发展是"美的历程"，追求的是"美的生活"。值得注意的是，王笑梅将传统观念上的"美是看不见的竞争力"，改造为"美是看得见的生长力"，这是她在美学理解上的一大进

---

① 马兰. 图说美学 [M]. 天津：天津人民出版社，2015：36.

② 同上：37.

③ 李泽厚. 人类学历史本体论 [M]. 青岛：青岛出版社，2016：106.

④ 同上：123.

步。换个角度看，以美育德也是通州实小教育核心理念框架中一个重要的组成部分，也是一大亮点。

再次，这一抉择是基于对社会与学校教育现状的反思。可以说"以美育德"是个古老的话题，也是一个崭新的话题，因为当下的社会与学校正在忘却这一古老的经典文化精髓，开始偏离道德与审美的轨道。不仅道德呈现下滑的现象，而且审美也被扭曲，道德与审美也逐渐被分离。社会上，随着经济的快速发展，物欲不断膨胀起来，整个社会越来越功利化，越来越技术化和浮躁。社会的物质化、技术化、功利化开始腐蚀学校，伤害教育，这种腐蚀与伤害是通过应试教育来实施的。应试教育为了分数，为了升学率，丢失了教育的道德良知，抛却了审美追求，道德教育与审美教育明显断裂，产生了道德与审美的同时下滑，产生道德教育与审美教育的双重困境。"以美育德"主张的提出与重申，正是对当下教育困境的反思、批判与反正，高扬了践行社会主义核心价值观的旗帜。

至此，我们不难这么去理解通州实小的"以美育德"：美、审美是育德的途径、方式，更是育德的境界；以美育德是立德树人的切入口，也是突破口，更是生长点。"以美育德"让立德树人具体起来，可以操作；让立德树人鲜活起来，引导学生在审美中生长道德；让立德树人美起来，有温度，有快乐的表情。王笑梅和她的团队是有智慧的。"以美育德"，是个智慧的战略性选择。

二、儿童生命美育课程：
儿童在沸腾的审美生活中站立起来，长大起来

以美育德不是空洞的口号，总得有落脚的地方；立德树人更不是虚泛的理念，也总得有具体实在的载体。无疑，载体应是课程，课程是立德树人、以美育德落脚的地方。王笑梅和她的团队一贯重视学校课程建设，在长期实践、研究的基础上，建构了儿童生命美育课程。随着思考的深入，随着课改的深化，儿童生命美育课程不断丰富和完善，彰显了课程育人的力量，让立德树人越来越鲜明，越来越扎实。

首先，儿童生命美育课程是"第一课程"。"第一"实为价值排序中的首位。无论是中国古代的"天下第一好事还是读书"，还是"创新是第一动力"，

"第一"都是言其价值的重要，让"第一"价值处于优先的地位。亚里士多德曾提出"第一哲学"的概念，是指为其他具体哲学提供基本概念、基本规律的哲学，"第一哲学"具有前提性和在先性。可见王笑梅将审美课程作为"第一课程"，不是随意的，而是有理论支撑的。英国著名的艺术教育家赫伯·里德写过一本重要的著作——《通过艺术的教育》，其主题就是"艺术应为教育的基础"，"艺术应为教育的任何自然而崇高的形式"，"教育的目的就是创造艺术家——善于各种表现式样的人"。按里德的观点，艺术、审美应为教育的核心价值，"通过艺术的教育"，不仅在艺术教育本身，而且通过艺术去教育，去优化教育。王笑梅将艺术、审美课程作为"第一课程"具有深刻的前瞻性，是对学生发展的审美关切，还是核心关切。

其次，儿童生命审美课程以"生命语文"为主导，语文是国家必修课程，在课程结构中具有主导性；同时，语文与艺术审美距离最短，两类课程具有密切的关联，语文课程应当充溢审美性；再者，用尼采的话来说，所谓艺术，所谓审美是对生命的刺激，是生命的唤醒与抒发。因此，建构"生命语文"并以此推动儿童生命有关课程是顺理成章的，并且是相得益彰的。王笑梅的生命语文，就是为儿童构筑生命的林子，让儿童在林子里自由呼吸，在语言文字建构与运用、审美鉴赏与提升中，过积极有意义的语文生活，其审美性，其生命性，是不言而喻的。这一在文化土壤里深耕的课程，自然拥有无限的魅力和生长的力量。生命语文开始照亮儿童生命美育课程。

再次，儿童生命审美课程以"蕊春文化课程"为主干。蕊春园，是通州实小对校园的命名，这是文化的命名，文化命名结果是个文化的故事。因此，蕊春园似花园，但不是花园，而是校园，是个具有浓郁审美色彩与意蕴的时空结构，就在这丰富的时空结构里，演绎着多少美的故事；蕊春园不只是一般的校园，而是一个课程的群落，是通州实小儿童生命美育课程中的一个十分闪亮的部分，起着主干的作用。这一课程群落，像天上的星星洒落在校园的各个角落。王笑梅和她的团队将课程划分为"实景化"的——纯美的自然读本、唯美的自然诗集、静美的自然感受；"原型化"的——让学校的物态园拓展其意象；"美学化"的——指向儿童求知、练能、观道的学习要义，从单向到多向的学习呼应，富有创造性的多元的学习方式；"微格化"的——在微项目中充溢审美、生长道德、润泽生命。其实，蕊春园课程的设计与开发，印证着、诠释着马克思关于环境的理论，即环境可以塑造人，人也可以创造环境；同时，印证着、诠释着权威的关于学校的理论，即学校是个特殊的环境，这一环境要净化，还要优化。王笑梅和她的团队，将通州实小创造成一个有准备的环境——为了儿童生命的丰盈。

最后，儿童生命美育课程以美的体验、发现与创造为课程学习的方式。课程原意是跑道。我们往往注重"道"，而忽略"跑"，而"跑"喻指课程的学习方式——经历，经历中的探索、体验与发现。这是一个创造的过程。王笑梅将"道"与"跑"紧密结合，以"跑"来带动"道"的延伸与丰富，她将这一学习过程称之为"让童年与美相遇"，而且形成一个结构与序列：与生态之美相遇、与史实之美相遇、与生活之美相遇，这一切都是与生命相遇。相遇，实为对话，而对话实为语言的狂欢。可见，通州实小人的理念系统中，美已不仅是一个客观的存在，倘若没有主观的参与，没有在经历中去探索、体验、发现与创造，儿童不会有真正的美的概念和精神，也许这叫美育的历程吧，是"儿童生命美育课程"的真切含义。

以上的这一切，都是在引导过一种生活。被誉为美学之父的鲍姆加通，曾论述过美与教养的关系，指出"美即教养"，即"一切美的教养"，这一论断中包含着美与德的双重建构。他又指出，一切美的教养能激发起美的天赋才能，并成功转化为审美情绪，进入"沸腾"的审美情绪状态。[1] 王笑梅和她的团队，不断地让儿童的审美情绪沸腾起来，因而进入最佳的道德与审美相融合、相提升的境界，为立德树人审美范式提供了课程支撑，提供了美学支撑。

三、做美丽教师：让理想与使命、让青春与智慧在立德树人审美范式中激荡起来，灿烂起来

任何一种育人范式，都是人创造的，都是校长和教师共同努力、深入探索、精心建构起来的。如果说，儿童生命美育课程是"第一课程"，那么，在通州实小，教师则是"第一资源"，或曰"第一创造力"。这恰好呼应着联合

---

[1] 朱立元.西方审美教育经典论著选 [M].南京：江苏凤凰教育出版社，2015：总序2.

国教科文等组织联合提出的一个时代命题：复兴始于教师。我始终认为，教师发展是学校发展的重中之重，将其称为学校发展的制高点也没有什么不可以，否则梅贻琦先生为什么有"所谓大学者，非谓有大楼之谓也，有大师之谓也"的名言呢？

做什么样的教师？习近平总书记非常鲜明地提出：要做好教师。通州实小遵循这一要求，提出朴实而响亮的一句话：做中国好教师，做以美育德的中国好教师。好教师是对教师最基本的要求，又是最高要求；是对所有教师、又是对名师的要求。再作一个比喻：好教师是一片高地，名师是高地上耸立起来的高峰。没有高地哪儿来的高峰，但没有高峰，高地也是平庸的、静止的。王笑梅用高地托起高峰，用高峰提升高地，这是她又一智慧的战略抉择。其实，她本身正是这一抉择中走在前面的人。

高地也好，高峰也罢，离不开道德。高地首先是道德高地，高峰首先是道德高峰；也离不开审美，高地是审美高地，高峰是审美高峰。而道德与审美的相遇是统一的，是智慧的，而智慧是美丽的。通州实小的老师要做中国好老师，就是做智慧教师，做美丽教师。其一，"每个教师都成为美丽的课程符号"。他们有形象化的表达："蕊春物语"的师德、"题诗相联育诗心""美学书籍美散步"——美丽的符号以师德为灵魂，以专业为核心，以阅读为支撑。其二，"每个老师都经历卷入式的课程研讨"。教师是课程开发的参与者，从研讨开始，卷入式的研讨，不只是策略和方式，而且是氛围和生态，在这样的生态中，教师才可能从研讨走向创造。其三，"每个教师都自觉引发课程追问"。无需过多解释追问式反思的方式，好教师应当成为"反思型的实践家"，反思型实践家有着内在之美。如此等等，通州实小梳理了好教师成长的课程路径。

需要说明的是，以上只是从课程角度来探讨。其实，这里隐含着另一个问题：教师的成长是专业发展的过程，但首先是"教师发展"过程。在"教师发展"的宏阔背景与整体框架中，教师专业发展才会有大视野、大格局、"大美丽"。

值得关注的还有另一个问题：王笑梅和她的团队，都在实践中，也在研究中，努力做一个优秀的儿童研究者。这里用得上"第一专业"的观点：儿童研究是教师的"第一专业"。第一课程、第一资源、第一专业，揭示了通州实小做中国好教师的理念、策略、路径、方式。王笑梅和她的团队演绎了最美的教师成长诗篇，理想与使命、青春与智慧，在教育中，在审美教育中激荡，构建了立德树人的审美范式——当然也在育教师。

推开门后的新发现

今天，清晨，降温了，很舒适，心情颇好。坐在窗前的书桌上，翻阅苏州吴江盛泽实验小学的书稿——"智慧教师研修书系"，心情更好，在舒适外，还有很多的惊喜，像是又吹来阵阵凉风，送来股股清新的空气，读着书稿，似乎我也生长了一些智慧，因为智慧是对情境的认知、辨别和顿悟。而盛泽实小的教师研修书系，本身就是一种情境，这一情境特别真实、丰富和生动。

还有另一种感觉，那就是读盛泽实小的教师研修书系，像是推开了一扇门。尽管不知多少次走进过实小的校门，但是，这次感受不同。书系，这扇门，更宽敞，更明亮，更宏大，也更灿烂。这扇门是文化之门、思想之门、智慧之门，它虽是抽象的，却是丰富的，因为日常所有的生活都凝结在一起，折射出盛泽实小教师们的情怀、哲思与耕耘在田野上的文化。这扇门是开放的，却是需要推开的。轻轻推开，才会在一刹那有了新的发现与感悟，原来，推开门就是打开边际，才会听到"边际"上的对话，触及学校的"内在秩序"，感受"在一起的力量"，盛泽实小的书系又一次"唤醒了我们的耳朵"，倾听那美妙的旋律。

不妨把盛泽实小教师研修书系看作是教师的"人间词话"。于是，王国维所辑词话的三种境界呈现在我的眼前："昨夜西风凋碧树。独上高楼，望尽天涯路"；"衣带渐宽终不悔，为伊消得人憔悴"；"众里寻他千百度，蓦然回首，那人却在灯火阑珊处"。这三重境界，实小人已用书系搭建了阶梯，向着那境界攀升，书系也正是这三重境界的真实写照。在这个时代，我们的教师，我们的学校需要有自己的"词话"。

推开门，首先看到的是校长薛法根，因为他总是站在校门口——学校的前端和高处。说到盛泽实小，薛法根是一个绕不过的人，因为有了薛法根，才有了这一书系，才有今天的盛泽实小。站在校门口，最想说的是一句老话：一个好校长可以成就一所好学校。老话不在老，而在于它已成了金句，成了一个经典。的确，历史与现实不止一次地证明，一个好校长之好，在于他和教师们一起创造了学校的文化，恰恰是文化上的进步，才使学校迈向自由的境界；好校长之好，还在于他让教师成为创造者，而教师又去创造课程、教学，创造学校，"创造"学生。薛法根的确是一个好校长，他是伟大的——帕克·帕尔默说，伟大的事物，不在别的，而在于主体，在于自己。薛法根用他所坚守的智慧教育建构了学校的核心主张，用他所坚守的语文组块教学影响、引导了学校的课程改革、教学改革；"组块"已成为结构、关联、融通、跨界学习的代名词，成了学校课改、教改的核心理念。依我看，薛法根用自己的情怀，用自己的智慧，用自己的行动，诠释并践行了"教师第一"的理念与思想。薛法根是好校长，是名校长，是智者。我们应该向他致敬。

推开门，还应该说点"新话"，"新话"是教师们在书系里的所思、所言、所彰显的教师发展的理念和主张，其实这些"新话"都是在老话中生长起来的。

首先，盛泽实小教师研修书系告诉我们，教师发展的动力源自生命，教师发展是为了丰盈生命、提升生命的价值与意义。中国文化学者、哲学家牟宗三说，不是生命的地方，没有真学问的出现。蒙台梭利说，人来到世上，从走路开始，开始了第二次出生。第二次出生是文化上的出生，是教育让人真正成为人。教师发展的"第一动力"应是内生力，是生命的创造力。盛泽实小的老师们有良好的精神状态，这种生命的张力特别可贵。丰盈的生命和心灵，当然会有教育的新发展，有真学问的出现，书系为教师发展开辟了一条新路，那就是视野要大，格局要大，格调要高，境界要高。王国维说得好："有境界自成高格。"换个角度看，生命力，源自对价值的认知、澄清与选择，用书系里的话来说，就是要寻找自己的"边际"，建构自己的价值坐标，让价值照耀自己的天空。

其次，教师发展的专业价值源自宗旨，宗旨犹如人生和教学的指南针。教师离不开学科，离不开教学，学科教学是教师发展的基地，甚或说是教师发展的摇篮。盛泽实小的老师们非常明确，发展自己、提升自己，是为了学生，并且与学生共同成长；而学科的宗旨是育人，学科育人、教学育人是教学的指南针，也是教改的准绳。宗旨必定诞生教师的使命感。盛泽实小的老师们对学科育人有自己的理解，那就是要明晰教学的"内在秩序"，教改的深意在于重建学科教学的"内在秩序"。指南针也好，准绳也罢，使命也好，"内在秩序"也罢，盛泽实小有自己独特的表达：组块教学，以及由组块教学所引发的联结性教学，他们已基本上寻找到学科育人的校本化实现方式，正是在这样的过程中，教师的发展得以优化与较快地提升。

再次，教师发展的深度源自研究、实验与提炼。这一书系，让我特别有感觉的是，每一本书都有一定的深度，理性思考的水平明显提升。深度从何而来？一要坚守实践。永远不离开"田野"，永远扎根在大地上，从丰厚的实践土壤里吸取营养和力量，站立在大地上的人才可以仰望天空，而不至于掉入深坑。二要研究。"笔尖下的教育生活"要研究，多觉联动音乐教学要实验，综合实践活动也需要探索。有研究才会有深层次的思考。在盛泽实小，研究已成为教师们学习、工作的方式，这相当可喜可贵。三要总结、概括、提炼。从经验走向理性思考，从实践走向理论，从散状走向结构，走向体系建构。他们注重在感性的基础上加以梳理，概括是有序的有效的，提炼是有深度和力度的。这一书系就是一个极好的典型。值得注意的是，盛泽实小的伙伴德育的实践探索，从不同的角度去认识、剖析伙伴与伙伴德育，尤其是对道德学习、对话世界作了有深度的提炼，研究性、学术性明显加强。与此同时，他们探索了伙伴德育的不同途径和方式，发现了"在一起"的力量。这一研究前景很好。

最后，表达方式上的多样化。书系特别以叙事为基本方式，显得亲切、丰富，犹如促膝谈心，又犹如一次倾诉，美国伦理学家麦金太尔说："人在他的虚构中也在他的行为和实践中，本质上都是一个说故事的动物。"而赵汀阳认为，文化就是一个故事。读着书系里的故事，思索着故事里透射出来的哲思，一个个活生生的有内涵的教师站在我们面前，我好感动啊！向盛泽实小的老师们致敬。

"新话"是创新、创造后的言说，言说源自心灵的感悟。心灵的美丽，一定会带来推开门后的一片风景、一片思想的丛林、一片更加美好的开阔地。我最想说的是：盛泽实小，你好！

真切地触摸儿童成长的节律

很高兴看到常州市局前街小学的专著《儿童成长节律：学校课程的整体构建与实践》，这是学校 15 年来研究与实践的结晶，尤其是 2016 年该研究被确立为江苏省基础教育前瞻性教学改革实验项目后，拓展、深化了研究的新进展和新成果。

"儿童成长节律"一直是学校一以贯之、坚持不懈研究的课题，以"儿童成长节律"为核心，通过学校课程的整体建构，促进儿童的健康成长，并使之具有一定的深度。后来，在"生命·实践"教育学派的影响和引领下，尤其是在叶澜教授的"提升学校生命质感"教育信条的启发与引导下，学校将"'儿童成长节律'学校课程的整体建构"改为"'儿童成长节律'学校生活的整体建构"。"学校课程的整体建构"拓展到"学校生活的整体建构"，其目的是进一步指向儿童的生命成长，通过校园活动的无限创造，编织更为宏阔的时空结构，最大限度地丰富学生的生活，丰盈学生的心智，激发学生的生命潜能，按照自己的"节律"成长，实现"生命的螺旋式、沉积式和阶段式发展"，让儿童成为完整的儿童，健康的儿童，真实的、真正的儿童。无疑，这是一种深化。

读了局前街小学的研究，我似乎已经感受到儿童成长的节拍，触摸到儿童脉搏的律动，倾听到儿童生命拔节的韵律，心里很是感动与欣喜。这本研究专著是为儿童写的，是献给童年的幸福礼物。"儿童"这一教育的主语，"校园生活"这一教育的核心场域，"成长节律"这一教育主旋律，让我们真切地感受到教育回归。这一切都在项目研究中得以突显，熠熠闪光。

这一项目的前瞻性是显而易见的。所谓前瞻性，首先是教育回归本质，回到儿童成长的规律上去。儿童发展是有规律的，我们也不断地在将儿童发展规律运用于教学中，但往往不知道规律是什么，规律在哪里。局前街小学的"儿童成长节律"研究就是为了让儿童的发展规律看得见、摸得着，通过"成长节律"去发现"发展规律"。尽管"成长节律"还不能涵盖，更不能代替整个"发展规律"，但"成长节律"应成为"发展规律"的题中应有之义，甚至是"发展规律"的核心要义。我们可以从两方面去讨论："发展规律"在很大程度上表现为"成长节律"，把握"成长节律"，就是遵循了"发展规律"。因此，"成长节律"也是研究、把握、遵循"发展规律"的重要途径和主要方式。这样，教师就成了儿童"发展规律"的研究者、创造者，也让儿童成为"成长节律"的主人，教育就会走在规律之中。我认为，这应成为教育的"法则"。

所谓前瞻性，具有现实性、针对性，意味着对现实问题的突破。有句大家耳熟能详的话：不要让孩子输在起跑线上。不要输在起跑线上，就是一定要赢在起跑线上，就是把孩子的一切拼命地塞进一台庞大的机器中去，不断地运转起来，生命随着机器而滚动。其实，这种"起跑线"上的"偷跑""抢跑"，用中国式的表达就是拔苗助长，用西方式的表达就是一种高压迫式的追求与成长，也是我们常说的"童年忙碌""童年冲突"。"起跑线"上的输与赢，其实是违背儿童成长节律的，违背了成长节律就是违背了、丢弃了发展规律。局前街小学用"儿童成长节律"抵抗发生在起跑线上的应试教育，让儿童回归到自然成长的状态中去。回到"成长节律"上去，也会很忙碌，也会有冲突，但一定是健康的、快乐的。这样做，是对儿童发展现状反思中的突破，具有前瞻性，也应是一条教育的法则吧。

所谓前瞻性，意味着研究要抵达培养目标。在"儿童成长节律"的研究与实践中，局前街小学十分重视儿童的文化学习、文化理解、文化积淀，特别重视儿童的思维发展，鼓励学生有批判性思维能力，自觉养成创新精神，进行创意学习，会思考，有见识，有见解，有创造。这种遵循"儿童成长节律"的教育，不仅顺应着儿童的发展，也促进了儿童在更高层面上的发展。美国耶鲁大学的一位教授认为，美国一流大学的精英教育，让学生处在忙碌之中，但不知道为什么而忙碌，没有自己的思考，也不会自愈，总是在"赶场"。他引用一位毕业生的话来说："倘若我们这群人是一辆正在高速行驶的汽车，要是哪天车轮子掉下来的话，那肯定会发生在大学这条路上。"当然，这种情况也会发生在小学和中学。这位教授写了本名为《优秀的绵羊》的书，无需作过多的阐释，"优秀的小绵羊"绝不是"儿童成长节律"的目标。局前街小学的孩子很优秀，有理想，有追求，有独立思考的能力，有坚强的意志，是将来能担当民族复兴大任的时代新人。培养目标的前瞻，让"儿童成长节律"的研究与实践走上了一个更高的境界。培养目标更是教育的法则。

　　常州市局前街小学在校长、特级教师李伟平的领导下，触摸了教育的前瞻性，感受到了儿童成长的节律。他们的研究与实践是体系化、结构化的，对"儿童成长节律"的"节律"，学校从不同的角度、不同的层面，进行了系统设计。他们的研究有成体系的报告与阐释，我阅读后深为感动，也深受启发。只想说一句话，局前街小学在小学教育的研究中开辟了自己的一条路，这条路通向未来，他们让儿童自己写下了明天的诗句，"成长节律"会一直伴随着孩子们的一生。

共生文化土壤里长成的一片森林

南通市海安实验小学建校已有110周年了，是百年老校、百年名校。100多年来，海安实小培养了一批又一批优秀教师。改革开放以来，在国家基础教育课程改革中，海安实小再次焕发青春的活力，又一批名师成长起来。不仅在海安，不仅在南通，也不仅仅在江苏，海安实小的名师走向了全国，影响越来越大、越来越重要。就这样，海安实小培养了名师，又随着名师走向了全省和全国。这是一种现象，叫作"海安实小现象"。

"海安实小现象"很丰富、很生动，可以用一个比喻来描述：一片名师森林，在共生的文化土壤里生长。这一描述深含的意思是：共生文化一直隐藏在100多年的历史文化密码里，它像一株幼苗潜生暗长，突然有一天钻出了土层，冒出了绿芽，绿芽的名字叫共生；然后，教师又如一棵棵幼苗长成了树，长成了一片小森林，森林的名字仍然叫共生。海安实小，是鲜活的共生文化园，是共生文化催生了"海安实小现象"。

比喻终归是比喻，现象还得作一些深层次的分析，即要把海安实小成功的密码开发出来，让这所百年名校闪耀时代的光彩，成为小学教育的标杆；同时，让学校的独特优势具有普遍意义。

一、"海安实小现象"：重新定义学校

披着历史的星云，穿过时代的风雨，学校走到了今天，可是我们很少思考这样一个问题：何为学校？学校究竟应该怎么定义？海安实小的可贵品质正在于此：深思，努力地重新定义学校。可贵的品质还在于：不只是深思，还用一个个行动来定义学校。

他们为学校确立了一个信念：教师发展是学校发展的第一要素，好学校成就好教师，好教师成就好学校。这一道理大家都知道、都认可，也都在努力践行，却没有大的突破，可是，海安实小为什么不但有突破而且能一次次超越呢？根本原因，是他们把理念变成了信念，信念又化为一个个具体的行动。依我看，海安实小将教师发展置于学校发展的制高点上，谁能把握并占领这一制高点，谁就能赢得明天的教育、优质的教育。海安实小就是让教师去攀登制高点，并让制高点不断提升。海安实小是用教师、用名师来定义学校的。

在这一信念引领下，海安实小有五个具体的行动理念：第一，让优秀成为学校鲜亮的旗帜。在实小，人人争做好教师，人人争先进争优秀。"优秀是卓越的敌人"这一经济学家研究的结论在海安实小止步、失效了，海安实小破解了这一"优秀"魔咒。第二，学校是所有教师的朋友，而且是所有教师的"贵人"，是精神家园。在实小，"贵人"不是指某个人，而是指整个学校。教师处处可以感受到温暖，时时可以获取前行的力量，可以得到"贵人"的关心、帮助和具体的引领。第三，学校的使命在于托举教师。在实小，校长托举教师，老教师托举青年教师，优秀教师托举普通教师，而且互相托举，托举成为海安实小共同的自觉和最美的"姿态"。渐渐地学校成了一个高台、一片高地。第四，用高期待激励教师的高追求。在实小，设有未名教育家讲坛和数个特级教师工作室，教师发展有方向、学习有榜样、向往有愿景。第五，建立、完善名师成长机制与方式。在海安实小，"兵团"作战、抱团发展形成氛围，成为机制与方式。这样，用教师、名师，用一个个理念和行动定义了学校，并落到了实处。重新定义学校的过程，是深刻认知和阐释学校、教育的过程。海安实小有自己的理性。

二、"海安实小现象"：让常识成为行动的常态

海安实小所有的举措，其他学校几乎都有；海安实小所有做过的事，其他学校几乎都做过；海安实小所有的平台，其他学校几乎都搭建过……可为什么海安实小能有效、能突破、能跃升呢？案例分析给我们一个并不算十分精彩的结论：学校发展、名师成长、课程建设、教学改革都回到常识去，又让常识成为自觉行动，成为学校的常态。是常态的力量推动教师发展、名师成长。

其一，上好课。上好每一堂课成为常态——课堂、教学是教师发展、名师成长的基石。在海安实小，上好课、上好每一堂课是对所有教师共同的、基本的要求，又是最高要求，是基石。为了达到这一要求，学校形成了这样的常态：所有教师都要专心致志，心无旁骛，高度投入，高度认真；所有教师都要学会备课，学会教学设计，培养独立钻研的品质；所有教师都要把课堂教学当作对自己的挑战，自己与自己同课异构；所有教师都要把每堂课都当作自己的签名——对教学、对学校、对学生庄重的承诺。试想，当这一切都成为常态，都达到"好"的要求时，成绩、质量怎么能不提高呢？教师怎么会不成为好教师，不成为优秀教师呢？

其二，"533"模式。每个人每天都读书、读好书成为常态——读书是教师发展、名师成长的顶灯。读书已成为时尚，已渐成风潮，可在海安实小，这早已不是时尚，他们的风潮来得比其他学校早了20多年。老校长金沙带头读书，全校教师的口头禅几乎是：今天你读了什么书？介绍新书，写读书心得成了习惯；买书赠送给同事、朋友成了出差回来后最珍贵的礼物。此外，还有以下几个数字：一是"500"。海安实小教师个人藏书要达500册以上，没有藏书怎能随时读书？二是"3"。海安实小有"三不"理念：购书不求有用，藏书不求全读，读书不求全懂。这"三不"理念透出了一份摆脱世俗的从容和超然。三还是"3"，即三句话：寒暄问候读书，家庭探访看书，礼尚往来送书。"533"是海安实小的读书模式，是常态，是习惯，是文化。阅读犹如为每个教师装上一盏盏顶灯，照亮他们前行之路。

其三，"三个永远""二八定律"。教师自觉科研成为常态——科研是教师发展、名师成长的天梯。随着课改的深入，教学研究、教育科研在中小学逐步普及起来，尽管有些专家、学者对中小学搞科研还持质疑态度，但海安实小却坚信不疑、坚定不移，在深入教研的基础上积极推进科研，并将教研与科研相结合、相统一。20多年来，科研已成为海安实小的常态，成为腾跃的密码。与此同时，海安实小又从小学的特点出发，基于学校的实际，摸索出小学进行科研的方法和路径。他们有三个"永远"：永远的课题研究，永远的改革试验，永远的专家学者的入校指导。同时，海安实小始终相信"二八定律"：每年出20%的精品，全校就有七八十项成果。也许，科研的水平还有待提高，但是科研意识和能力已镶嵌在教师的专业追求中。科研，犹如一架架天梯，让教师向制高点攀登，常常突破发展的天花板。

以上，基石、顶灯、天梯，似乎还不是十分精彩，但它们已成了常识、常态，这就超越了精彩。海安实小人是出彩的教师。

三、"海安实小现象"：共生文化成为名师成长的沃土

常识，折射出的是基本规律；常态，折射的是对基本规律的态度和行动；行为，已成自觉的习惯，成为一种品质，一种风气，一种文化。在海安实小，这种文化称之为共生文化。

如上文所述，共生文化早已隐藏在百年的历史和传统中，孕育着，萌发着，生长着，而在改革开放以后，共生文化冒出了大地，最终生成了一种教育：共生教育。共生原本是生物学的概念，其核心是和谐，其目的是共生、共长、共享，形成"美美与共"的生态。从文化学的角度，校长和他的团队将共生教育、共生文化表达为：各美其美，搭建个体成长的温床；美人之美，共筑成就他人的天梯；美美与共，学校与个体的彼此成全；和而不同，带着共生气质走自己的路。这样的概括和提升是准确的，是有文化含量和品位的。

共生教育，其实是海安实小正在酿就校本化的共生教育学。时代进入了共生，教育也已显现出共生的趋势，海安实小已作出了十分可贵的探索。这一校本化的共生教育学是指日可待的。

共生，绝不是同质；共生教育，也绝不是同质化教育。恰恰相反，共生、共生教育内在包含着重建个体性、促进个性发展的思想。鲍曼说："把社会成员铸造为个体，这是现代社会的特征。"贺来教授也曾说："现代社会之所以区别于传统社会，最突出地体现在个体与社会整体之间关系的重大转换，'个体'成为社会生活的重要出发点，蕴藏着现代社会的重大秘密。"共生教育作为一种社会形态，当然要遵从、体现现代社会的特征。事实证明，海安实小的共生教育是一个完整的概念和实施过程，因而共生教育已生成了共生文化。

海安实小的老师们、名师们正是一片蓬勃的森林，他们在共生文化的土壤里生长着，终有一天长成好大一棵树，成为一片大森林。

第四篇 傅厚岗随笔：心灵的记录

傅厚岗极富诗意，充溢着文化的气息，在这样的地方工作，又在这样的地方长期生活，感觉是不同的：我们是生活在历史中，生活在文化中，理想在高处，脚踩在山岗之上。

篇 首 语

傅厚岗的文化记忆

南京有不少地方是以"岗"命名的，比如卫岗，比如水佐岗，比如古平岗……这是因为南京城里有不少的山丘，形成了不少的"山岗"，"虎踞龙盘"正有此意。

我住在傅厚岗。傅厚岗的确是个小丘陵，记得 1984 年从南通调往江苏省教育厅工作，教育厅就在傅厚岗 30 号，无论从哪个方向到教育厅去，总得爬一条小山坡，然后登上"岗头"。这几条坡很平缓，但确实是坡。现在回想起来，在"岗"工作，是不是有点登高望远的感觉？当然是有的——教育嘛，就应该引导学校、引领学生站在高处，向四面八方瞭望。同时，在"岗"工作，更要有岗位与职责意识，努力爱岗敬业与奉献。

傅厚岗的位置很独特，它周围巷子的命名都与高处有关，比如青云巷、高云岭、文云巷；有的巷子挺有文化内涵，比如厚载巷、厚载村。向往高处，总想站在云端，俯瞰世界，但又向着内心，厚德载物，自强不息。这就自然让大家想到康德所说的，天上的星星和心中的律令。傅厚岗极富诗意，又充溢着文化的气息，在这样的地方工作，又在这样的地方生活，感觉是不同的。我们是生活在历史中，生活在文化中，理想在高处，脚踩在山石上。

傅厚岗还住过许多历史名人。"岗"上有李宗仁故居。新中国成立后，李宗仁终于回到新中国，表达了他的家国情怀。我曾看过旧时的一篇报道，说的是当年的特务，是中统还是军统的，记不清了，曾在他住宅的某一巷口（好像是厚载村）开了一爿小杂货店，躲在店里，时刻关注着李宗仁的出入和行踪，伺机暗杀他，当然未果。每当路过那巷口，我总有一闪念：如果当时暗杀成功了呢？这么一个有文化的地方，竟然还暗藏杀机，可见，文化总是要经历磨难，总要披着历史的风雨，生长、向前。文化，不在美好，而在深深的文化记忆，文化记忆的深处当是对祖国对民族的忠诚。

离李宗仁故居不远，西边，巷内，是当年八路军办事处。一个小院子，门常常锁着，但可以看到一幢小楼，院子里还有什么建筑，因没进去过，就不得而知了。只见院子里古木参天，那种历史的沧桑感油然而生。这里曾是中国共产党争取与国民党政府统一、联合抗战办公的地方。其实，这里是没有硝烟的战场，留下的是中国共产党，还有仁人志士一心救亡、抵抗侵略的历史痕迹。这里透射着信心和力量，透射着胜利的曙光。我常常驻足于此，向院里张望。这里也曾是南开大学校长、教育家张伯苓的故居。教育家的故居，后来成了八路军的办事处，教育与抗战内在的联结，其中想象的空间很大，这也许叫作文化的张力，文化记忆应有充分的文化张力。

说到张伯苓，自然想到李宗仁故居往东，在下坡的地方，"隐藏"着教育家吴贻芳故居。吴贻芳是中国第一届女大学生，第二位大学女校长。1928年受聘于母校金陵女子大学，先后主校23年。1945年出席联合国成立大会，成为在《联合国宪章》上签字的第一位女性。1979年获美国密执安大学为世界杰出女性专设的"智慧女神"奖。吴贻芳还担任过江苏省副省长。1985年11月吴先生去世，那时我已到南京省教育厅工作一年半多的时间了，怎么没去拜访她，听她教导呢？甚憾！后来有件事触动了我。那是青云巷小学，办得精致，很有品位，从"发现儿童"到"儿童发现"，不断探索，不断寻找教育的智慧。校长有了强烈的想法，将青云巷小学改为吴贻芳小学，或者增挂这么一块牌子。这是为了智慧的延续，智慧是在文化土壤里生长出来的。

傅厚岗的巷子，很奇怪，它分两段，中间隔着长长的中央路，中央路的东侧也是傅厚岗。东傅厚岗也有名人故居，一是徐悲鸿，二是傅抱石。我家就在这两位美术大师、美术教育家故居南边的楼上，往东北看，故居便一览无余。徐悲鸿的故事很多，夫人廖静文写的传记我也看过，但是我不想说其他的，只想说，他的一句话一直镌刻在我心里："人不能有傲气，但一定要的傲骨。"傲骨，是文人的风骨，是知识分子的品格。风骨、傲骨又是其灵魂的折射吧。傲气，我谈不上，而且我对自己的要求非常明确：没有任何值得骄傲的资本，永远搞清楚自己有几斤几两。但是，有时候突然间还有点莫名的小得意，这时候，我就会用徐悲鸿先生的话来鞭策自己。傲骨，恰恰是我最要学习、最要锤炼的。在机关工作，有规矩，讲上下等级，这时候如何强大起自己的风骨，挺起腰杆与脊梁，是一个做人最重要的品格。我一直在锻造自己的"傲骨"。傅抱石的书看得很少，但是他那幅挂在北京人民大会堂的"江山如此多娇"的巨画一直印刻在自己的心中。傅先生的气魄、格局如此之大，才能将多娇的江山呈现在我们面前。向傅先生学的，就是他的格局。其实，文献资料还告诉我们，傅厚岗还有不少艺术家：国画大师钱松嵒、书法大师林散之。遗憾的是没有寻到他们的故居。但是，漫步在傅厚岗，总觉得闻到了特有的文化气息，它飘逸在空气中，滋润着我们。文化气息让文化记忆更有意蕴，以至成为一种文化气象。

徐悲鸿、傅抱石故居的西隔壁，是中央路小学。每天每天，我都深情地望着她，每天每天，她总是陪伴着我。早上，我望着那间最早亮起灯的办公室；傍晚，我望着最迟熄灯的那个书法馆；早晨，倾听着琅琅的读书声；下午，又在熙熙攘攘的"再见"声中听到了明天的诗句。傅厚岗一切的一切，一切的文化记忆，一切的文化气象都呈现在中央路小学里。

我乐意把我所有在傅厚岗的随想，写在"傅厚岗随笔：心灵的记录"里。

人人都是教育改变的力量

"我们始终相信，人人都是教育改变的力量。"

这是一种声音，它来自改革的"田野"。如今，又回响在教师们的心灵深处；这声音，满怀着期待，如今，它又成为一种召唤，真诚、热情，又如此急切；慢慢地，期待、召唤，转化为一种理念，提升为一种信念，坚定、从容，又如此自信。若此，它将会跃升为我们的理想，创造先进的文化，引领教育改革漫溯深处，走向内核。

不过，这一召唤和信念，亟须理论的支撑，因为它常会遭到一些质疑。这些质疑聚焦于一个问题：人，肯定是变革的力量，但"人人都是"？未必吧。比如，老教师？比如，新教师？比如，学生？比如，家长？

讨论并回答这一问题，我们还是要回到哲学上去。其实，这些质疑在哲学上叫作"问题的沸点"。"沸点"，可以让我们的情绪和思想沸腾起来。哲学史上曾经有个问题：人在地球上的位置。地球上有各种动物、植物，还有山川河流。毋庸置疑，人是属于大自然的，属于地球的，但人在地球上永远是目的，而不是手段：人永远站在地球的正中央，永远是核心。这儿的"人"，是指人类，当然包括每个人，即"人人"。有学者还提出"人人时代"的概念。其原意是说，对某些学术问题，人人都可以批评，各抒己见。不过，从积极方面来看，当今时代的确是个"人人时代"，人人都可以参与，人人都可以创造，人人都应成为主人。自然，我们始终相信，人人都是教育改变的力量。

讨论并回答这一问题，我们还要回到人的本质上去。人，是一个谜，不过他是有谜底的，谜底就是人的本质。康德说得非常好："人潜藏着许多未经开发的萌芽。我们的作为就在于促使这些萌芽得以成长。""未经开发的萌芽"

是什么呢？康德解释为"人的天赋"。他又说，热爱自由是人与生俱来的强烈要求，所以一朝长大成人，习惯了自由，他就会为了维护自由而牺牲一切。自由，是人存在的本质；自由，是创造的保姆；未经开发的萌芽，需要人自身的努力，而自身努力的过程，正是变革自己，也是变革环境的过程。凡人，概不例外。老子将"人大"与"天大""地大""道大"并提，并说人上接天下接地，又关乎道，正是把人作为寻道改天换地的力量。当然，我们始终相信，人人都是教育改变的力量。

讨论并回答这一问题，让我们再回到改革管理理念的转向上去。管理只是规范人吗？管理的核心在哪里？美国当代教育管理学家萨乔万尼说，走向道德领导。在领导观念上，重视价值理念的长期培植；在领导方式上，提倡以"心文化"的力量来实现领导；在管理实践中，主张把学校建设成为一个道德共同体。总之，价值是所有领导的核心，价值本身构成了领导的基本问题。人的价值尊严，人的价值能量，教育当为人的价值实现提供平台和机会，而让人人成为教育改变的力量正是最高的平台、最好的机会、最根本的力量。换个角度看，道德领导就凝聚在、落实在、体现在一个重要命题上：我们始终相信，人人都是教育改变的力量。

由此看来，问题的"沸点"会转化为改革的要端彰显在目。让"我们始终相信，人人都是教育改变的力量"这一要端明晰起来，闪亮起来。

中国儿童站立的姿态更加闪亮

教育学本质上是人学，教育的使命就是让人真正成为"人"。这一理念与理想早就活跃在中华传统文化中，悠久、丰厚、深远。比如，"以人为本""以民为本"；比如，"有教无类""因材施教"；比如，"大学之道，在明明德"；比如，"尊德性而道问学"；等等。这些思想精髓，至今仍熠熠闪光，照亮了教育的天空。

但这些教育思想的精髓，是在新中国成立后才得以逐步实现的。紧随着伟大祖国的繁荣昌盛，追随着伟大时代的前进步伐，中国教育翻山越岭、跋山涉水，永远向着明亮的那方。新中国的儿童，从此自豪地在中国大地上站立起来，成为主人，享受童年的幸福，并在教育中瞭望世界，肩负责任，努力成为担当民族复兴大任的时代新人，"少年中国"的气象正在形成。

我是迎着新中国的阳光，走进学校，成为小学生的。那年我八岁，是新中国成立的第二年。此前，因贫穷，我只能在校门外徘徊。我记得，那天清晨，我背着母亲缝制的书包，高兴地走进小学的大门。入学报名的前两天，母亲已向学校反映了家里的窘境，拿不出一分钱来交学杂费。到了学校，总务处张主任把我叫到一边说："所有费用学校全给你免了。"这对一个刚入学的孩子来说，除了高兴，别无想法。当我 1984 年调到江苏省教育厅工作，负责普及小学教育以及后来的义务教育时，才猛然醒悟：我，早就享受了免费义务教育！新中国，让穷人家的孩子都站立起来了。

后来，我上了师范，当了教师、校长；再后来，调到省教育厅工作。上世纪 80 年代中期，全国普及初等教育。不知多少次，我去苏北泗洪、沭阳、邳县等九个县调研、推动，为九个字而努力——进得来、留得住、学得好。当时省政府专门下发通知，加快九个县普及初等教育的步伐，还开了现场会。那时，初等教育基本普及了。

紧接着，普及九年义务教育。国家立了法，制定了实施细则，江苏在全国率先实现了义务教育目标，并且率先达到了基本普及义务教育、基本扫除青壮年文盲的"两基"目标和要求，真正实现了让每一个孩子"进得来、留得住、学得好"的愿望。历史证明，外国用了一百多年甚至几百年的时间，我们仅花了40多年，义务教育普及就实现了。历史也证明，70年前我所享受的"义务教育"绝不是"孤本"。社会主义的阳光温暖了每一个中国少年儿童，让他们站立的姿态更美好。

上世纪90年代初，江苏省开始探索素质教育。素质教育是对应试教育的抵抗与破解。这一中国化的概念，彰显了教育的本质，探寻了教育的真谛，让学生从沉重的课业负担中解脱出来，培育、发展作为人的基本素质，生动活泼、主动向上。为此，江苏省先行了素质教育的实验，百花齐放，多姿多彩。南京市琅琊路小学的"小主人教育"、无锡师范学校附小的"乐学教育"、南通师范学校第二附小的李吉林老师创立的情境教育……均在全国产生重大影响。新世纪开始后学生发展核心素养的研究与践行，正是素质教育的延伸、拓展和深化，并与世界接轨。这就让儿童有了审美愉悦，在大地上站立的姿态更加自豪、更加闪亮。

我参加了国家新一轮基础教育课程改革。这一轮课程改革的宗旨是，为了中华民族的伟大复兴，为了每一个学生的发展。当下我们正在继续推进，课改也在深化中。这是条光明之路，是走向未来之路。习近平总书记在党的十九大、全国教育大会上讲到，要让中国学生有理想、有本领、有担当。新时代的好儿童必将更坚定、更自信地站立在中国大地上，中国梦成为每一个学生的儿童梦、少年梦，中国学生将会走向更灿烂的明天。

那通宵不灭的灯光

　　我家向阳的窗户边有几棵树，前面也有办公大楼。以往，每年的寒假前后，尤其是春节期间，我都要在阳台上伫立很久，看那几棵老树，叶绿叶枯，花开花落，有时不免伤感，又不免心生春天的希望。可是今年我没有再去看树，而是透过窗户，看那办公楼的灯光。

　　那是省卫生保健委员会的办公大楼里的灯光。今年那栋大楼有好几层，特别是十几间办公室，从腊月二十九，即 2020 年 1 月 23 日开始，灯光一直亮着，半夜醒来，灯亮着，凌晨三四点钟还亮着，灯光通宵不灭，直到太阳出来。有时睡不着，索性起床，站在窗前，凝望那闪亮的灯光，心潮逐浪高，真想陪它到天明……

　　我知道那亮着灯光的办公室里有人正忙着，有领导，有干部，有专家，他们一定在与各方联系，一定在统计数字，一定在研制方案，一定在调集有关的力量，因为防控防治疫情，这儿已成了江苏省的办公中心。这些灯为江苏亮着，更为武汉亮着、为湖北亮着。每一个数字都牵动着他们的心，每一帧视频，每一张图片，每一个信息都牵引着他们的神经。从来没有哪天，神经像今天那么敏感；从来没有哪回，心里像今天那么焦虑。也许这儿成了人民防疫战线中上接下连的那一段。说实话，过去到医院看病，遇到一些不方便的地方，还多少责怪他们，可今天，我望着不灭的灯光，真想说一句：谢谢你们！向你们致敬！

　　多么希望灯永远亮着，那灯光里闪耀着一个个白衣天使和那些无名英雄的身影。"让我上！""你累了，换我！""穿上防护服就是背负了使命！"一句句铿锵的话语撞击着大家的心灵。那患有渐冻症的张院长，行走都有困难，可从

2019 年 12 月底至今，几乎没有休息过一天，他不怕那病毒，因为他有防毒的"铠甲"。那河北 90 后护士小肖，大概没有想到，板寸头成了最时尚的发型。在武汉一家指定酒店，来自西安医疗队的 228 人集体理发，年轻的女队员说："待我长发飘飘时，再来看看武汉。"除夕中午，上海第一人民医院呼吸科的医生点了两份外卖，疫情凶险，医生在订单备注：我们可以下来拿。半小时后外卖小哥把饭菜送上二楼，还带来店家免费赠送的两个菜，字条上写着："辛苦了，送一份肉一份菜，新年快乐！"……那些人，那些事，都在灯光里闪亮、灿烂。其实，他们比灯光还亮，他们发出的光是永远不会消失的，在人们心里永远熠熠闪光。

又多么希望那些灯光早点熄灭啊！他们太辛苦了，让疫情赶快过去，我们，我们的国家，一定会渡过这难关。中华民族历经磨难，但百折不挠，一定会再次面向世界，面向未来，春暖花开！

灯光熄灭，却在孩子们心里亮起另外一盏盏灯。那是中国灯，是中华民族的理想之灯、信仰之灯，那是平安、祥和、健康之灯，那是人与动物、与自然和谐相处之灯，那是人类命运共同体之灯。只有在磨难后的深刻反思中，灯才会更明亮更长久。只有孩子们心里早早亮起这盏灯，中华民族的灯才会千秋照耀！

呵，那通宵不灭的灯光啊！

好文章在孤灯下

我常有对灯光的遐想，是对不灭灯光的遐想。

曾读到过昆曲《班昭》的一段唱词："最难耐的是寂寞，最难抛的是荣华。从来学问欺富贵，好文章在孤灯下。"这是读书人、学问家的情怀、品格与精神境界的写照，更是他们精神追求的象征。"最难耐的是寂寞"，表达的正是"昨夜西风凋碧树，独上高楼，望尽天涯路"的慎独精神和集大成者的第一重境界。当下，社会太浮躁，让自己静下心来，审视人生，深思学术，是对浮躁的抵抗，在寂寞中，在思考中享受，虽"最难耐"，却"最迫切""最重要"。"最难抛的是荣华"，那是抛不开金钱的诱惑，财富的炫耀，表面的风光，抛开它，是因为"从来学问欺富贵"。不过很难。在金钱、财富、荣华与学问中我们作何选择，是对读书人、对教师也是对所有知识分子的考验与挑战。假若，我们耐住了寂寞，又抛开了荣华，坚持了学问、学术，守住了初心，那么就会苦心孤诣，"好文章在孤灯下"了。那灯光，也许亮到清晨，却是那么纯真耀眼，因为它没有任何杂质。"孤灯"发出的是崇高、神圣之光，映射的是初心。

曾读到过吴健雄的故事，这位物理学家，帮助杨振宁、李政道获得了诺贝尔物理奖，功不可没。之所以作出贡献，那是因为她有"好文章在孤灯下"的认知与品格。她曾经对世界一流大学下过一个描述性的定义：世界一流大学，是深夜站在校园、教室、实验室、阅览室、图书馆、会议室、宿舍……所有的窗户里都亮着灯光，通宵不灭，这就是世界一流大学。那些灯光下，是一本本经典，是一项项计划，是一个个实验，是一场场头脑风暴……"宝剑锋从磨砺出，梅花香自苦寒来。"其实，"孤灯"虽苦却不孤。之所以作出贡献，是因为，她牢牢记住乡愁和乡情，大洋的彼岸是她的祖国，而祖国永远亮着一盏灯，在等着她。有人给她写下了这样的墓志铭："优秀的世界公民，和一个永远的中国人。"故乡的灯，祖国的灯，亮在她心里，才会照耀她科学研究的前程。

曾读到过教育家匡亚明的故事。从吉林大学来到南京大学当校长，满肩的责任，一身的正气，一心为学校。一天深夜，他来到教工宿舍区，抬头望，宿舍楼的三、四层已熄灯，而其他各层，窗户里还亮着灯。他知道，熄灯的房间里住的是学校行政干部，他们住的是最好的楼层，其他亮着灯的楼层，住的是教授、教师，他们正在备课，还在研究，正在工作。没过几天，也是深夜，他让学校行政干部到教工宿舍区去看一看，他毫不含糊地说，把最好的楼层让给教授们住。从此，三、四层的窗户里亮起了灯光，而且通宵不灭……那不灭的灯光里分明写着：教师第一，教授治校。

不灭灯光的故事是说不完的，因为"好文章在孤灯下"。

对不灭灯光的遐想是美好的，因为孤灯下的好文章里，闪耀着理想的光芒。

三个三千万元的故事：超越世俗的美好生活

　　教师要追求美好生活。教师的生活应当是美好的。

　　教师对美好生活的追求，有个问题是绕不过的，那就是教师既要生活在世俗中，离不开物质条件，生活的烟火味让教师接地气，更有日常生活的情趣；但是，教师的生活又要超越世俗，不能为物质、金钱所诱惑、束缚，要有精神价值和人生境界的追求。

　　陶行知说得好：我们既需要面包，更需要水仙花。英国作家毛姆在小说《月亮与六便士》中说得好：如果只是低着头在地上寻找六便士，就没有时间仰望天上的月亮。一位大学教授说得好：给人送礼物可以是一篮青菜，也可以是一束鲜花，青菜便宜实惠，鲜花惠而不实，但仍然选择送鲜花，因为鲜花意味着审美的情致和精神交流的方式。

　　何止是名人呢？又何止是大学教授呢？2017 年我遇到中小学的三位教师，有三个关于三千万元的故事。

　　第一位是福建省高中后备校长培训班上的一位女教师。在这次培训时，我开玩笑地说：如果家中有三千万元，今天就不要坐在这里培训，也不要做什么教师、校长了。但在沙龙环节，这位女教师对我说：我就是您刚才说的那种类型。但是，我还是要做教师，要做中国好教师；我也愿意做个校长，教书育人，实现我的教育理想。台下响起一片掌声。我呢？当然有点尴尬，不过，更多的是钦佩、崇敬，为一位女教师，为一位未来的好校长。

　　第二位是厦门一所小学的校长。有人告诉我，他家里最不缺的是钱，三千万元肯定是没问题。我向他求证，他说，是的，因为家里有人做生意。我问他，那你为什么还要做校长，这么忙，这么累？他笑笑说：我喜欢啊，我喜欢教育，喜欢做教师。他边走边说：我有信念，有信仰，一旦失去信念、信仰，人就会不打而倒，相反，人就会无坚不摧。当时的我们是往楼下走，但那一刹那我觉得他是在往上走，往高处走。

第三位是江苏张家港的一位小学校长。家庭经济宽裕，论条件完全能过上优渥的生活，但她仍坚守在校长岗位上，整天忙忙碌碌，读书、上课、听课、写论文。问她为什么这样做？她平静地说：不为什么，为生活的意义，为人生的价值。我真的爱孩子，爱我们的老师。

相信，这样的教师，这样的校长，还有不少，可以说还有许多，他们是可贵的，是可爱的，应当向他们致敬。长期以来，我们总是看到教师面临着职业倦怠，也听说有的教师为了金钱而辞职，于是我们不断向他们提要求。这是事实，要求是应该的，是正确的，因为他们是教师，担当着教书育人的天职。不过，与此同时，我们是不是也应该发现他们的闪光品质、高尚情怀和崇高追求？发现中小学教师中的先进者、优秀者？

事实是，有许多教师正在用自己的行动，在破解一个世间最难的问题：人是谁？人是一个什么样的存在？他们用自己的心灵，在演绎中国好教师的生命精彩：既在世俗之中，又超越世俗；在低头之时，又不断仰望星空；既需要面包，更需要水仙花。这样的生活肯定是美好的。

中国教师是伟大的。

师说新语，也许这是最要说的、最新的话语。

美学天空下的经典回响

经典是个故事，是个永远讲下去的故事，它越讲越新，因而它具有永恒性。

经典需要"讲"。"讲"其实是诠释，是一种激活。在语文教学中，阅读是一个"讲"的方式。"用阅读激活经典"，这一主题本身就有激活性，也具有故事性。

先讲讲巴黎圣母院的故事吧。

围绕巴黎圣母院有爱情三部曲，其中一部电影是《爱在日落黄昏时》。电影中有一个提问："你相信巴黎圣母院有一天会消失吗？"孰料，15 年后，这一提问竟一语成谶。当地时间 2019 年 4 月 15 日傍晚，巴黎圣母院大教堂发生火灾，熊熊大火在教堂两座钟楼间窜出，高耸的塔尖在大火中坍塌，所有木质框架都在燃烧。一场突如其来的大火，成了一个文明的噩耗。这句提问成了一个经典。

但人们相信，愿意依旧相信，巴黎圣母院永远不会消失，因为它不仅承载着宗教的意义，而且闪耀着美学的光芒。这是建筑史上的经典，是人类文明、文化精神的象征，是永恒的文化经典。

在很多年以前，一位作家来到巴黎圣母院参观，几个希腊字母组成的手刻词——"命运"出现在钟楼黑暗的角落，经过时间的侵蚀而发黑的字体，以及这词语本身所蕴藏的宿命、悲惨的寓意，瞬间打动了作家，于是作家用一本举世瞩目的小说，回馈了这个神秘的瞬间。这本小说便是《巴黎圣母院》，这位作家便是维克多·雨果。他用小说写出了巴黎圣母院的美与魅。至今，尤其是近来，人们又怀着异样的心情捧读小说。这部小说，当然是经典。经典是精神的高峰、思想的标杆、艺术的瑰宝。

《爱在日落黄昏时》中的男主角在巴黎圣母院前向女主角讲述了一个故事："我听过一个故事，说的是占领巴黎的德军撤出的时候，在圣母院里埋了很多炸药。他们得留一个人来按爆破的按钮。但是这个人，那个士兵，他却下不了手！他只是呆呆地坐着，惊叹圣母院的美妙。当盟军部队到达的时候，他们发现炸药还在那里，但按钮没人按过……"

说到这儿，我们已在眼前浮现一个情景：人们在塞纳河对岸，望着燃烧着的圣母院默默地流泪，虔诚地祷告，轻轻地唱起了"神曲"……经典，沁入心肺，塑造着灵魂。

大火可恶，但在另一种意义上，人们对经典的崇敬、憧憬、向往，被"激活"了——激活是有多种不确定的情境和方式的。至此，我们可以回答那个提问：经典，永恒，不会燃毁，不会消失，因为它在美学的天空下，永远回响。

值得注意的是，经典随着美学转向日常生活。经典回归了生活，经典改变了生活，生活激活了经典，经典让生活审美化，经典在生活中又一次回响。

有个经典的生活故事。喜欢读书的男孩喜欢上了坐在他前面的女孩。一番挣扎后他递了一张纸条："你好！我注意你好长时间了，我能不能和你做个朋友？"女孩子看了看纸条，开始收拾书本，收拾完了，站起来转身问他："我要走了，你要不要一起走？"接下来，男孩说了句也许是他一生中最经典的话："你先走吧，我还有几页书没看完。"故事的结局可以想象："然后就没有然后了。"这只能怪那个傻小子。男孩傻，但可爱、可贵，因为他多么爱读书、爱做学问，他的精神世界多么深厚，他多么真实，多么有责任心，多么体贴温柔。生活需要经典，相信生活中有经典，生活美学一定会激活经典，经典在生活美学的天空下闪闪发光。

美学具有道德性、崇高性，美学具有情感性、愉悦性，美学的方式是浸润的、体悟的、激活的。而儿童就是一部美学，让儿童用阅读去激活经典吧，用儿童美学去灿烂自己的美学天空吧。

语文教学需要一张"元素周期表"

2019 年，是个特殊的年份，因为这一年有许多值得纪念的大事。这些大事至今都影响着科技发展、经济建设和文明进程，其中有一件——化学元素周期表发现 150 年了。

我们简要回顾一下。150 年前，即 1869 年 2 月，化学"帝国"迎来了第一部"宪法"——元素周期表。它的出现使得零落、散乱的化学"帝国"变得清晰、简单、有序，且一目了然。为此，联合国将 2019 年定为"国际化学元素周期表年"。联合国对周期表的评价是："元素周期表是科学史上最卓著的发现之一，刻画出的不仅是化学的本质，也是物理学和生物学的本质。"评价是如此的中肯和深刻。

不仅如此，当时的这张元素周期表最令人津津乐道的是表上的三个"留白"。这三个位置只标了原子质量，而没有元素字母。换句话说是，发现者曾有个预言：按照周期规律，应该还有三种未被发现的新元素存在。后来这个预言实现了。当然，此前学术界对此也是有质疑的，但历史证明了发现者的"留白"是有依据的，而且是准确的。

这位发现者就是门捷列夫。那门捷列夫和他的发现，包括他发现中的预测，给了我们什么启发呢？那就是对规律的发现、把握，还有"留白"——预测。规律总是具有普遍意义的。门捷列夫与他的化学元素周期表，对语文教学改革同样也有着重要的启迪，不仅是价值观，还有方法论。

语文教学有规律吗？毋庸置疑，语文教学规律是客观存在的，关键是我们是否发现了、把握了。我们可以大胆想象：语文教学也应有一张"语文元素周期表"。对于这一想法，肯定会遭到一些质疑、批评甚至是抨击，甚或认为是

"荒唐"：语文这一人文学科怎能和自然科学相比较呢？怎能让语文教学的文化意蕴被一张"表"所概括呢？怎能让语文教学被技术化、工具化呢？不能说这些质疑没有道理，但我们想说的是，语文教学规律也应当结构化、条理化、有序化、层级化，在"模模糊糊一大片"中也应清晰起来，让有关规律的"元素"各居其位。当然，这里我所说的"表"绝不是化学元素周期表的那种"表"，而是规律地、完整地、有序地呈现。也许有人说，这样的"表"有啊，《语文课程标准》不就是吗？这么说有一定的道理，但恐怕还不完全是一回事吧。

元素周期表的"留白"对语文教学同样有启发，而且启发更大。语文教学的规律具有生成性、发展性，正如化学元素周期表时至今日虽已经排到了118号，但科学家们仍在为门捷列夫的伟大发现开疆拓土。语文教学更应该充满想象力，并在想象力的驱动之下去发现。也许到不了"周期表"的尽头，但我们一定会逐步靠近它。语文教学，需要"留白"！"留白"，就是为了新的发现。

语文教学规律的探索者、发现者"门捷列夫"，你在哪里？

自由地掀开第一页

如果要在图书馆、阅览室写下一条"第一原则"，我将毫不犹豫地写：自由阅读。

阅读从来都是阅读者个体的事，无需代替也无法代替。事实上，"代替性"阅读还真的是存在的，甚至是比较普遍的。比如，制定一条又一条规定，规定一本又一本书目，布置一项又一项作业……几乎是一种"投食模式"的阅读。我绝没有否定阅读的指导和要求的意思，但坚决反对把阅读当作"投食""喂食"。就是在这样的模式中，学生的主体性消逝了，学生阅读时的自由心灵被束缚了，从实质上说，这样的阅读绝不是真正的阅读。

比如，我到学校参观、考察，总会去图书馆、阅览室，而图书馆、阅览室的设施设备越来越现代化，也越来越适合儿童阅读的需要。但是，能在图书馆、阅览室看到自由进进出出的学生吗？很少很少看到，看到的只是一个班的学生，"规规矩矩""整整齐齐"地坐在那里，安静还真安静，但真说不上有真正阅读的氛围，相信那些阅读者也不会有什么快乐的体验和享受。究其原因，自由阅读的最高原则已从这里淡出，而且正在"死去"。

比如，正在普遍推进中的阅读课。课堂教学的核心是学生学会学习，无疑，阅读课的教学也一定是学生学会阅读。遗憾的是，学生还只是跟在老师的背后亦步亦趋，以至是"爬行"。这种"爬行式"阅读，学生无选择可言，也无发表自己独特见解的机会，发出的是一种声音，一种姿态，也肯定是同一种心情：不爽，不快乐、不自由。因此，阅读的这"第一原则"，是指向教学核心的，指向教学境界的。

以上这些例举，全然没有贬低、否认当下阅读的进展和进步之意，有的只是对当下的阅读状况、状态的不满和担忧。

这样的状况应当改变。要改变，首先是要反思，即我们应再一次去真正认识与发现，书籍究竟为何物，阅读又真正何为。博尔赫斯说得好："人类发明的种种工具中，唯书本为大。"诗人布罗茨基也这么说："书籍就是人类发展的过程，它基本上类似于车轮的发明。一本书就是生存空间的一种运输方式，以翻页的速度前进。"他们都将书籍视作工具，而阅读是一种使用工具的方式。工具的使用，各人有各人的方式，在使用工具的过程中，释放灵性，产生一些关联，引发一些想象，从这页翻到另外一页，很可能是从一个世界"翻"到另外一个世界。显然，阅读时，心灵自由、想象自由这一阅读的"第一原则"淡出了，还有什么工具价值的体现和超越？使用工具时绝不能把自己也变成了"工具"。

苏霍姆林斯基说，读书，对于阅读者来说，他们对世界的认识，只不过刚刚掀开这本书的第一页而已。世界，偌大的世界，阅读书籍好比阅读世界，在偌大的世界里去认识、去发现、去想象、去创造，尽管这是世界之书的"第一页"，但是，要知道，掀开"第一页"需要勇气，也需要智慧，而勇气、智慧都与自由联系在一起。自由地掀开"第一页"，然后又自由地掀开"第二页""第三页"……每掀开一页都有自由带来心灵的解放。反之，可以想见，强迫他们去掀开"第一页"，不是不可以，但那"第一页"只是从他的眼前艰难地过去，而不是从他的心里漫过，"第二页""第三页"也许沉重得再也翻不开了。

一位美国老太太曾这么定义阅读：读书好比是白日做梦。做梦，多么自由；白日，又是那么现实。读书正是在现实中展开了自由的心灵。还是让自由成为阅读的"第一原则"吧，勇敢地写在图书馆、阅览室里吧！

对意义的发问

课程改革在深化，语文教学改革在深化，这是改革的必然趋势。问题是向哪儿深化，怎么深化。答案当然是非常明确的，那就是将立德树人的根本任务落实在课改中，落实在教学改革中。问题还在于，落实的途径与方式是多种的，可以有不同的视角，可以有不同的突破口，也可以寻找新的生长点，为此，我们要寻找。

侍作兵等几位老师，为语文教学改革的深化寻找到一个重要的切入口——文本意义发现的维度，并以"基于尊重的理解实践"为核心主题作了深度的探析，表现出小学语文教师很高的理论与实践相结合、相统一的水平，为课程改革、语文教学改革提供了一个相当有普遍意义的样本。

关于意义的讨论，符号学家们曾经提出这么一个命题：人们不可能对意义发问。为什么？因为有人以为，"人生活在意义的世界里。对人而言，意义问题不成其为问题，意义明摆在那里，显而易见，自然而然我们就'懂了'。"真的"自然而然我们就'懂了'"吗？答案当然是否定的，因为意义需要发现。今天，侍作兵以他们的理论的勇气、实践的智慧，还有深厚的情怀，向文本意义发问了。这是一种品质，是一种理性精神，理当提倡、充分肯定，并要高度赞扬。

他们的研究至少给我们三个方面的重要启示。其一，为什么要对意义发问？侍作兵团队告诉我们，意义是需要解读的，这是对文本意义的理解。从解释学来看，这样的理解，帮助我们将教学的重点从"知识掌握"向"精神理解"转化，意义发现的过程正是精神发育的过程，让学生的精神丰满起来，灵魂得到塑造。不仅语文，所有教学都应如此。这叫学科育人。其二，向意义发问的核心要义。一是要以尊重为前提。对文本的尊重，其实是对国家课程的尊重，对教材的尊重，尤其是尊重统编教材的主导性与完整性。二是要以理解为核心。这样的理解，"知识不再是学习者的'身外之物'，……而是使个体的精神世界得以打开、敞亮、提升"，"没有理解就没有真正的实践"。三是要以实践为目的。"实践是理解的目的，也是理解的验证，更是理解的动力。"其三，对意义发问的方式。理解应是多视角的融合，既不唯"原义"，又要有读者的视角，从客观到主观，从一元到多元，而且十分重视个性表达，发展学生的批判性思维能力，培养创新精神。

　　"基于尊重的理解实践"，何止是语文教学呢？其他学科教学不应都有这样的追求吗？这就是研究的普遍意义，我们同样要发问、发现。

一切好似蟋蟀吟

　　一直想就语文教师的语文素养写点文字，以表达自己内心的一些想法，但总不知从何说起，说些不痛不痒的话，一点意思都没有，还不如不说。

　　最近有三件事触动了我，让我对语文教师的语文素养有了一点感觉。

　　第一件事，关于反问句的故事。一位语文特级教师的远房侄女上小学六年级，小女孩进外公的书房，总是不打招呼，出来时，又不把门带上，外公有些不高兴，就批评了她。可是，小女孩对外公说："我不关门有什么错吗？不是想让你透透气吗？"这语气听着有点强硬，让人不太舒服。这位教师就把小女孩拉到一边，说："你知道回答外公的两句话叫什么句吗？""反问句呀。""那你能不能试着把反问句改成陈述句？""能啊。就是，不关门我没有什么错；让外公透透气是好事啊！"这位教师说："说得好。你再想想，在不同语境下，对不同的人要用不同的句式，对外公的提醒，如果把反问句改成陈述句，效果是不是更好？"小女孩点点头，懂了。教师说，语文育人就在生活中，就在日常说话中。不过，是不是每个语文教师都有这样的意识和敏感？是不是每个语文教师都有这样的能力和智慧？很难讲。语文素养考验着教师的智慧。

　　第二件事，是关于诗人流沙河和余光中的作诗应答。1981年，诗人流沙河在诗刊《星星》上推介了一些诗人，其中包括余光中。1982年夏，余光中致信流沙河，还说起四川的蟋蟀，四年后，他在《蟋蟀吟》中写下了这样诗句："就是童年逃逸的那只吗？一去四十年又回头来叫我？"流沙河感慨之余，写了《就是那一只蟋蟀》作答："就是那一只蟋蟀，钢翅响拍着金风，一跳跳过了海峡，从台北上空悄悄降落，落在你的院子里，夜夜唱歌。"读到这里，大家都会怦然心动，语言多有魅力！不过，语言文字是人创造的，是人使用的，语言文字里沾满了情感，洋溢着意蕴。那种人与人之间的默契，那种乡思，那种家国情怀，都悄然隐含在其中，那只蟋蟀也悄悄地落在我们的心灵里，天天歌唱。语文素养离不开对语言文字的理解与运用，但是要用心用情。我想，对语文的亲近，对母语的"狂欢"，表情达意，应是语文教师不可或缺的语文素养。

第三件事，"把心放在育人上"的研讨会。江苏南京师大附中最近举办了高中发展研讨会，主题定为"把心放在育人上"。这种诗意的表达，透出一个宏大、深沉的主题：将立德树人的根本任务落实在教育教学的全过程，并从学校实际出发，探索育人的途径与方式。学校教育的一切一切，都是在探索、建构育人模式，而育人的关键是教师的心，只有把心全都放在育人上，育人模式才有了核心，才有了保证，也才有了可能。

语文教师的语文素养，并不深奥，也并不玄虚，一切都在自己的心里，一切都在语文教学之中，一切好似蟋蟀吟。

读者之用心何必不然

何为卷首？不言而喻，卷首，乃一卷之首，是"卷"的眼睛，抑或说是"卷"的主旨，当然也可以理解为"卷"之魂。

我还想说的是，卷首，往往是"有感而发"。正因为"有感而发"，常常把心里流淌的化为笔尖下流淌的，真实，敏捷，可能击中某一个重要命题，也很可能掀起一阵小波澜——当然，这不是我所追求的，却是我兴之所至，往往"心血来潮"想试试的。

一天上午读报，我又"心血来潮"了。这是《光明日报》"文学遗产"版刘运好教授的一篇文章——《鲲鹏意象的"误读"》。作者既指出了长期以来对鲲鹏意象存在"误读"的地方，明确指出"误读"之处，又从文本接受的角度，肯定了"误读"往往是一种内涵的转换，这是一种积极接受的过程，可以创造出全新的审美意象。这种文学理论的观点，我们完全可以迁移到教学中来，尤其是语文教学。

刘运好教授认为——作为一种文学意象，"鲲鹏"出现频率之高，是其他文学意象难以相比的。无论从文学角度，还是从文化角度，鲲鹏都是自由翱翔于天地之间的象征，成为特别具有民族特色的文化符号，自信、自豪、大气、磅礴。不过，值得注意的是，鲲鹏诞生之时，并没有这种诗意的内涵，这是人赋予的，是在《逍遥游》中萌生的。《逍遥游》中的鲲鹏并不能真正地自由翱翔，假若忽略了"风斯在下"对大翼的托起，便是误读。"正读"是什么呢？是"狂风"的力量。这种外部的条件，让鲲鹏翱翔于九万里高空，被庄子称为"有所待"。大千世界，天地之间，都是因为"有所待"，才能达到"逍遥"的自由境界。

但是，"正读"到这儿还不够，我们需要追问的是：鲲鹏是如何由"有所待"转化为自由翱翔的象征的呢？许多文学家、学者对这一问题作出了不同的解答，而解答的实质是对文本的接受以及接受时的转换。"作者之用心未必然，读者之用心何必不然"，这是中国文本的一个独特之处。"后代的大鹏意象，就庄子《逍遥游》的本意来说，是'误读'；就文学创作来说，则是审美创造"，这与西方流行的文本"互文性"理论是相通的。

以上文字想说明什么呢？想说的是，在学生学习时，教师应当允许并鼓励他们"用心何必不然"。这种"何必不然"，可以是一种"误读"。而这种"误读"恰恰是一种内涵的转换，是一种审美创造。"作者之用心未必然"，教师没有必要拘泥于作者的本意，相反，应当提倡并追求一种积极的接受过程，应当倡导"读者之用心何必不然"。若此，创造性思维、深度学习就在其中了。

"怪作家"与"怪教师"

最近在看一本书，书名叫《怪作家》——名字还真有点儿怪。作者约翰逊对著名作家的爱好有持续探究的兴趣，阅读了大量的资料，完成了这本十分有趣的书。

《怪作家》开篇就说："作家们是一帮很古怪的家伙。"某些作家的癖好实在让人好奇。书中有这样几个例子：

有位作家喜欢在户外写作，将树林当作书房，常常倚着树干，膝盖上放一个便笺簿，35 岁，就这样在德国的黑森林地区过了几个月，在这个开阔的、发出飒飒叶子声的地方，写就了第七部长篇小说《亚伦的手杖》。不只是在德国，他还在英格兰一个礼拜堂旁的农舍里，坐在一棵苹果树下的椅子上写作；在意大利加尔加诺的柠檬树林边，在墨西哥的湖边柳树下，在一株巨大的五针松下写作……树林是他的书房，树是他倾诉与依靠的对象。他，就是著名的作家劳伦斯。

另一位作家特别喜欢饮品，咖啡是他写作永恒的伴侣，是他写作时的对话者。他通常晚上十点上床，凌晨两点在闹铃声中醒来，星光闪烁，别人还在熟睡，他却文思泉涌，笔下流淌出泉水般的文字。如果咖啡浓度不够，他还要加上其他成分；有时应急，甚至直接嚼咖啡豆。他，就是写成皇皇巨著《人间喜剧》的巴尔扎克。

作家们还有其他的"怪癖"：大仲马用三种颜色的纸来写作——诗流淌在黄色的纸上，小说驰骋在蓝色的纸上，其他类型的文章则在粉红色的纸上展开；席勒在书桌的抽屉里放满烂苹果，闻着这刺鼻的气味，他的写作激情迸发，烂苹果成了他的依靠，而他写成的《审美教育书简》却散发着特有的芬芳；

还有个"怪家伙"——爱伦·坡，写作时常将一只猫放在肩头维持平衡……

真的，他们是一群"怪作家"。他们的"怪"，是他们的独特性，独特的写作方式，独特的写作习惯，在独特的情境里唤醒自己的灵魂，激活自己的灵感，形成了自己独特的写作风格，而风格是一种习惯，映射的是一种修养。换个角度看，这些"怪癖"都有浓浓的"人间烟火味"。拥有这些"怪癖"的作家们以他们独特的方式贴近生活，从生活中获取启发，生活是他们的导师。

而我们教师呢？我们的语文教师呢？允许不允许一些语文教师也有自己的癖好？我以为应该允许，对一些无伤大雅的"怪癖"还应该保护，甚至可以提倡。道理比较简单。其一，语文教师也是创作者，他要对语文教材进行创造性的开发，整合各种教学素材，转换成自己的教学资源，进而转换为学生的素养。实质上，语文教师也是小说家，是诗人，是作家，他也是在创作一个个故事、一首首诗歌、一篇篇散文。他们应该去大胆地写作，勇敢地创作。其二，语文教师进行的是创造性教学，应该给他们一个足够大的个性发展空间，让他们自由地想象，以自己喜欢的方式去备课、上课，追求并形成自己鲜明的教学风格。其三，语文教师应在实践与研究中走向最高境界——随心所欲但不逾矩，实现有规则的自由。有个性的教学更有利于学生个性的健康发展。

不过，小学语文教师毕竟是小学教师，面对的是一群正在接受启蒙的少年儿童。儿童们需要有学习的榜样。"身正为范，学高为师"，这就需要教师把握好分寸，别让"怪癖"对学生产生负面影响。原则上说，凡是有利于将立德树人的根本任务落实到语文教学中的，任何方式都可以探索尝试。此外，"怪癖"是自然天成的，不必刻意追求，更不能为独特而独特，为癖好而癖好。

砌墙脚与盖房子

挺喜欢黄永玉先生的，他挺有意思、挺好玩的，尤其是喜欢他的文章，挺有味道的，挺有嚼头的。

黄永玉和爷爷特别好，相处得特别融洽，后来他成了爷爷的"忘年交"。正是爷爷教会他读书，教会他做人。从根子上说，黄永玉的人生底色是爷爷给他打上的。

关于读书，爷爷给他的教育与学校是不一样的。爷爷有这么一段话："学堂里那些书读下去是有用的，像砌墙角，但砌墙角不等于盖房子，盖房子要靠以后不停地读课外书。"爷爷还批评有些读书人："有些读书人蠢，一辈子都在砌墙角。"

爷爷的比喻实在妙：准确、形象、生动，话语相当朴实，喻义相当深刻。他道出了学校里读书与课外读书的同与异：学校里读书好比砌墙角，而课外读书好比盖房子。无需说明，学校里读书是有用的，砌墙角是重要的，因为这是打基础，但是砌墙角不是目的，盖房子才是目的；只读课堂里的书，不读课外的书，房子永远盖不起来；不在基础上发展，基础只是基础，止于基础的基础，缺失发展性、开拓性。这是黄永玉爷爷的"新基础论"。"新基础论"的核心在于盖房子。长期以来，我们更多地关注砌墙角，而不关注或很少关注盖房子，视野狭隘了，缺少更长远的谋划。从"砌墙角论"到"盖房子论"是我们的一大进步。

可见，读课外书多么重要！否则，我们蠢，我们落后。我们自己对自己应该有个提问：我们一直在砌墙角吗？我们一辈子都在砌墙角吗？事实正是如此。当下的阅读指导，已从课内的阅读拓展到课外阅读，开始引导孩子们去学会盖房子了，但是，至少存在两个问题：一是课外阅读的时间过少，大量的时间被学校的作业挤满了，怎么给孩子们更大的空间呢？二是对课外阅读的书目规定得过死。黄永玉的爷爷还对他说："多懂些稀奇古怪的知识还是占便宜的，起码快活。"快活、快乐是自由的表情，是创造的保姆，自由是阅读的最高境界。我们该怎么给孩子更多的自由呢？也许正是这两个问题，孩子们盖房子的本事一直没学好，盖房子的本领——关键能力没有培养起来、发展起来。瞄准盖房子，才能知道怎么砌墙角。

黄永玉的奶奶也是个明白人，她很爱读书，鼓励儿孙精进学业。她曾经说："我家不买田，买田造孽！一块砚田足够了。"好一个"一块砚田足够了"！砚田，小小的像砚一样大的一方田；砚田，砚台、砚池就是田，是一方巨大的田。砚田，是读书之地、写作之所，是阅读、表达的广阔田野。

我们给孩子一块砚田吧，不，让孩子们自己去寻找、创造属于自己的砚田吧。我们可以想见，在那大地上，在砌墙脚的基础上，将盖起一座座房子，以至高楼大厦！

一位美术教师关于数学的故事

一个小学生在考试后，悄悄地跟在老师身后，又急切地走进办公室，为的是让老师为他的临摹画加上五分。他这么说："老师，你这次能不能开开恩，送我五分，下次还你，行不行？"老师问他理由，"你表扬过我的，说过我画画蛮好的。你表扬过两次，一次画素描头像，你说我暗部画得蛮透气，没有闷掉。还有一次画水彩，你说我天空染得蛮透明，没有弄脏。"回答中有着甜甜的回忆，蛮自信的。"可是这次你只能得 65 分呀，再说这是考试，老师应该公正，是不是？""可是我这次已向我爸爸说过我美术考得不错的，否则老爸说我吹牛，又要打我的……"透着辛酸，蛮让人同情的。结果是老师让他再画一幅。半小时后，老师用朱笔在他的画上写了一个"70"，很醒目。出门时，这位学生向老师鞠躬，又轻轻问一句："老师你不会告诉其他同学的，对吗？"老师含笑。

故事还没完。多年以后，已年老的美术教师正在月台上等车，一旁座椅上一个男子向老师微笑行注目礼，而后站起来说："您是不是教我们美术课的老师？"他又说："我就是那个向你讨分数的学生呀！"于是，20 多年前的那一幕，在他们的回忆中又演绎了一遍，而且细节更完整。当老师问他现在公司里上班，向老板要求加薪吗，学生的回答是："公司人不多，我当家。"故事的结局是："老师，你还记不记得，那次在你办公室你对我说的一句话，你说，像你这么聪明，想得出讨分数的人，怎么可以数学不及格？"老师静静站立在那儿：我说过吗？记不清了。可是这位老板却一直记着，并为此改变了自己……

这是一个美术老师关于数学的故事，蛮感人的，是吗？故事似曾相识，比如向老师借分数，比如老师向学生"送"分数，学生作出了"还"的承诺。

这也是结局美好的故事，故事的主题是，一个小小的举动影响了学生一辈子，甚至改变了整个人生。这样的故事、这样的结局，如《青花瓷》的歌词是"晕"开的，似乎应了歌词中的另一句："而我在等你。"

　　似乎对这故事无需多解读，有时候，不解读反而留下想象的空间，正如格雷马斯在《论意义》一书中所说的："论意义唯一合适的方式就是建构一种不表达任何意义的语言：只有这样我们才能拥有一段客观化距离，可以用不带意义的话语来谈论有意义的话语。"不过我还是忍不住要作一点解读，那就是：学生是一种不确定性，正是这种不确定性，给了他们最伟大之处——可能性。可能性让学生的未来充满各种可能。而我们的教师呢？如果仅仅把目光盯着他们的现实性，从中看到的只是不足、缺点、毛病，似乎无药可救，那么，那变幻不定、多姿多彩的未来就被抹煞掉了。如果真是这样，教育是失败的、可悲的，而教师则可能是愚蠢的，至少是不聪明的、有误的。欣喜的是，这位美术教师教会了学生数学，用美术垫起了学生的数学，继而垫起了企业家的未来。从中，我们又领悟到什么呢？

撒下美的叶子与花朵

陈平老师，我认识他是从他的文章开始的，他的文章让我好不感动。他的思考及提供的案例有内在的逻辑性，是对美术教育"体系化"的认识；这是关于美术教育的，但它又是超越美术教育的，是关于艺术的、文化的，甚至是对整个教育的思考。看了他的文章，我似乎看到一位在美术教育之路上行走的教师，他年轻，充满活力，沿途撒下了美的叶片与花朵，也不断播撒着美的种子和关于美的思想，一批青春少年正跟随他前进。以后我们见过几次面，也听他谈对学校教学的一些看法。我感到，陈平是一个有思想深度的、视野开阔的、创造性强的美术教师。我很敬佩他。

首先，我想说的是，什么是美术教师的专业成长。陈平老师是美术教师，但他之所以能成功，是因为他把自己置于一个更宽厚的背景之中，他寻找到了并把握住了美术教师专业发展的核心，真正建构了专业自信。他理解课程和教学的实质。正如联合国教科文组织教育规划研究所所长阿奈·卡尔森所说："教育的核心即学习。"当教育教学过程真正成为学生的学习过程的时候，当课堂真正成为学生的学习场所的时候，教育才是真正的教育，教学也才会回归其本义与真义。基于这种认识，陈平注重培养学生的自主学习能力、探究能力和实践能力，让学生自由选择课题，自己确定研究方式，自己创办刊物，自己办论坛。其实，美术原本是实践性很强的学科，但长期以来，美术教育"坐而论道"，即使学生绘画、制作，也是让老师牵着鼻子走路，此时，"学习"已被异化了。而陈平的美术教育进行了根本性的变革。

陈平理解课改的理念和要求。"一切为了学生的发展"在他的课堂里不只是一种理念，而是一种信念，甚至成为他的人格特征。在呈现的案例里，活跃着的是一个个学生，是一个个富有思想和见解的学生，生动可爱，由此让我们可敬。比如，对话。在陈平的课堂里，对话是实实在在的平台。平台的一侧叫民主，另一侧叫自由，平台是由教师的尊重和信任所支撑的。对话就在平台上展开，是自由的表达，是深刻的追问，是思想的碰撞，是智慧的飞扬。此时，每个学生成为一个个青春的偶像，洋溢着生命的活力，"女神"已在他们心中。陈平有这样的理念，也有这样的教学艺术，于是，对话像意义的溪水在流动。

其次，我想说的是，陈平对美术教育、审美教育有一个较为深刻的把握。比如，案例和论述中非常鲜明地透出了他的哲思。艺术邻近于哲学，哲学是让人爱智慧的，是解放人的。所以，美是自由的形式，艺术应当让人有解放的感觉。陈平的美术教育似乎是一个自由创造的王国，学生的心灵在这里敞开，心智之门被一次次开启。学生找到了自尊的价值，自由的幸福。这说明审美教育在影响人、改变人。

车尔尼雪夫斯基在翻译黑格尔关于"美"的定义时说："一件东西必须出类拔萃，方称得上美，这是千真万确的。"车尔尼雪夫斯基所称"出类拔萃"往往是与"崇高"联系在一起的。审美教育要引导人们向往崇高，崇尚真理，追求光明。宗白华先生在《美学散步》中说："美是丰富的生命在和谐的形式中。美的人生是极强烈的情操在更强毅的善的意志统率之下。"陈平努力把美术教育置于这一高度，用美的形式去撞击学生青春的心扉，去追求"出类拔萃"。《和平鸽》设计得如此之好，从审美心理出发，"提高学生的道德情感从而达到美育的目的"。《教室里的苹果》教学整整用了七周时间来完成，用一只苹果的变化演绎生命的演进与意义。这哪里是在为一只苹果写生啊，分明是让学生透过绘画体验到生命、心灵、精神，当然还有艺术的价值，触及美育的本质。

美术老师、艺术老师，所有老师都应该是美的，因为他们为学生撒下美的叶子和花朵。

三岁之翁与百岁之童

中国有古语：三岁之翁，百岁之童。

我认定这是中国的童心说，是古老的，又是现代的，因为它诞生在历史的深处，又闪烁着时代的色彩；既是民间的，又是学术的，因为它在民间生活中鲜活，又在学术殿堂里闪光。

中国的这一童心说，主旨是童年可以超越年龄，可以"正向"超越，即百岁老人可能还是儿童；可以"逆向"超越，即三岁儿童也很有可能成为老人。这很像卢梭的童心说。卢梭说，让儿童慢慢长大，自然地长大，不想让他们成为早熟的果子，也不想培养出老态龙钟的博士。不过，我估猜，中国的这一童心说要比卢梭早得多，而且深刻得多。我们在论述儿童、童年的时候，往往想到的是西方的教育家，如蒙台梭利、杜威等，还有创造早期教育奇迹的瑞吉欧小镇。中华文化传统源远流长、博大精深，包括童心说，我们应该有自己的文化自信。

那么，三岁的儿童怎会成为百岁之翁的？百岁之翁又怎会成为三岁之童的？原因全在心理状态和精神状态，亦即我们常说的精、气、神。当你心里有个儿童的话，那么你会永远年轻，童年永远伴随你；反之，则可能永远像老年人，暮气沉沉。童心意味着生命的活力，象征着永不衰竭的创新精神。

陈鹤琴也这么论述过：让我们再过一次儿童生活，重温童年时代，再做回儿童。这么去认知，这么去认同，才可能心里永远住着一个儿童。可是，教师、家长、成年人，总是以"成熟"的教育者自居，而忘掉了自己仍然是个小孩。

当然不能忘掉斯霞，90多岁了，还是持守着她的童心母爱，童心改变了她，爱心不断塑造她。童心与童心相遇，爱心与爱心相伴，所以，斯霞是百岁之童。

李吉林呢，她说自己是个"长大的儿童"。虽然长大了，但还是儿童；虽然是儿童，但毕竟长大了。教师总是在长大与儿童之间来回走动，相互靠近、相互融合，在靠近、融合中融通，所以，她，他，你，还有我，都可以是百岁之童。

如果再学术一点，那就是老子所说的，我们应在精神状态中复归于婴孩。只有这样，中国的教育，才会有三岁之童、百岁之童，而永无三岁之翁，中国教育才会成为三岁之童。

一天，我突然发现国外也常说"三岁之翁，百岁之童"。看来，童心，是世界共同话语，是时代之心。

作为教师的儿童

我们对学生的生活了解吗？不能说不了解，但蒙台梭利却说："儿童来到这个世界，世界却不了解他、不接纳他。"因而，她写下了《童年的秘密》，至今都在影响着我们，成为经典。这本书语文教师应当好好读一读。

六一儿童节前，《光明日报》推出了一个专栏——"孩子们写的诗"。整整一个版面，可以说每首诗都写得好。其中有一首写得特别好，因为写的"真像孩子"。诗的题目是《哭着哭着就笑了》，诗是这样写的："我哭着哭着 / 就笑了 // 因为我想到 / 中午的饭菜 / 是香的 / 傍晚的点心 / 是甜的 / 天空的太阳 / 是明亮的 / 夜晚的月光 / 是皎洁的 // 每一个 / 不快乐的时刻 / 都不应该是我的。"

读了一遍又一遍，读着读着，我也笑了。因为眼前浮现出一个个孩子的泪眼和笑脸，好似天空的云彩，瞬间就发生了变化；因为也想起了自己小时候不也是这样吗？——这就是孩子，孩子就是孩子。儿童是很难定义的，甚至是无法定义的，如果要定义，只能是：儿童就是儿童。可是，我们常常不了解他们，于是不接纳他们，对孩子的哭着、笑着，已熟视无睹。其实，哭着、笑着，里面就隐藏着童年的秘密。

这首诗不只是在描述儿童生活中的一个常见的情景，而且表达了儿童的本性以及儿童的内心诉求：世界上的一切一切都是美好的，"每一个不快乐的时刻，都不应该是我的"。快乐、愉悦是儿童应有的表情，而脸上的表情是内心的确证。可是我们不了解他们，不能从他们的"哭着"中读出什么，也不能从他们的"笑着"中读出什么，更没有从"哭着""笑着"的转换中发现什么。童年的秘密是什么？你在哪里啊？我们茫然。

这首诗是在老师辅导下写成的，可见这位老师有一双慧眼，有一颗慧心，她发现了童年的秘密，而且尊重它、呵护它，且指导学生把它表达出来。这样的指导，还暗含着另一个教育的秘密：从儿童的视角了解儿童，用儿童的方式处理问题，但又站在儿童之外观察儿童、研究儿童。我无端地猜想，那句"每一个不快乐的时刻，都不应该是我的"，一定有着老师的点拨。这样的点拨，不应该反对，相反，应该鼓励、支持，因为，儿童需要引领，儿童的价值观应当提升。这就是蒙台梭利对教师的定义——作为教师的儿童。

课程的第一价值

古希腊哲学家亚里士多德曾提出"第一哲学"的概念。他认为，在许多具体的哲学中，一定有一门哲学为其他哲学提供"两个基本"，即基本概念、基本规律。这门哲学被称为"第一哲学"。第一哲学是其他哲学的前提，具有在先性。

所谓"第一"，是指价值排序中，处在首要位置的价值，即核心价值。"第一"的确定，是价值澄清、辨别、选择的过程，其本身就极富价值。不过，"第一"绝不是唯一，而且"第一"的选择常常有不同的切入角度。但无论什么样的选择，总是关涉核心价值的。

循着"第一"的观点与思路，我们自然会有这样的追问：课程改革有"第一"吗？若有，"第一"是什么？这是一个绕不开的问题。答案是肯定的，因为任何教学都是一个引导学生对价值进行认知与选择的过程，一如德国教育家赫尔巴特所言：不相信没有教学的教育，同样，也不相信没有教育的教学。忽略，甚至只是轻慢价值教育的教学都不是真正的教学。毋庸置疑，立德树人，应是课改、教改的"第一"价值，即核心价值、核心旨归。

立德树人，这一核心价值、核心旨归不是空洞的，它具体化为课程育人、学科育人，也具体化为活动育人、实践育人。当然，这其中要处理好一些关键问题。比如，知识传授与价值教育。育人离不开知识，但不能以知识遮蔽、驱赶价值，而要在知识教学中透射出价值，抑或说，在探究知识产生的过程中领悟价值，离开价值教育的知识教学肯定是偏离"第一"的。比如，价值渗透与价值开发。价值需要渗透，但价值就在课程、教学之中，需要将价值元素开发出来、呈现出来并让其活跃起来。重在价值开发的教学才彰显出深度。比如，价值澄清与价值引领。价值澄清是需要的，其价值就在于将价值一一呈现给学生，但教育的责任不能止于澄清，更重要的是进行价值引领。将价值澄清与价值引领结合起来，重在价值引领的教学才是真正体现"第一"的教学。总之，立德树人这一核心价值诉求，一定要内化于心、外化于教学行为，否则，"第一"会偏离，会淡化，甚至会丢失。

当然，课改、教改中对"第一"的讨论，从不同角度会有不同的选择。比如，从教学研究与儿童研究的角度看，儿童研究应为"第一"的选择，因为儿童研究可以为教学、教学研究提供基本概念和基本规律。"第一"不是唯一的，也不是封闭的，它一定要处在价值系统中，让"第一"与其他价值发生关联，产生意义。不过，"第一"的位置必须明晰、必须坚定。

让教学制度回来

让教学制度回来，让教学制度改革回来。这是我的期待，是教学改革的召唤。

让教学制度回来，这一呼唤本身就意味着教学改革原本就包含着教学制度改革，教学制度改革内含于教学改革中，没有教学制度改革就不是完整意义上的教学改革。因此，教学改革不能只改教学内容、教与学的方式、评价考试形式，还应改革制度。其实，评价考试改革的题中之意就有制度改革。不难理解，不进行教学制度改革，教学改革不仅是不完整的，而且是不成功的。

让教学制度回来，还意味着教学改革到深处必然要碰触制度，必然要改革制度。这也不难理解，制度往往是制约的瓶颈，在陈旧、落后的制度面前，改革的深化会成为一句空话，改革往往前功尽弃，这已为许多事实所证明。从国家层面看，中华民族伟大复兴必须要有制度自信；从宏观的教学层面看，不也同样如此吗？

何为制度？何为教学制度？江苏省南京市力学小学在重建教学制度的报告中说：教学制度首先是一套规则体系，是对学校教学生活的制度安排，对教与学行为的规范；教学制度不仅是一套规则体系，也是教学活动开展的指导系统，显现的不仅是工具价值，而且显现了精神和思想价值，具有价值理性；教学制度还是一套保障系统，为教学的实施、运行等提供保障的条件和支撑。显然，教学制度具有规范性、保障性、指导性、引领性。从本质上看，教学制度是一个价值系统，是我们把对教学的理解，把教与学理想状态的追求寓于教学制度之中，让教学制度回来，即让教学价值回来。

的确，教学制度表面上看起来，似一座铁面无私的机器，冷冰冰，刻板，不可通融，在制度面前一律平等。但是，在制度的内核，仍然有颗红热的心，燃烧着激情的火焰，闪烁着关怀的光芒。尤其是教学制度，它面对的是鲜活的人，是活泼的、正在成长的儿童。因此，我们应当毫不犹豫地将教学制度的最高目的和核心理念定位于：关怀、尊重、信任、鼓励、引导。我们把这些具有人性的关键词作一概括，那就是支持和解放，在支持和解放中，让教师和儿童都自由起来，内心充满快乐，怀着快乐的表情与自由的心灵去创造。这是制度的境界：师生的教学生活无比的美好。此时，与其说是对制度的尊重，不如说是对人性的尊重。我们应当把伦理道德作为教学制度改革的第一原则，让制度回来，就是让道德回来，让解放教师与儿童的理念回来。

制度回来是一个过程，在这个过程中，教师不应只是一个执行者，还应是一个参与者、建构者。儿童同样如此，儿童有权利也有能力参与到教学制度的建构中。参与建构的过程正是体验的过程，也是认识教学、认识社会、认识世界的过程。我们让制度回来，是让人回来。

思维突破，做换道超车者

挑战性思维不只是对学生的，教师也应迎接课改、教育中的各种挑战，在挑战中让思维产生飞跃，走向创新。学会改变，说到底是改变和突破自己的思维，让自己成为教育中的"飞行者"。

学习就是要学会思维——这是杜威对学习的解读。

着力培养学生的思维能力——这是日本对学生发展核心素养的规定。

思维、思维能力，又一次被提上了课程改革的重要议事日程，而且越来越被重视，学生的学习将会以思维发展为核心。

心理学上关于思维品质、思维方式的论述，我们应当持续关注。不过，与教学改革对接，尤其是与创新精神培养对接，我以为需要将挑战性思维的培养作为核心关切。

让我们翻开历史。

1903 年 12 月 17 日，美国莱特兄弟制造的第一架飞机"飞行者一号"在美国北卡罗来纳州试飞成功。从这一天起，人类正式进入航空时代。可是要知道，莱特兄弟并不是如励志书籍所说的那么勤奋、那么勇敢、那么拼搏，恰恰相反，他们其实被称为很偷懒的一对探索者，因为他们只用了不到五年时间，进行了几百次试飞就成功了。而之前在整个 19 世纪后半叶，为了研究、发明比空气重且自带动力的飞行器，多少人献出了毕生的时间、精力、金钱，甚至以生命为代价，都没有成功。比如德国航天先驱奥托·李林塔尔，一生中进行了 3000 多次飞行实验，还在最后一次飞行实验中因飞机坠落而摔断脊柱，为自己的理想献出生命。于是，有位科学泰斗断言：任何重于空气的机械都不可能飞起来，即使能够成功起飞，也无法解决着陆问题。

可是，莱特兄弟发明制造的飞机飞起来了，又成功着陆了，打破了科学泰斗的断言。为什么？是因为他们学历很高？不是，他们只是高中毕业生；是因为他们身份高贵？不是，他们曾经只是靠修自行车谋生；是因为他们勤奋？也不是，如前所说，他们被称为偷懒的探索者。那么，他们成功的秘诀究竟是什么？有人关注他们所研制的飞机是同时代所有设计中最不像鸟的，这是一个有趣的现象。结论是，他们改变了研究、探索的思路，走了另外一条路。

是的，思路的改变让他们成功。他们首先系统研究了空气动力学。在着手设计飞机前，他们认真研读了19世纪空气动力学之父乔治·凯利爵士的理论，在彻底弄懂之后，再基于这一理论着手设计飞机。这种基于理论的研究，超越了主观臆想，让他们一开始就超越了绝大多数同行。

理论当然重要，不过是因为人的思路改变才让他们去关注、研究关键性理论。用时尚的话来说，他们不是弯道超车，而是换道超车。这里隐含着一个问题：思维的突破。思维的突破，是突破原有的思维框架，突破原有的思维套路，改变原有的思维方式，建立新的思维范式。如库恩所言，范式的改变可以改变世界，一种新的思维范式可以诞生一个新世界，于是库恩曾将范式当作世界观来解释。

历史是面镜子。用这面镜子来观照当下的教学改革，尤其是观照学生的创新精神、实践能力的培养不难发现，我们仍然只重视知识、重视成绩、重视分数，甚至以分数和升学率评判学生和学校。只有知识，没有能力；只有解题能力，没有解决问题的能力；只重视解决问题的能力，思维能力被丢到一边；只重视一般性思维能力，挑战性思维能力被边缘化。我以为，挑战性思维能力涵盖了批判性思维，思维的挑战性可以激发创新性思维，因而不只是"1-n"的思维，而是"0-1"的思维，"0-1"让我们"飞"起来。

挑战性思维不只是对学生的，教师也应迎接课改、教育中的各种挑战，在挑战中让思维产生飞跃，走向创新。学会改变，说到底是改变和突破自己的思维，让自己成为教育中的"飞行者"。

基石与磁石

教育需要两块"石"：一块叫基石，一块叫磁石。

基石指的是道德；磁石指的是美，是审美，也指情感。

道德是基石。习近平总书记说：国无德不兴，人无德不立。中华文化传统的底色与本色是伦理道德，这一文化底色、本色，规定了教育首先是道德事业。联合国教科文组织最新的教育报告也明确指出，教育应当重申、坚持伦理原则，重申人文主义精神和方法。

审美、情感是磁石。磁石有磁性，充满着吸引力。丰富儿童审美性是教育的目标，也是手段；是教育的突破口，也是教育的境界；同时，审美是纽带，它贯穿在教育的始终，牵引着教育的展开。同样的，中华文化传统中有十分宝贵的情感理论，比如，李泽厚的"情本体"。李泽厚认为，所谓本体，是最后的实在，是根据，人最终要回到情感上去。"情本体"就是为了走出"工具本体""理想本体"，甚至走出"语言"——尽管语言是走不出的。

珀尔修斯，这位英雄，这位宙斯的儿子，充溢着无穷的人体之美。他曾提出"情绪沸腾"的命题。所谓"沸腾"，是情感的饱满、情绪的高涨、心理的激情和冲动。让情绪沸腾起来，让情感沸腾起来，在审美化的生活中沸腾起来，才会创造良好的教育、精彩的教育。

道德是美的基石，也是情感的基石。它让美站立起来，有方向感，有道德关怀，有积极向上的态度。假若，美、情感离开道德这块基石，便不会有审美化的生活，生活也就不会沸腾起来。

美是道德的象征，美导引着道德。美具有崇高感，让人有解放感，这种崇高感、解放感本身就凸显着道德意义。所以，美、情感之于教育、之于道德、之于儿童，是万万不可或缺的。这块磁石应该充盈着磁性，以美的方式、美的内涵、美的语言，吸引着情感的王子——儿童。

基石与磁石，相互吸引、相互丈量，而且你中有我、我中有你。这两块"石"遥相呼应、真诚对话，在碰撞与交融中，发出道德之光、审美之光，于是，我们的生活便沸腾起来。

基石与磁石，也喻指教师。教师既是道德的基石，又是审美化的磁石。这样的教师，一定是一座高山，一定会创造中国好教育。

欣欣以向荣

在新时代的曙光中，中华民族复兴的中国梦，将掀开新的一页。

教育改革进入了新时代。全面贯彻党的教育方针，落实立德树人根本任务，发展素质教育，推进教育公平，让每个孩子都能享有公平而有质量的教育，新的方向、新的目标闪耀着新的光彩，当然，这也是新时代的挑战。

基础教育课程改革也进入了新阶段。正确的价值观念、必备品格、关键能力、核心素养将学生发展进一步推到了课程改革的核心地位，教师将以新的姿态，写下教学改革的奋进之笔……也许，这正是陶渊明从怅然到欣欣然的重大转向，这叫作"归去来兮"。

一切，都欣欣然，而"欣欣以向荣"。

欣欣然，以向荣，当是欣欣以向上。向上、向荣首先表达的是我们的自信。中华民族文化传统中瑰丽的教育理论、教育思想、教育经验一直在滋养着我们、支撑着我们、引领着我们，学而时习之、温故而知新、学而不思则殆、因材施教、知行合一，等等。中华教育宝库中的珍宝，在当今的教育理论中，也不落后，仍然具有世界意义，闪烁时代色彩。课程改革、教育改革依凭这些理论、思想、经验将会走得更深，并在创造性转化中走得更远。显然，向上，有时需要向下；欣欣然，不能忘却树的根。从根开始，中国的课程改革、教育改革才显现中国品格和中国气派。我们有这份改革自信、文化自信。从这一角度看，欣欣然，也是课程改革、教学改革的表情，而表情正是内心的证据，欣欣然的内心必定充盈着足够的自信。

欣欣然向上，其间充溢着道德的召示。道德，是人类的最高目标，当然也是教育的最高目标；教育首先是道德事业，课程首先是道德课程，课堂首先是道德课堂，教师首先是道德教师……这些都不难理解，问题是，我们还没有在课程、教学中充分开发出道德意义，若此，那就不是真正的课程和教学。我们要在课程、教学的上空升起道德阳光，温暖孩子的心，于是欣欣然，课程、教学向善，必将向上、向荣。

欣欣然向上，又必定彰显美学精神，让课程、教学具有美学特征。美，审美，是一种境界，因为美具有崇高感，让人拥有解放的感觉。孩子们本身就是美，我们引导他们追求美，追求崇高，追求精神的高洁，追求理想的高远，在解放中获得自由，由自由导向美好的创造，臻于审美境界，这本身就是一种审美的过程。于是，课程改革当有审美追求，教学过程应当审美化，应当陶冶孩子们的审美情趣与审美品格，培植起中华民族的美学精神。于是，课程、教学欣欣然，向美，必定向上，也必定向荣。

欣欣以向荣，说到底是人的价值得以开发、升华的状态。课程、教学都要聚焦于人，关注人，发展人。显然，课程开发，绝不仅仅是一种技术，其结果也绝不仅仅是课程形态，而是让教师与学生都参与到课程的开发、建构、创生中去。同样，教学的展开，绝不仅仅是知识的传授、能力的增强，而是在教学过程中发现了人，让儿童、教师都站立在教学的正中央。试想，没有人的欣欣然，哪有课程、教学的欣欣然，又怎能欣欣以向荣？欣欣然，儿童也，教师也。

陶渊明慨叹归去来兮，"舟遥遥以轻飏，风飘飘而吹衣。问征夫以前路，恨晨光之熹微"。这样，"木欣欣以向荣，泉涓涓而始流"。新时代的到来，基础教育课程改革欣欣以向荣，这是肯定的。我们是乐观的。

让思维的收获犹如颗粒饱满的麦穗

　　课程是支撑整个基础教育质量大厦的顶梁柱，是立德树人的基础性工程。课程标准是这一基础性工程中的重大工程，是基础教育质量的具体规定。深化基础教育课程改革，必须深入研读并认真实施课程标准。

　　最近，我又一次研读普通高中课程标准，有一个发现：几乎所有学科概括、提炼的学科核心素养，都有一个重要方面或元素，即思维能力。比如，语文——"思维发展与提升"；英语——思维品质；历史——历史解释，历史解释是诸素养中对历史思维与表达能力的必然要求；地理——综合思维；物理——科学思维；数学更是把思维发展贯穿在数学抽象、逻辑推理、数学建模、直观想象、数学运筹和数据分析六个方面。可见，思维发展在课程标准中有着重要地位，在学生核心素养发展中体现出极为重要的价值与作用。

　　其实，这是对于学习的理解。杜威在《我们怎样思维·经验与教育》中这么界定学习："学习就是要学会思维。"他接着指出，教育的任务"并不只是局限在它的理智方面……但是，在所有的这些事项中，至少要有一种有意识的目的，亦即要有一个思想的因素。否则，实际的活动便是机械的、因循守旧的，道德也要流为轻率的和独断的，美的欣赏就会成为感情的冲动"。他所说的"有意识的目的""一个思想的因素"，主要指思维。

　　苏霍姆林斯基在这方面有许多精辟的论述：学校应当具有"寻根问底和坚忍不拔、上下求索和激荡不安的思考之精神实质"；"学校生活的全部意义主要在于：培养学生的独立思考能力"；"学校是积极的思维王国"；假若没有生气勃勃的思想火花，学生"不知究竟"，那是学校"最大灾难之一"。而现实的情况却如有的专家指出的那样，学生的"头脑只是在空转"，不知思考事物的因果关系，没有问题，不会猜想。所以，苏霍姆林斯基说，要让学生成为"思想家"，学校要成为"思考室"。这些真知灼见，激发着、激荡着我们的思想，我们应为此而感激万分、激动不已。

赫胥黎在《科学与教育》中有一段诗意的表达："下一次思维的收获肯定会像麦穗一样颗粒饱满。"我们不妨想象一下，小小的课堂犹如广阔的田野，学生思维的收获，不正像那颗粒饱满的麦穗向我们点头吗？好一派欣欣向荣的景象啊！

让孩子睁大眼睛看看大人们是怎么劳动的

记得我上小学一年级的时候，有一天放学经过幼儿园，阿姨正在扫地、整理桌椅……我主动走进去，和阿姨一起打扫起来。此后，这便成了我与幼儿园的约定，几乎天天如此。似乎弥补了自己没上过幼儿园的一点点缺憾，并让我学会了打扫卫生、整理桌椅。

我进了省教育厅工作后，常到学校去调研，走过一间间教室，看见的却是这样的情景：年纪大的人在扫地、擦桌子……他们是这班孩子的爷爷、奶奶，当天他们在代孙辈值日劳动。这一现象不是发生在一两所学校，而是相当普遍。这些小学生少了这重要的一课，不知何时能补上。

这一课叫劳动课，是人生的必修课。"勤劳的小蜜蜂，不怕辛苦爱劳动……"小时候那首叫《勤劳的小蜜蜂》的歌，至今回响在耳边。全国教育大会上，习总书记语重心长地说：劳动最光荣、劳动最崇高、劳动最伟大、劳动最美丽。我们该怎么在学生中弘扬劳动精神，引导学生崇尚劳动、尊重劳动？该怎么让学生长大后能够辛勤劳动、诚实劳动、创造性劳动？这一重大问题摆在教师和家长面前，也严峻地摆在整个社会面前。

让学生热爱劳动，体会劳动的光荣和伟大，辛勤劳动、经受磨炼，是育人重要的一部分。孟子说，"苦其心志，劳其筋骨，饿其体肤，空乏其身"，这样的人才能做到"富贵不能淫，贫贱不能移，威武不能屈"，才会"天将降大任于斯人也"。这样的大任，是中华民族复兴的大任，担当这种大任的人才是时代新人。

如今，我们慢慢地富起来了，日子越过越好，孩子们不愁穿、不愁吃，却不会做自己的事了——不会扫地，不会整理房间，连削铅笔几乎都不会了，更谈不上为大家分担，为社会服务了。这是进步，还是退步？不用回答，我们心中都清楚。严格来说，劳动上的退步，一定不会有教育的进步，也不会有社会的进步，学生的进步也会停下脚步。

劳动离不开工具的使用。是工具的使用和创造，让人从动物里分离出来，工具会伴随人的一生。无论未来多么美好，工具总不会退去，劳动使用工具、创造工具，折射出的是学生的劳动素养。不管时代怎么变，劳动永在，劳动精神永远闪亮。

苏霍姆林斯基十分重视劳动教育。他曾说过这么一句话：让孩子睁大眼睛看看爸爸妈妈是怎么劳动的。睁大眼睛才看得见，看得清，才会有感想、有体悟、有行动，否则会熟视无睹、无动于衷。所以，不妨让劳动教育从让孩子睁大眼睛看看大人们是怎么劳动的开始，然后劳动起来，这不失为一种好办法、好途径。

让孩子睁大眼睛，迈开双脚，伸出双手去劳动吧！

后　记

迎着 2021 年灿烂的朝霞，《上有灵魂的课》修改完了，自序与后记也已草成。我觉得这本书，是阳光给了我灵魂以启迪，也是阳光给了我灵魂以温暖和美丽。

我们一直在进行教学改革，不断探索，不断深入，但总觉得停顿、徘徊，有时还会倒退。究竟是什么原因呢？我以为，是我们关于教学的基本问题没有研究好，亦即缺失基础性研究。回头想想，研究基本问题是对的，否则，会出现教学中的"黑洞"。但是，只在基本问题上研究还不够，还必须触摸到教学的根本问题。

根本问题关涉哲学问题，尤其是价值哲学和认知哲学，而当下以及今后的教学的价值哲学和认知哲学，聚焦于立德树人这一根本问题。认知哲学让我们反思对教学本质的认知，价值哲学让我们解除困惑，触及对教学的根本价值的追索。我认为，无论是价值哲学还是认知哲学，都会去关注人的心灵。所以，提出"上有灵魂的课"是新时代学科教学为立德树人根本任务落实作出的学科应有的贡献，凸显"上有灵魂的课"就是落实学科育人、教学育人的教学宗旨。这一切的关键则是教师要做有灵魂的人。

这本书仍是有关文章的汇集，但我努力让其结构化，让各部分之间、文章与文章之间更有内在逻辑。今后我的任务是从学理上进一步梳理，形成体系化的专著。

本书能够出版，谢谢华东师范大学出版社北京分社的各位领导、朋友，你们辛苦了。同时，还要谢谢翟毅斌老师为书稿所做的大量的、有成就的付出。

请各位专家、老师和朋友指正。

成尚荣

2021 年 1 月 9 日